广告营销策划经典案例分析

（第二版）

金 力 石 洁 编著

北京大学出版社
PEKING UNIVERSITY PRESS

内 容 简 介

本书主要以广告营销策划经典案例为主导,通过对案例的精挑细选和认真梳理,提出相关案例点评和案例讨论,并且在案例的阅读过程中设置了相应的问题以及案例分析,然后根据不同的案例内容结合相应的理论知识作为阅读指导和参考,使学生获得良好的学习效果。

案例的编排是按照营销策划的结构设置的,充分涉及营销策划的不同层面,由浅入深地展开。案例中一共涉及八个方面,包括广告策划篇、营销战略策划篇、目标市场战略策划篇、品牌营销策划篇、产品策划篇、价格策划篇、整合营销策划篇、营销创新策划篇等。在案例中涉及的行业有汽车、润滑油、食品、餐饮、零售业、航空、互联网、手机、IT、教育培训、娱乐等。

图书在版编目(CIP)数据

广告营销策划经典案例分析/金力,石洁编著. —2版. —北京:北京大学出版社,2014.7
ISBN 978-7-301-23523-2

Ⅰ.①广… Ⅱ.①金…②石… Ⅲ.①广告-营销策划-案例-教材 Ⅳ.①F713.81

中国版本图书馆 CIP 数据核字(2013)第 283520 号

书　　　名:	广告营销策划经典案例分析(第二版)
著作责任者:	金　力　石　洁　编著
责 任 编 辑:	周　伟
标 准 书 号:	ISBN 978-7-301-23523-2/F·3796
出 版 发 行:	北京大学出版社
地　　　址:	北京市海淀区成府路 205 号　100871
网　　　址:	http://www.pup.cn　新浪官方微博:@北京大学出版社
电 子 信 箱:	zyjy@pup.cn
电　　　话:	邮购部 62752015　发行部 62750672　编辑部 62754934　出版部 62754962
印 刷 者:	三河市博文印刷有限公司
经 销 者:	新华书店
	787 毫米×1092 毫米　16 开本　10.5 印张　256 千字
	2009 年 1 月第 1 版
	2014 年 7 月第 2 版　2020 年 7 月第 4 次印刷　总第 7 次印刷
定　　　价:	28.00 元

未经许可,不得以任何方式复制或抄袭本书之部分或全部内容。
版权所有,侵权必究
举报电话: 010-62752024　电子信箱: fd@pup.pku.edu.cn

第二版前言

因为种种原因从第一版到第二版经过了五年时间。其实第二版的出版能够弥补第一版留下的种种遗憾,比如案例的经典性、案例的点评与分析都在不同程度上较第一版有显著提升。这次和我合作编著本书的石洁老师从不同角度对案例的选择与分析都提供了很多别致的意见与看法。所以,第二版在第一版基础上的写作无疑像是重新写作一本书一样,工程量远远超过修修补补。第二版中让我们比较满意的地方有两点:

第一,换上了一些崭新的、有代表性的案例。案例的选择是非常花功夫的事情,既要有代表性又不能是读者太熟悉的,很多案例的选择经过了作者的加工和二度创作。像《"加多宝"借势中国好声音 完成品牌完美转身》与《〈泰囧〉口碑营销创造票房奇迹》都是2012年绕不过去的经典案例,如果不能收录进来实在可惜;而像《"快书包"新产品推广策略》以及《老罗英语培训的极端营销》等这样的案例又有着中小企业营销策略的独到之处;而《艾维斯租车:史上最牛品牌定位"老二宣言"》《美国西南航空公司的定价策略》又是国外经典案例之中的经典。

第二,之前的和新换的每一个案例都增加了案例点评。可以说本书的精彩之处大部分在于案例点评,读者可以从点评中看出作者对于不同案例的深入与细致的分析,这最大程度上代表了作者的态度与诚意。而这种分析与点评只代表作者一家之言,很多观点可以供读者讨论、推敲甚至反驳,这也是为了弥补第一版的缺憾。

本书适用的专业有广告类、新闻传播类、营销类、管理类等;适用的对象是高职层次的学生、本科三年级以上学生、研究生、广告行业从业者、营销人员以及其他广告营销方面的爱好者等。

因为种种原因未能与书中所引用案例的作者一一取得联系,请相关作者见书后与本书作者联系:leojin2005@163.com。

金力
2014年4月

目 录

第一章　广告策划篇 (1)
　案例 1.1　一语双关,巧妙定位——"统一"润滑油的事件营销广告策划 (1)
　案例 1.2　别克昂科拉:年轻就去 SUV (7)

第二章　营销战略策划篇 (18)
　案例 2.1　成本依然领先,天天平价不在——沃尔玛为何准备放弃平价战略 (18)
　案例 2.2　凡客诚品的营销战略:快的代价 (30)
　案例 2.3　吉利汽车的战略转型 (35)

第三章　目标市场战略策划篇 (42)
　案例 3.1　市场细分明确,品牌后来居上——五招让比格品牌"打败"必胜客 (42)
　案例 3.2　精确细分　"动感地带"赢得新一代 (47)

第四章　品牌营销策划篇 (59)
　案例 4.1　醉翁之意不在咖啡,而在情境体验——星巴克:为客人煮好每一杯咖啡 (59)
　案例 4.2　艾维斯租车:史上最牛品牌定位"老二宣言" (70)
　案例 4.3　"加多宝"借势中国好声音　完成品牌完美转身 (79)
　案例 4.4　吉利与沃尔沃品牌联姻 (84)

第五章　产品策划篇 (92)
　案例 5.1　华龙方便面产品组合策略分析 (92)
　案例 5.2　"快书包"新产品推广策略 (100)

第六章　价格策划篇 (116)
　案例 6.1　美国西南航空公司的定价策略 (116)
　案例 6.2　小米手机的定价策略分析 (122)
　案例 6.3　宜家"低价"策略失当 (128)

第七章　整合营销策划篇 (132)
　案例 7.1　老罗英语培训的极端营销 (132)
　案例 7.2　荣威 750 开启中国品位轿车之路 (137)

第八章　营销创新策划篇 (147)
　案例 8.1　《泰囧》口碑营销创造票房奇迹 (147)
　案例 8.2　海底捞的服务创新营销 (153)

参考文献 (162)

第一章　广告策划篇

一语双关，巧妙定位
——"统一"润滑油的事件营销广告策划①

案例主体：北京统一石化有限公司（以下简称"统一"石化）。

市场地位：市场赶超者。

市场意义："多一些润滑，少一些摩擦"的成功有其历史背景的偶然性，但从"统一"调整自己的市场定位及产品结构这一"蓄谋已久"的战略来看，它又是必然的。高端市场，本土企业心中的痛，"统一"有广泛的示范意义。

市场效果：2003 年 1—6 月，"统一"SG 以上级别的润滑油销售量占企业全部产品的 40%，2002 年同期只有 14%；SF 以下级别润滑油的销售量从 2002 年同期的 23% 降至 15%。"统一"润滑油 2003 年实现销售 12 亿元的目标已经完成，2004 年的目标锁定为 20 亿元。

案例背景：2002 年，中国的汽车保有量超过 2100 万辆，而在未来 5 年内，中国的汽车保有量将达到 5000 万辆，车用润滑油品的需求量剧增。在需求量逐年上升的同时，用油档次也将实现跨越式发展。到 2005 年，高端用油占整个车用油的比重将上升到 48% 左右。

而中国现在有 4500 家润滑油工厂，这些润滑油厂的产品级别非常低，生产的产品以中端和低端为主，很少有高端产品，国内 4500 家润滑油厂生产的高端用油总销量只占目前高端市场的 20%。其他 80% 的高端市场都被美孚、壳牌等国外品牌所占据。排名在前 5 名的品牌在高端市场份额也不过占 2%～5%。在这种市场环境中，突破高端成为国产润滑油能否在明天立足的关键。

"统一"润滑油 2003 年营销事件回放。

2002 年 11 月 18 日，"统一"润滑油首次参加中央电视台（以下简称央视）黄金段位招标，中标额 6000 多万元，为 2003 年"统一"强势品牌的塑造之旅举行了一个盛大的"奠基仪式"。

2003 年年初，"统一"石化将这一年定位为自己的品牌营销年，提出了"成为中国高端润滑油最大的专业制造商"这样一个**新目标定位**【思考："统一"这样的新目标定位是否恰当？】，所有的营销运作都以此作为准则。

2003 年 3—7 月，"统一"推出了与当代世界先进水平同步的若干系列高档润滑油产品。

2003 年 3 月 20 日，伊拉克战争爆发，"统一"润滑油抓住央视所进行的前所未有的大规

---

① 曾朝晖：《剑走偏锋　统一润滑油高端突围》，载《成功营销》2004 年第 2 期，有改动。

模直播报道的机会,迅速出击,推出"多一些润滑,少一些摩擦"的经典广告,形成了空前的品牌影响力,也为"统一"润滑油带来了优秀的销售成绩。

2003年11月18日,"统一"再次以**9577万元**【思考:广告投入从6000万到近亿的增长说明了什么?】在央视中标。

2003年年末,"统一"石化高层人士表示,"统一"将于2004年取消低档产品的生产计划,全面转向生产SG以上级别的润滑油,建设高档润滑油品牌形象。

"统一"润滑油策略解析如下。

一年以前,"统一"润滑油还不为人所知,人们印象中的石化产品只有美孚、壳牌、长城和昆仑等品牌。但在2003年,经过短短几个月的市场运作,"统一"迅速完成了品牌提升,成为润滑油的强势品牌。在人们的印象中,是一句"多一些润滑,少一些摩擦"的经典广告语成就了今天的"统一"。实际上,早在2003年年初,"统一"已经将自己定位于"中国高端润滑油最大的专业制造商",通过一系列高端产品的推出,"统一"定格于中国润滑油高端市场。

一、定位调整　热推高档系列产品

2003年,"统一"提出了"成为中国高端润滑油最大的专业制造商"这样一个新目标定位,所有的营销运作都以此作为准则。在产品研发工作中,"统一"瞄准了高端润滑油市场的发展前景,面向飞速发展的轿车市场推出与当代世界先进水平同步的若干系列高档润滑油产品。2003年3月,"统一"经典超能力纯合成机油在全国上市,该款高级别机油是"统一"为国内城市轿车用户度身打造的旗舰护理产品,国内首家获得世界跑车之王"保时捷"全面认证,完全达到与国际顶尖同级产品相抗衡的水平;5月,"统一"尖锋系列摩托车油登陆市场,引起市场强烈的反响;配合"尖锋"的销售,"统一"在6月又推出"刀锋"产品;6月中旬,新款4L"油压王"面市,全面丰富了正在热销的中桶"油压王"产品系列结构,使"油压王"在市场上风头更健;7月,"飘香"女士摩托车专用润滑油和"迅驰"男士摩托车专用润滑油将风靡欧洲的法国核心技术引入国内,用国际化观念为市场带来清新的空气。产品的高档化,为"统一"进军高端市场奠定了坚实的基础。

二、品牌策略调整　大手笔央视投放

2002年11月18日,对"统一"来说是一个具有里程碑意义的日子。这一天,"统一"润滑油首次参加央视黄金段位招标,中标额6000多万元,成为**第一个**【记住:人们只记得住"第一个"是谁】在电视媒体投放广告的润滑油品牌。在"统一"石化内部,这一重大决策经历了反复酝酿。作为一个专业产品,到底要不要在央视投放广告?公司的销售网络是否支持大力度的广告投放?以前,"统一"的品牌、产品宣传主要依靠在30多家全国性的报纸和一些与车有关的专业媒体,除了平面广告,最多的是软文的形式,进行一些消费理念上的灌输。随着汽车在人们日常生活中影响力的加大,润滑油已开始向日常消费品转变,因此,宣传媒介应该向更具有大众影响力的电视媒体倾斜。而"统一"还拥有数量最多、利润最好的销售网络和业界最多的销售服务人员。如果没有覆盖全国的**销售网络**【记住:很多产品失败的原因就是盲目地在全国投放广告,却忘记了自己的销售网络是否能覆盖到全国】,在央视做广告是不合适的;在具备了覆盖全国的销售网络条件以后,在央视投放广告就会有比较好的

效果。

在决定向央视投放广告后,接下来产生一个问题:到底投多少合适?这在"统一"石化内部有比较大的争论,而且跟外部合作的咨询公司、广告代理也有比较大的争论。这些"外脑"认为,第一年投一两千万就行了,投多了有很大的风险。经过反复讨论,"统一"石化认为,既然要做中国最好的品牌,就要选择中国影响力最大的媒体;既然选择了中国影响力最大的媒体,就应该大胆地投入。当时,"统一"石化作了一个预算,是 7500 万元,实际上花了 6000 多万元。

虽然"统一"从一开始就生产高级润滑油,在品质上与美孚、壳牌这些国际著名品牌没什么差别,但高端市场一直很难进入。与强势媒体携手,造就强势品牌,成为"统一"润滑油品牌调整的突破点。

三、经典创意　高端形象完美确立

2003 年 3 月 20 日,伊拉克战争爆发,央视进行了前所未有的大规模直播报道。"统一"润滑油迅速做出反应,在战争开始的当天停掉了正热播的"众人片",而改为播放一则 5 秒的广告片。广告片没有任何画面,只有一行字并配以雄浑的画外音:"多一些润滑,少一些摩擦"。这条广告紧贴在《伊拉克战争报道》之后,和新闻浑然一体,非常有震撼力。这条广告的妙处就在于既准确地诉求了"多一些润滑"的产品特点,又一语双关道出了"少一些摩擦"的和平呼声,含蓄、隽永、耐人寻味。

"统一"为这条广告每天投入 25 万元,共播出 10 天。这次事件营销对"统一"石化提高企业形象起到了绝佳的效果。广告播出后,各大媒体纷纷对这次营销事件发表评论,认为"统一""多一些润滑,少一些摩擦"的广告,创造了小预算、大效果的神话(制作这条广告仅花 1.8 万元);"统一"石化自己的网站点击率提高了 4 倍;而且还经常有人打公司的服务电话与"统一"石化讨论战争进展的情况和战争与和平的话题,"统一"润滑油的品牌影响已经远远超出了产品销售和使用的范围。

广告播放后,很多经销商给"统一"打来电话,他们认为这条广告才像是高端产品品牌的广告,许多原来不卖"统一"产品的零售店主动联系,给经销商带来足够的信心;许多看过此条广告的观众都认为这个广告是国外广告公司的创意,还有一部分人认为"统一"是合资企业或者外资企业,许多司机则点名要加"统一"润滑油。这条经典广告,形成了空前的品牌影响力,也为"统一"润滑油带来了优秀的销售成绩,当月出货量比 2002 年同期增加了 100%,销售额历史性地突破了亿元大关。

四、竞争加剧　统一任重道远

虽然"统一"先于竞争对手一步,建立了品牌优势,但却未树立起品牌壁垒。在"统一"投放央视广告以后,其他品牌的润滑油马上跟进,迅速加大了品牌宣传的力度,如昆仑润滑油在 2003 年就以 1.13 亿元中标央视。一方面,这些竞争对手的实力雄厚,而且已与一些专业咨询公司展开合作,只要它们加大广告投放力度,超过"统一"不是难事;而另一方面,市场上的润滑油品牌多,名称、包装相近的产品更多。一个新包装面世一个月就有仿造品跟着上市。遇见这种"孪生兄弟",普通消费者往往以为是一家人。这对品牌的伤害是显而易见的,因此,"统一"的品牌保护工作需要加强。

在中国,大量的车辆故障是由于润滑不当造成的,而国内的润滑油市场却还处于盲目消费的阶段。越来越多的新车与国外同期上市,对润滑油的要求也越来越高,但是国家标准、用户对润滑油的认识却不能与国际同步,如马自达6要求润滑油的质量级别为 **SL级**【思考:SL级和SF级的区别是什么?】,但国标却还停留在SF级;私家车主也缺乏保养维护车辆的常识。

对于立志成为行业领袖品牌的"统一"来说,对消费者的关心、指导、教育应该成为其营销工作的重点,**知识营销、专业营销**【思考:知识营销和专业营销的概念是什么?】大有可为。虽然这也有可能让竞争品牌一同受益,但最大的受益还是"统一",消费者会感受到"统一"的关心,因此与品牌更加亲近。

目前,润滑油行业市场集中度普遍不高,市场分散,但现在已经走到重新洗牌的路口,"统一"应该抓住时机,迅速扩大市场份额,在品牌形象及市场份额上都力争成为一个真正的强势品牌。

案例点评

"统一"润滑油在对的时间作了对的事情。一般来说,广告只能起到品牌维护和增加品牌曝光度的效果,真正有利于提升品牌形象的是公关活动。而"统一"润滑油的广告却是一次不折不扣的事件营销。借助战争题材,选择传播第一平台(央视),透过广告的集中投放,在10天之内完成了品牌的一鸣惊人。不是每个品牌都能够抓住这种绝好的传播机会以小博大,让品牌迅速上位的。俗话说:"机会是留给有准备的人的。"这句话同样适用于品牌。没有敏锐的洞察力,没有超强的执行力,没有超快的反应能力,是不可能抓住这稍纵即逝的机会的。能够通过一次事件营销获得进入高端品牌俱乐部的机会固然难得且值得骄傲,但是"统一"润滑油毕竟立足未稳,强大的竞争对手缓过神来会给"统一"巨大的竞争压力。"统一"能否继续保持住强劲的增长势头将非常考验"统一"领导层的智慧。除了在强化"统一"润滑油的专业品质与高端定位之外,仍然需要时刻关注时事热点,继续捕捉适合自己的事件,围绕相关话题做公关活动的推广与传播。因为口碑的形成更多地来自于用户的良好体验与主动传播,广告的投放与公关活动需要紧密配合才能更好地提升品牌形象与销售增长。

案例讨论题

1. 是不是所有的产品都适合作为事件营销来推广?为什么?
2. 如果没有伊拉克战争这个机会,"统一"润滑油能否取得这么大的成功?
3. "统一"润滑油是如何做到向公众传播"成为中国高端润滑油最大的专业制造商"这一新的目标定位的?
4. "统一"在树立起高端润滑油品牌形象后,如何进一步巩固并且成为强势品牌?

理论注释1 事件营销

什么是事件营销?

事件营销(Event Marketing)是企业通过策划、组织和利用具有名人效应、新闻价值以及社会影响的人物或事件,吸引媒体、社会团体和消费者的兴趣与关注,以求提高企业或产品的知名度、美誉度,树立良好品牌形象,并最终促成产品或服务的销售目的手段和方式。

事件营销是近年来国内外十分流行的一种公关传播与市场推广手段,集新闻效应、广告效应、公共关系、形象传播和客户关系于一体,并为新产品推介、品牌展示创造机会,建立品牌识别和品牌定位,形成一种快速提升品牌知名度与美誉度的营销手段。事件营销在公关和营销实践中塑造了许多的成功案例,已成为营销传播过程中的一把利器。

在产品日益过剩和同质化的今天,各种商业广告及其他的促销手段五花八门,也因此产生了许多过剩的宣传垃圾,消费者对这些开始由麻木变得反感,最后逐渐有些无动于衷。在这种情况下,事件营销的优势逐渐显现出来,许多企业开始把注意力放到营销事件的策划和利用上来,通过这些事件激起消费者的热情,博得公众的好感。

与广告和其他的传播活动相比,事件营销能够以最快的速度、在最短的时间创造强大的影响力,因此被世界上许多的知名企业所推崇。作为品牌推广传播的先锋手段,事件营销近年来更是愈演愈热,成为一种相当流行的营销手段。

事件营销能避开国内媒体近年来收费居高不下,地方卫视媒体也随之"水涨船高"的状况,许多企业(尤其是新兴的中小企业)有好的产品和巨大的发展潜力,却无法支付庞大的宣传费用,正所谓"不打广告死路一条,打广告死得更快"。而事件营销却可以将企业的信息在短时间内达到最大最优的传播效果,甚至能让企业或产品一夜成名,从而为企业节约大量的宣传成本。

事件营销能避开由于媒体多元化而形成的信息干扰,提升企业品牌的注目率。信息传播过剩和媒体多元化造成的信息干扰也令很多的传播大打折扣,而事件营销却能迅速抓住公众的"眼球",提供信息传播的有效性。

事实证明,好的事件营销无论是在投入还是在知名度的提升方面,其回报率都超过其他的广告形式。

理论注释 2　新闻事件

新闻事件就是社会上新近发生、正在发生或新近发现的有社会意义的能引起公众兴趣的重要事实。新闻事件是一种投入产出效益非常可观的营销手段,也是事件营销的"载体"。但很多的企业对运用新闻事件还很陌生,很多人不懂新闻,更不会写新闻稿。因此,我们需要对新闻的主要特性做一番解读:

(1) 新闻要典型,即新闻要有代表性和显著性;
(2) 新闻要有趣,即新闻要有让公众感兴趣的点;
(3) 新闻要新鲜,即新闻应提供与众不同的信息;
(4) 新闻要稀缺,即新闻应是难得一见、鲜为人知的事实;
(5) 新闻要贴近社会公众,越贴近公众,新闻性越强;
(6) 新闻要有针对性,紧扣某一事件;
(7) 新闻要有时效性,要在第一时间对事件做出反应。

满足受众的窥视欲和好奇心是新闻事件运作的根本目的,新闻事件只有通过新闻传播才可以变为真正意义上的新闻,因此,新闻传播是新闻的本质。

一、什么叫制造新闻

所谓制造新闻,又称新闻策划,是对新闻活动的一种创意性的谋划。通过营销策划人员大脑的创造,将一件本来可能不具备新闻价值的事件赋予其新闻性;或经过精心策划,有意识地安排某些具有新闻价值的事件在某个选定的时间内发生,由此制造出适于传播媒介报道的新闻事件。

新闻策划是指企业进行事件营销、树立企业品牌形象的新闻策划,它与真正意义上的媒体的新闻策划不是一个概念。所谓企业新闻策划,就是企业的营销策划人员或者新闻工作者,从企业实际及营销需求出发,按照新闻规律,"制造"新闻事件和新闻热点,吸引新闻媒体的注意和报道,以此来树立企业形象和品牌形象,营造企业良好的外部发展环境,创造产品市场,培养、培育消费需求,从而达到与其他企业的产品竞争、销售产品的目的。这是一种在商品质量、服务水平和经营管理策略等方面创造出有新闻价值的商业经济行为。

企业新闻策划与媒体新闻策划的区别在于:媒体新闻是寻找新闻,发现新闻;而企业新闻策划则是在寻找、挖掘企业经营过程中的新闻的同时,大量的人为制造或利用新闻事件,吸引新闻媒体和受众的眼球。然后由记者或内部营销策划人员站在客观公正的立场上,用事实说话,用事实报道,造成新闻现象与效应。

企业广告策划与普通广告策划的区别在于,广告往往是艺术、直接、明显地宣传自己。而企业的新闻策划则是营销策划人员或媒体的记者站在第三者的立场上用新闻事实说话,或者用公益活动感召消费者,不是自己说自己好,而是让公众、消费者说好;新闻与广告相比,最大的好处是容易拉近与消费者的距离,可信度高,感召力强,容易产生轰动效应;此外,新闻策划的另一个优点是,新闻策划相对而言费用较低,甚至可以不花钱,而广告往往要投入巨资。

二、企业如何制造新闻事件

企业制造新闻事件的手法和形式大致有以下几种:媒体做典型报道,宣传企业的成功经验;领导者到企业视察或调查研究,替企业说话,为企业扬名;策划社会公益活动,双向互动,博得公众的好感及社会关注;策划奇特的、反常的行为,引起轰动效应;抓住一些非常规事件或突发事件,借势造势;抓住新问题、新话题,特别是抓住一些动态的事件,策划一些动感很强、让媒体和社会感到很有新意的新闻。

企业新闻策划必须有社会性、新闻性,最重要的是要寻找并利用新闻事件,制造热点效应。《公关无敌手》一书总结了媒体关注的八大"卖点"新闻事件:

(1) 提出一种新的企业文化理念和成功的管理方法的事件;
(2) 具有突破意义和宏观意义的典型事件;
(3) 通过对比形成某种独特的视角,透视某种经济现象的话题性事件;
(4) 企业竞争事件,特别是重点事件的现场实录;
(5) 热门行业及新兴产业的事件;
(6) 跟踪企业风云人物和领军人物的事件;
(7) 反应企业中普通人命运的事件;
(8) "巨星陨落"并解读其"盛极而衰的失败原因"的事件。

案例 1.2

别克昂科拉:年轻就去 SUV[①]

2012年10月10日,上海通用汽车有限公司正式宣布旗下别克昂科拉(ENCORE)车型正式上市,伴随着声势浩大的发布会之后,别克在接下来的几天里连续发布了6条在线视频广告(如图1-1所示)。这是自2010年8月赢得别克创意代理业务后,睿狮广告传播为别克紧凑型SUV昂科拉推出的首轮广告攻势。

图1-1　别克昂科拉视频广告之自由私奔篇

活动包括6条在线视频广告、一组宣传海报和一系列病毒视频,分享了目标受众——新一代"80后"消费主力军对生活的体会和感悟。这6条在线视频广告组成了别克昂科拉198X系列广告。广告通过讲述"80后"的人生宣言直接传达了别克昂科拉的产品诉求,广告已经拆分,分别开始在各大视频网站进行投放。

广告方案一:循规蹈矩是多数人的方式,结果就碌碌无为,拒绝老套,自由是好的,更何况我们有追求自由的能力,因为年轻。

广告方案二:从小到大,身边总是有个什么都比我好的人,那就是——别人家的那谁谁谁。你看,别人家那谁去了清华;你看,别人家那谁进了世界500强。我才不要呢,我才不要成为那谁谁谁!前进的方向由我自己决定,跟着别人走,没门!

广告方案三:计划聚餐,结果突然要加班;计划出游,结果碰上台风天;计划以后,结果她决定和你分手;没有比计划更不靠谱的东西,也没人知道下一步会发生什么……想到什么,就去做咯!我要一个能到处跑的家,开始一次说走就走的旅行!

广告方案四:衡量一个男人,老爸老妈的标准,是看他能不能干大事。而我的标准很简单,我看他指甲的长短,衬衫的褶皱,还有袜子的颜色。不拘小节早就过时了,就像一辆车,

---

[①] http://www.a.com.cn/creative/show/2012/1016/184965.html,有改动。

外观功能谁都知道要装点什么样子,反而忽略的内饰设计会出卖一个人的实力,细节会露馅!这是我的看人哲学!

广告方案五:老爸说起目的地,都是左拐右拐再左拐,最后右拐。老妈说起恋爱经,都是先做同事,再做朋友,最后做好朋友。拐弯抹角,早就过时了!换我说,两点一线,直线最短,马路牙子也挡不住我。喜欢上一个人,就该立刻马上现在冲过去,做人要直接,婉转不太适合我!路见不平?你就一脚踩到底!

广告方案六:当我们读小学的时候,读大学是不花钱的。当我们读大学的时候,读小学是不花钱的。当我们还没工作的时候,工作是分配的。当我们不挣钱的时候,房子也是分配的。似乎,我们什么都没赶上,那又怎样?我们还不是有房有车有工作。拜托,机会是自找的!

在广告发布之前,别克就导演了一出悬念营销的好戏。2012年10月5日,广州中华广场出现了一个身份神秘的巨型集装箱。箱体色彩缤纷,涂鸦范儿十足。相关微博在数日内得到了数百人次的转发,其中虽有不明真相的群众好奇的声音,但更多的还是网友或亲自上阵,或呼朋唤友,试图解读箱体内的真身为何物。

神秘集装箱的箱体外部是由多个图案拼凑在一起,上有二维码以及"年轻不看年龄看勇气""SUV是我的DNA"等标语,最重要的一句信息是"年轻,你好!10月10日我们见个面"。如果将年轻、SUV以及10月10日等关键元素放在一起,关注汽车的人会发现这是别克为其首款国内上市的小型SUV——昂科拉做的预热营销。在众多网友争先解读集装箱内的真身是何物的同时,10月8日晚间,别克的一家经销商也在其微博上"官方剧透":"在正佳广场、广百中怡、中华广场、北京路天河城,4个广场10月10日晚开箱,11—12日展出,年轻就要SUV!年轻就要ENCORE!"作为别克旗下的首款国产SUV,昂科拉主打年轻市场,这一点在营销中也体现得淋漓尽致。比如,利用时下最火爆的二维码推广微信账号,在微博上举行昂科拉上市的巨星演唱会抢票活动,不过在这种种营销活动中最惹人眼球且最具话题性的还是以神秘集装箱为主角的悬念营销。

这些跟之后的庞大宣传攻势相比还仅仅只是开胃小菜。别克为昂科拉定制了一支APP。与此同时,配合悬念营销推出的还有几支APP病毒视频。

"ENCORE全城大搜藏"(如图1-2所示)是由别克品牌为其都市紧凑型SUV——昂科拉度身打造的一款APP游戏,结合了AR增强现实技术和LBS地理位置服务,为玩家提供在真实街景中捕捉虚拟车辆的趣味体验。这款APP游戏已可通过搭载有iOS5.0及以上或Android 2.2—4.0系统的智能手机免费下载。这款游戏将在全国16个城市展开,每个城市游戏时间为7天,每个城市单次成功藏车时间最长的参与者将获得一辆真正的昂科拉两年的使用权。

图1-2 别克昂科拉全城大搜索活动

案例点评

广告战以攻心为上。睿狮广告传播为上海通用汽车有限公司别克SUV车型昂科拉的在华上市共创作了6条在线视频广告,分别由6个不同的"80后"演绎代表不同的生活理念。昂科拉的广告攻势可谓排山倒海,势不可挡。昂科拉广告最大的亮点是:"80后"买的不是车,是生活方式、生活态度。首先,别克对于产品的市场定位非常清晰,目标客户对准"80后"。而要想让"80后"消费一款十几万近二十万的都市SUV并不是一件容易的事情。在当下中国,"80后"还不像"70后""60后"那样具有很强的消费能力,他们大多数是房奴,头顶巨大的生活压力。所以,要想赢得这批消费者的青睐,首先要说服并改变他们的生活态度,那就是不能为了房子活着而丧失了追求自由的年轻的心。其次,别克汽车的广告片历来追求创意,而这次的广告创意尤其与众不同。虽然昂科拉和别克其他的汽车存在差异,但最终决定消费者购买的是广告传达给消费者的归属感。通过阐述6个"80后"的生活理念与生活态度来传达昂科拉的理念,让"80后"消费者有很强的认同感。应该说创作团队深谙"80后"的心态,6条广告分别从不同的角度表达"80后"与"70后""60后"在生活理念上的差异。《自由私奔篇》表达渴望自由生活拒绝平庸生活,《跟着没门篇》表达绝不跟风有自我主张,《说走就走篇》表达做事易冲动但敢想敢干,《细节露馅篇》表达做事注重细节不会敷衍了事,《做人直接篇》表达为人处世坦诚直白不做作,《机会自找篇》表达勇于进取自信大胆。最重要的是,昂科拉的广告跳出了一般汽车广告阐述产品性能与表现人文理念并重的老套。它透过展现人的生活理念与生活态度来传达昂科拉的理念与态度。其实,车怎么会有理念与态度,理念与态度都是人赋予的。这就是昂科拉广告的高明之处,先打动消费者的心,才能说服消费者的人,购车就是顺理成章、水到渠成的事。

案例讨论题

1. 广告创意策略如何才能真正地反映广告主的核心优势?
2. 昂科拉的广告创意与一般汽车的广告创意有什么异同?
3. 昂科拉广告片最能打动消费者的是什么?如果你是"80后",你会购买吗?
4. 昂科拉除了传播6条在线视频广告外,还定制了一款APP游戏,通过游戏的方式让更多的目标客户在线下参与传播活动,你认为这种广告配合活动传播的方式如何?
5. 为什么说一部真正优秀的广告片是卖点和记忆点交相辉映?

理论注释1 广告创意

一、什么是广告创意

创意,在英语中以"Creative""Creativity"、"Ideas"表示,是创作、创制的意思,有时也可以用"Production"表示。

21世纪60年代,在西方国家开始出现了"大创意"(the Big Creative Idea)的概念,并且迅速在西方国家流行开来。大卫·奥格威指出:"要吸引消费者的注意力,同时让他们来买你的产品,非要有很好的特点不可,除非你的广告有很好的点子,不然它就像很快被黑夜吞噬的船只。"大卫·奥格威所说的"点子",就是创意的意思。

詹姆斯·韦伯·扬在《产生创意的方法》一书中对于"创意"（Ideas）的解释在广告界得到比较普遍的认同，即"创意完全是各种要素的重新组合。广告中的创意，常是有着生活与事件'一般知识'的人士，对来自产品的'特定知识'加以新组合的结果"。

我国目前在"创意"一词的使用上非常灵活，这大概是由于广告创意理论在引进的过程中几乎同时与"Creative""Creativity"、"Ideas"一起引进，而这三个观念在产生和运用中都曾经存在不同方面的指向或特定的含义，译成中文后都笼统地解释为"创意"的原因，也可能是"创意"的思想。在国内流行开来之后，许多人盲目追赶时尚，导致概念混乱所致。

我们认为，所谓广告创意，就是广告人对广告创作对象所进行的创造性的思维活动，是通过想象、组合和创造，对广告主题、内容和表现形式所进行的观念性的新颖性文化构思，创造新的意念或系统，使广告对象的潜在现实属性升华为社会公众所能感受到的具象。

二、广告创意的前提、特征和分类

1. 广告创意的前提

广告定位是广告创意的前提。广告定位先于广告创意，广告创意是广告定位的表现。

广告定位所要解决的是"做什么"，广告创意所要解决的是"怎么做"，只有明确做什么，才可能发挥好怎么做。一旦广告定位确定下来，怎样表现广告内容和广告风格才能够随后确定。由此可见，广告定位是广告创意的开始，是广告创意活动的前提。

2. 广告创意的特征

（1）广告创意要以广告主题为核心

广告主题是广告定位的重要构成部分，即"广告什么"。广告主题是广告策划活动的中心，每一阶段的广告工作都紧密围绕广告主题而展开，不能随意偏离或转移广告主题。

（2）广告创意要以广告目标对象为基准

广告目标对象是指广告诉求对象，是广告活动所有的目标公众，这是广告定位中"向谁广告"的问题。广告创意除了以广告主题为核心之外，还必须以广告目标对象为基准。"射箭瞄靶子""弹琴看听众"，广告创意要针对广告目标对象，要以广告目标对象为主进行广告主题表现和策略准备，否则就难以收到良好的广告效果。

（3）广告创意要以新颖独特为生命

广告创意的新颖独特是指广告创意不要模仿其他的广告创意，人云亦云步人后尘，给人雷同与平庸之感。唯有在创意上新颖独特才会在众多的广告创意中一枝独秀、鹤立鸡群，从而产生感召力和影响力。

（4）广告创意要以情趣生动为手段

广告创意要想将消费者带入一个印象深刻、浮想联翩、妙趣横生、难以忘怀的境界中去，就要采用情趣生动等表现手段，立足现实、体现现实，以引发消费者的共鸣。但是广告创意的艺术处理必须严格限制在不损害真实的范围之内。

（5）广告创意要以形象化为表现

广告创意要基于事实，集中凝练出主题思想与广告语，并且从表象、意念和联想中获取创造的素材，如形象化的妙语、诗歌、音乐和富有感染力的图画、摄影。因此，广告创意必须巧妙地把原创性、相关性和震撼性融为一体，才能成为具有深刻感染力的广告作品。

3. 广告创意的分类

广告创意可以区分为抽象创意和形象创意两种形式。

（1）抽象创意

抽象创意是指通过抽象概念的创造性重新组合以表现广告的内容。

（2）形象创意

形象创意是通过具体形象创造性的重新组合以表现广告的内容。这种类型的广告创意是以形象的展现来反映出广告主题，从而直观地吸引受众。

采用形象创意，可以形象地展示广告的具体内容，使人一目了然。但是，要避免在采用形象创意时由于过于简单化或过于形象化而使受众产生反感。

理论注释 2　广告策划

一、什么是广告策划

策划是通过周密的市场调查和系统的分析，利用已经掌握的知识（情报或资料）和手段，科学、合理、有效地布局营销、广告战略与活动进程，并预先推知和判断市场态势和消费群体定势的现在和未来的需求以及未知状况的结果。策划的概念有五个要素，即策划者、策划依据、策划方法、策划对象和策划效果的策定和评估。

广告策划是现代商品经济的必然产物，是广告活动科学化、规范化的标志之一。美国最早实行广告策划制度，随后许多商品经济发达的国家都建立了以策划为主体、以创意为中心的广告计划管理体制。1986年，中国内地广告界首次提出广告策划的概念。这是自1979年恢复广告业之后对广告理论一次观念上的冲击，它迫使人们重新认识广告工作的性质及作用。广告工作开始走上向客户提供全面服务的新阶段。

所谓广告策划，是根据广告主的营销计划和广告目标，在市场调查的基础上，制订出一个与市场情况、产品状态、消费群体相适应的经济有效的广告计划方案，并加以评估、实施和检验，从而为广告主的整体经营提供良好服务的活动。

广告策划可分为两种：一种是单独性的，即为一个或几个单一性的广告活动进行策划，也称单项广告活动策划；另一种是系统性的，即为企业在某一时期的总体广告活动进行策划，也称总体广告策划。

一个较完整的广告策划主要包括五方面的内容：市场调查的结果；广告的定位；创意制作；广告媒介安排；效果测定安排。通过广告策划工作，可以使广告准确、独特、及时、有效地传播，以刺激需要、诱导消费、促进销售、开拓市场。

二、广告策划的本质

广告策划或者叫战略决策，实际上就是对广告活动过程进行的总体策划，包括广告目标的制定、战略战术研究、经济预算等，并诉诸文字。广告策划是广告运作的主体部分，是在企业整体营销计划指导下做出的。

在对广告策划的理解和具体的广告活动中，许多人把广告计划和广告策划看作是一回事。这种看法虽然有一定的道理，但其中也有许多的误解。从严格意义上讲，广告计划和广告策划这两个概念是不能画等号的。虽然二者有联系，有相似之处，但又有区别。

广告计划是实现广告目标的行动方案，它是一个行动文件，侧重于规划与步骤；而广告策划的本质虽然也是为了实现广告目标，但它更强调的是借助于科学的手段和方法，对多个行动方案（即广告计划）做出选择和决定。广告策划的全称可以看作是广告策划活动，它是一个动态的过程,要完成一系列的决定,包括确立广告目标、广告对象、广告战略、广告主题、广告策略、广告创意、广告媒体选择、广告评估等;而广告计划相对来说呈现出一种静止状态,是广告策划前期成果的总和与提炼。作为一种动态的过程,广告策划还体现出活动内容的多元化,它既要设定广告目标,寻求广告对象,又要制订广告计划,实施广告策略,检验广告活动效果。制订广告计划只是广告策划的主要任务之一。广告策划工作运转之后才能生产广告,广告计划是广告策划后的产物,是广告策划所决定的战略、策略、方法、部署、步骤的书面体现。总之,广告策划是一系列集思广益的复杂的脑力劳动,是围绕一系列广告战略、广告策略而展开的研讨活动和决策活动;而广告计划是这一系列活动的归纳和体现,是广告策划所产生的一系列广告战略、广告策略的具体化。所以,广告策划与广告计划既相互联系、密不可分,同时二者又有区别。

作为一种动态的过程,广告策划也是一种程序。美国"哈佛企业管理丛书"编纂委员会认为,"策划是一种程序,在本质上是一种运用脑力的理性行为。基本上所有的策划都是关于事物的,也就是说,策划是针对未来要发生的事情做当前的决策。"广告策划的出发点是现在,落脚点是未来,它是不静止的,是一种运动过程。任何事物都处于运动、变化的环境之中。广告策划活动也是如此,市场活动的各个方面总是处于千变万化之中,而广告策划的重心也随着市场诸要素的变化而变化,不能以不变应万变。

广告策划是现代商品经济的必然产物。在现代商品经济活动中,市场情况极为复杂。搞好广告策划的前提条件就是要对各种市场情报了如指掌,这必须依赖科学的广告调查。此外,广告策划还要遵从广告客户的意图,服从于广告客户的营销计划的广告目标不能超出其实际的承受能力。广告策划的主旨是向用户提供一种全面而优质的服务。

在正常的广告活动中,广告策划已经不是一个人所能完成的工作。它是一种需要集合各有关方面的人才,共同提供智慧,经研讨后才能完成的工作。因此,广告策划工作常被人称为小组性工作(Team Work)。

三、广告策划的原则

作为科学活动的广告策划,其运作有着自己的客观规律性。进行广告策划,必须遵循以下原则。

1. 统一性原则

统一性原则要求在进行广告策划时,从整体协调的角度来考虑问题,从广告活动的整体与部分之间相互依赖、相互制约的统一关系中来揭示广告活动的特征和运动规律,以实现广告活动的最优效果。广告策划的统一性原则,要求广告活动的各个方面的内在本质上要步调一致;广告活动的各个方面要服从统一的营销目标和广告目标,服从统一的产品形象和企业形象。没有广告策划的统一性原则,就做不到对广告活动的各个方面的全面规划、统筹兼顾,否则广告策划也就失去了存在的意义。

统一性原则具体体现在以下几个方面:广告策划的流程是统一的;广告策划的前后步骤要统一;从市场调查开始,到广告环境分析、广告主题分析、广告目标分析、广告创意、广告制作、广告媒体选择、广告发布,再到广告效果测定等各个阶段,都要有正确的指导思想来统领整个策划过程。广告所使用的各种媒体要统一,既不要浪费性重叠,以免造成广告发布费用的浪费,也不要空缺,以免广告策划意图不能得到完美实现。媒体与媒体之间的组合是有序的,不能相互抵触、相互矛盾,甚至在同一媒体上,广告节目的内容与前后节目的内容也要统一,不可无选择地随便安排。产品内容与广告形式要统一,如果商品本身是高档产品,那么广告中就不可出现"价廉物美"的痕迹。广告要与销售渠道相统一,广告的发布路线与产品的流通路线要一致,不能南辕北辙,产品到达该地区而广告却没有到达,形成广告滞后局面,或者广告发布了消费者却见不到产品。广告策划不能各自为政、各行其是,广告策划的整个活动过程是一个统一的整体。

2. 调适性原则

统一性原则是广告策划最基本的原则。但是,仅仅有统一性还不够,还必须具有灵活性,具有可调适的余地。以不变应万变,否则就不可能在市场活动中游刃有余。客观事物的发展与市场环境、产品情况并不是一成不变的,广告策划也不可能一下子面面俱到,也总是要处于不断的调整之中。只强调广告策划的统一性原则却忽视了调适性原则,广告策划会呈现出僵死的状态,必然会出现广告策划与实际情况不一致的现象。广告策划的统一性原则也要求广告策划要处于不断的调整之中,以保证广告策划既在整体上保持统一,又在统一性原则的约束下具有一定弹性。只有这样,广告策划才能与复杂多变的市场环境和现实情况保持同步或最佳的适应状态。

及时调适广告策划,主要表现在三个方面。一是广告对象发生变化。广告对象是广告信息的接收者,是广告策划中所瞄准的产品消费者群体。当原先瞄准的广告对象不够准确或者消费者群体发生变化时,就要及时修正广告对象策划。美国广告大师大卫·奥格威在1963年的一份行销计划中说:"也许,对于业务员而言,最重要的一件事就是避免使自己的推销用语(Salestalk)过于僵化。如果有一天,你发现自己对着主教和对着表演空中飞人的艺人都讲同样的话时,很低的销售量大概就差不多了。"二是创意不准。创意是广告策划的灵魂,当创意不准,或者创意缺乏冲击力,或者创意不能完美实现广告目标时,广告主体策划就要进行适当的修正。三是广告策略的变化。原先确定的广告发布时机、广告发布地域、广告发布方式、广告发布媒体等不恰当或者出现新情况时,广告策略策划就要加以调整。

3. 有效性原则

广告策划不是纸上谈兵,也不是花架子。广告策划的结果必须使广告活动产生良好的经济效果和社会效果,也就是在非常经济地支配广告费用的情况下,取得良好的广告效果。广告费用是企业的生产成本支出之一,广告策划就是要使企业的产出大于投入。广告策划,既追求宏观效益,又追求微观效益;既追求长远效益,又追求眼前效益;既追求经济效益,又追求社会效益。不顾长远效益,只追求眼前利益,这是有害的短期行为。我们也不提倡那些大谈特谈长远效益的广告人却无法使客户从单一的广告中获取立即效益的做法。在统一性原则的指导下,广告策划要很完善地把广告活动的宏观效益与微观效益、长远效益与眼前效益、经济效益与社会效益统一起来。广告策划既要以消费者为统筹广告活动的中心,又要考虑企业的实力和承受能力,不能搞理想主义而不顾及企业的实际情况。

4. 操作性原则

科学活动的特点之一就是具有可操作性。广告活动的依据和准绳就是广告策划,要想使广告活动按照其固有的客观规律运行,就要求广告策划具有严格的科学性。广告策划的科学性主要体现在广告策划的可操作性上。广告策划的流程和广告策划的内容有着严格的规定性,每一个步骤、每一个环节都是可操作的。经过策划,在具体执行广告计划之前,要按照科学的程序对广告效果进行事前测定。广告计划执行以后,若广告活动达到了预期的效果,这便是广告策划意图得以很好的实现。若是广告活动没有达到预期的广告效果,可按照广告策划的流程回溯,查出哪个环节出了问题。若没有广告策划,广告效果是盲目的,不是按部就班地实现出来的。

5. 针对性原则

广告策划的流程是相对固定的。但不同的商品,不同的企业,其广告策划的具体内容和广告策略是有所不同的。然而,许多的广告客户却不愿意自己的品牌形象受制于特定(针对性)的羁绊,他们希望产品最好能面面俱到,满足于所有人。一个品牌必须同时诉求于男性和女性,也必须广受上流社会和普通百姓的喜爱。这种贪得无厌的心理使品牌落入一个完全丧失个性的下场,欲振乏力,一事无成。在今天的商场中,一个"四不像"的品牌很难立足,同一企业的同一种产品,在产品处于不同的发展时期,也要采用不同的广告战略。只要市场情况不同、竞争情况不同、消费者情况不同、产品情况不同、广告目标不同,那么广告策划的侧重点和广告战略战术也应该有所不同。广告策划的最终目的是提高广告效果。广告策划不讲究针对性就很难提高广告效果。用一个模式代替所有的广告策划活动必然是无效的广告策划。

以上五个方面是任何广告策划活动都必须遵守的原则,这五个原则不是孤立的,而是相互联系的、相辅相成、缺一不可。这些原则不是人为的规定,而是广告活动的本质规律所要求的。

四、广告策划的工作内容

1. 分析广告机会

进行广告促销,首先要通过分析广告机会解决针对哪些消费者做广告以及在什么样的时机做广告等问题,为此就必须收集并分析有关方面的情况,如消费者情况、竞争者情况、市场需求发展趋势、环境发展动态等,然后根据企业的营销目标和产品特点,找出广告的最佳切入时机,做好广告的群体定位,为开展有效的广告促销活动奠定基础。

2. 确定广告目标

确定广告目标,就是根据广告促销的总体目的,依据现实需要,明确广告宣传要解决的具体问题,以指导广告促销活动的实行。广告促销的具体目标可以使消费者了解企业的新产品,促进购买、增进销售或提高产品与企业的知名度以便形成品牌偏好群等。

3. 形成广告内容

广告的具体内容应根据广告目标、媒体的信息可容量来加以确定。一般来说,应包括以下三个方面。

(1) 产品信息

产品信息主要包括产品名称、技术指标、销售地点、销售价格、销售方式以及国家规定必须说明的情况等。

(2) 企业信息

企业信息主要包括企业名称、发展历史、企业声誉、生产经营能力以及联系方式等。

(3) 服务信息

服务信息主要包括产品保证、技术咨询、结款方式、零配件供应、保修网点分布以及其他的服务信息。

企业在安排广告内容时应注意以下三个问题。

(4) 真实性

即传播的信息必须真实可信,不能夸大其词,更不能用虚假广告欺骗消费者。

(5) 针对性

即广告传播的信息应该是目标消费者想了解的,以做到有的放矢。

(6) 生动性与新颖性

广告具有吸引力、感染力,从根本上来说取决于以上两个方面,但同时也与广告的生动性与新颖性密切相关,因此广告的内容应简明易懂、易于记忆,广告形式应生动有趣、富有新意。

4. 选择广告媒体

广告信息需要通过一定的媒体才能有效地传播出去,然而不同的媒体在广告内容承载力、覆盖面、送达率、展露频率、影响价值以及费用等方面互有差异,因此正确地选择广告媒体是一项非常重要的工作。

5. 广告媒体的特性

企业的广告策划人员在选择广告媒体时必须了解各种媒体的特性。广告可以选择的传播媒体及其特性的有关情况如下。

(1) 印刷媒体

印刷媒体指的是报纸、期刊等印刷出版物,这类媒体是广告最普遍的承载工具。

报纸的优点是:信息传递及时,记者广泛稳定,可信度比较高;刊登日期和版面的可选度较高,便于对广告内容进行较详细的说明;便于保存,制作简便,费用较低。

报纸的缺点是:时效短,转阅读者少;印刷简单因而不够形象和生动,感染力相差一些。

期刊的优点是:读者对象比较确定,易于送达特定的广告对象;时效长,转阅读者多,便于保存;印刷比较精美,有较强的感染力。

期刊的缺点是:广告信息传递前置时间长;信息传递的及时性差;有些发行量是无效的。

(2) 视听媒体

视听媒体主要有广播、电视等。

广播的优点是:覆盖面广,传递迅速,展露频率高;可选择适当的地区和对象,成本低。

广播的缺点是:稍纵即逝,保留性差,不宜查询;受频道限制缺少选择性,直观性与形象性较差,吸引力与感染力较弱。

电视的优点是:覆盖面广,传播速度快,送达率高;集形、声、色、动态于一体,生动直观,易于接受,感染力强。

电视的缺点是:展露瞬间即逝,保留性不强;对观众的选择性差,绝对成本高。

(3) 户外媒体

户外媒体包括招牌、广告牌、交通工具、霓虹灯等。

户外媒体的优点是:比较灵活;展露重复性强;成本低;竞争少。

户外媒体的缺点是:不能选择对象;传播面窄;信息容量小;动态化受到限制。

(4) 邮寄媒体

邮寄媒体是指遍布全国及至全世界的邮政网络。

邮寄媒体的优点是:广告对象明确而且具有灵活性;便于提供全面的信息。

邮寄媒体的缺点是：时效性较差；成本比较高；容易出现滥寄的现象。

6. 广告策划书的内容

广告策划书把在广告策划活动中所要采取的一切部署都列出来，指示相关人员在特定时间予以执行，它是广告策划活动的正式行动文件。

广告策划书有两种形式。一种是表格式的，这种形式的广告策划书上列有广告客户现在的销售量或者销售额、广告目标、广告诉求重点、广告时限、广告诉求对象、广告地区、广告内容、广告表现战略、广告媒体战略、其他促销策略等栏目。其中，广告目标一栏又分为知名度、理解度、喜爱度、购买愿意度等小栏目。一般不把具体的销售量或销售额作为广告目标。因为销售量或销售额只是广告结果测定的一个参考数值，它们还会受商品（劳务）的包装、价格、质量、服务等因素的影响。这种广告策划书比较简单，使用的范围不是很广。另一种是以书面语言叙述的广告策划书，运用广泛。这种把广告策划意见撰写成书面形式的广告计划又称广告策划书。人们通常所说的广告计划书和广告策划书实际是一回事，没有什么大的差别。

一份完整的广告策划书至少应包括如下内容：(1) 前言；(2) 市场分析；(3) 广告战略或广告重点；(4) 广告对象或广告诉求；(5) 广告地区或诉求地区；(6) 广告策略；(7) 广告预算及分配；(8) 广告效果预测。当然，广告策划书可能因撰写者个性或个案的不同而有所不同，但内容大体如此。

撰写广告策划书时应注意以下问题。

(1) 前言部分

前言部分应简明概要地说明广告活动的时限、任务和目标，必要时还应说明广告客户的营销战略。这是全部计划的摘要，它的目的是把广告策划书的要点提炼出来，让企业最高层次的决策者或执行人员快速阅读和了解，当最高层次的决策者或执行人员对广告策划的某一部分有疑问时，能通过翻阅该部分迅速了解细节。这部分内容不宜太长，以数百字为佳，所以有的广告策划书称这部分为执行摘要。

(2) 市场分析部分

市场分析部分一般包括四个方面的内容：① 企业经营情况分析；② 产品分析；③ 市场分析；④ 消费者研究。

市场分析部分在撰写时应根据产品分析的结果，说明广告产品自身所具备的特点和优点；再根据市场分析的情况，把广告产品与市场中各种同类商品进行比较，并指出消费者的爱好和偏向。如果有可能，也可以提出广告产品的改进或开发建议。有的广告策划书称这部分为情况分析，简短地叙述广告客户及广告产品的历史，对产品、消费者和竞争者进行评估。

(3) 广告战略或广告重点部分

广告战略或广告重点部分一般应根据产品定位和市场研究结果，阐明广告策略的重点，说明：用什么方法使广告产品在消费者心目中建立深刻的印象；用什么方法刺激消费者产生购买兴趣；用什么方法改变消费者的使用习惯，使消费者选购和使用广告产品；用什么方法扩大广告产品的销售对象范围；用什么方法使消费者形成新的购买习惯。有的广告策划书在这部分内容中增设促销活动计划，写明促销活动的目的、策略和设想。也有把促销活动计划作为单独文件分别处理的。

(4) 广告对象或广告诉求部分

广告对象或广告诉求部分主要根据产品定位和市场研究来测算出广告对象有多少人、

多少户。根据人口研究结果,列出有关人口的分析数据,概述潜在消费者的需求特征、心理特征、生活方式和消费方式等。

(5) 广告地区或诉求地区部分

广告地区或诉求地区部分应确定目标市场,并说明选择此特定分布地区的理由。

(6) 广告策略部分

广告策略部分要详细说明广告实施的具体细节。撰文者应把所涉及的媒体计划清晰、完整而又简短地设计出来,详细程度可根据媒体计划的复杂性而定,也可以另行制定媒体策划书。一般至少应清楚地叙述所使用的媒体、使用该媒体的目的、媒体策略、媒体计划。如果选用多种媒体,则需对各类媒体的刊播及如何交叉配合加以说明。

(7) 广告预算及分配部分

广告预算及分配部分要根据广告策略的内容,详细列出媒体选用情况及所需费用、每次刊播的价格,最好能制成表格,列出调研、设计、制作等费用。也有人将这部分内容列入广告预算书中专门介绍。

(8) 广告效果预测部分

广告效果预测部分主要说明经广告主的认可,按照广告计划实施广告活动预计可达到的目标。这一目标应该和前言部分规定的目标任务相呼应。

在实际撰写广告策划书时,上述八个部分可有增减或合并分列,如可以增加公关计划、广告建议等部分,也可以将最后部分改为结束语或结论,根据具体情况而定。

撰写广告策划书一般要求简短,避免冗长,要简要、概述、分类,删除一切多余的文字,尽量避免再三再四地重复相同概念,力求简练、易读、易懂。撰写广告策划书时,不要使用许多的代名词。广告策划的决策者和执行者不在意是谁的观念、谁的建议,他们需要的是事实。广告策划书在每一部分的开始最好有一个简短的摘要,在每一部分中要说明所使用资料的来源,增加其可信度。一般来说,广告策划书不要超过两万字。如果篇幅过长,可将图表及有关说明材料用附录的办法解决。

在撰写的过程中,视具体情况,有时也将媒体策划、广告预算、总结报告等部分专门列出,形成相对独立的文案,随后分而述之。

第二章 营销战略策划篇

成本依然领先,天天平价不在①
——沃尔玛为何准备放弃平价战略

一、天下第一

少年时爱听《说唐》,英雄谱背得滚瓜烂熟。天下第一条好汉乃西府赵王李元霸,胯下千里一盏灯,掌中一对擂鼓瓮金锤,谁也惹不起。排名第二的宇文成都别看在别的地方神气,一见李元霸那是魂飞魄散。李元霸纵横天下,所向无敌,书中描写他是"恨天无耳、恨地无环",天若有耳他就把天扯下来,地若有环他就把地提起来。可是他太狂妄了,天上打雷惹怒了他,他一不高兴将手中的金锤向天上砸去,不巧锤落下时正击中他的头部,就此英雄归天。

此时沃尔玛的实力就仿佛是李元霸一样,不仅排名世界第一,而且实力远远超过竞争对手,处于绝对优势。沃尔玛最有力的武器就是**天天平价**【思考:沃尔玛是如何做到天天平价、成本领先的?】,沃尔玛凭此独霸美国、横扫世界,真是天下英雄谁敢轻试其锋?

可是,最近沃尔玛接连做出了几个让人吃惊的决定:一是强势推出主要面向中产阶层的全新服装品牌 Metro7;二是意图收购目前正陷入财政困难的全美著名的中高端服装零售集团 Tommy Hilfiger;三是 7 月向美国犹他州递交了开办产业银行的申请。为什么?难道沃尔玛准备放弃其平价战略了?难道沃尔玛觉得自己强大到可以在金融界大开杀戒了?

二、利润增长的压力

沃尔玛的决定并不是因为它狂妄,而是来自于它对利润增长下降的焦虑。根据公布的第三季度财报,在截至 2006 年 10 月 31 日的第三季度,沃尔玛净利润增长 3.8%,从 2005 年同期的 23 亿美元增至 23.7 亿美元,每股盈利从 54 美分升至 57 美分。收入增长幅度则相对较大,同比上涨 10%至 763 亿美元。"卡特里娜"、"丽塔"和"威尔玛"三大飓风让沃尔玛当季损失 4000 万美元并关闭了 10 家门店。高油价也让沃尔玛颇为受伤,目前油价虽有所缓和但仍比去年高出了 33%,由于沃尔玛的核心客户大都是低收入者,不断上涨的交通成本使这部分客户的消费支出大为降低。沃尔玛首席执行官李·斯科特评价本季度"是在困难的环境下取得了相当好的表现",但是这丝毫不能掩饰本季度是沃尔玛 4 年来利润增长最低的尴尬。

---

① http://oxford.icxo.com/htm/news/2007/02/27/1006871_0.htm,有改动。

"从销售面来看,沃尔玛做得不错,但利润额这项上就有所欠缺了。"Coldstream 资本管理公司首席投资官 DonGher 说。实际上,虽然沃尔玛的销售收入增长幅度达 10%,但是"Same-store sales"单店销售收入指标却只有 3.8%,"Same-store sales"是指开业至少一年以上的商店的销售收入,因其不受开新店的影响,被业界认为是衡量零售业健康水平的重要指标。最近几年,沃尔玛不仅在利润率上落后于竞争对手 Target,而且其全球扩张也不尽如人意,在全球第二大消费市场日本迟迟未能实现盈利,不得不继续加大投入,2006 年 11 月 2 日,沃尔玛宣布将对日本零售企业西友百货公司实施一项 10 亿美元的援助计划,并指定一位高管任西友百货公司的 CEO。在此项交易中,沃尔玛将注资 675 亿日元,把在西友百货公司现有的 42.48% 有投票权股份提高到 53.56%,此举意味着西友百货公司将成为沃尔玛的子公司。而在全球最大的新兴市场中国,沃尔玛则被批评水土不服,10 年经营未获成功。

三、低成本模式频遭指责

沃尔玛美国商店市场营销负责人约翰·弗莱明表示,他想把顾客研究和类别开发作为新的重点,从时尚服饰延伸到电子产品和家庭装饰方面。为此,公司正在现有的营销部门内部进行新的市场研究并加强深入了解消费者的本领,从而跨出了告别传统平价零售模式的一步。约翰·弗莱明于 2006 年 4 月接任此职,之前他负责 Walmart.com 网站的拓展。在加盟沃尔玛之前,他在沃尔玛的主要对手 Target 工作了 19 年。随着约翰·弗莱明的上任,沃尔玛的广告风格已变得更接近 Target,那种在店里拍摄的强调"天天平价"的电视广告不见了,取而代之的是当年秋季市场的推广,包括了更多设计灵活的生活方式形象,重点强调立体造型的 MP3 播放器等产品。但约翰·弗莱明表示,沃尔玛不是 Target,他说:"我钦佩它们建立品牌、处理商品门类营销的做法。话虽如此,但它们的定位却与我们不同。"迈克尔·波特将企业战略大致分为三类,即成本领先、差异化、市场集中,在零售市场上每一种战略都有其成功的实践者。沃尔玛是成本领先战略的最佳典范。虽然以往的成功不应成为以后发展的束缚,但是,沃尔玛今后的营销战略还是不可能背离其成本领先的战略。

营销大师菲利普·科特勒今年来到中国,宣扬他的水平营销理论:传统的垂直营销(Vertical Marketing)思维往往是在市场细分、目标市场锁定和市场定位结束后,运用"4P"营销组合来制定企业的营销战略。这种营销策略已经开始暴露出其不足之处——企业可以继续细分市场,但最终结果将是市场小得无利可图。我们需要行业外部的新思维。**水平营销(Lateral Marketing)【思考:水平营销和蓝海战略的异同?】**思维正是对垂直营销思维的一种补充,它通过对产品作适当改动来产生新用途、新情境、新目标市场以开创新类别,从而重组市场。虽然菲利普·科特勒讲的是产品创新,其实同样适用于市场创新。消费者正在发生变化,生活品位正在不断提高,沃尔玛需要跳出其原有的平价经营模式,运用水平营销的思维开辟一个新的市场空间。2005 年 8 月到 10 月,美国《时尚》杂志上连续两个月刊登大幅广告,推出沃尔玛的时尚服饰,这正是沃尔玛新的营销策略的象征:沃尔玛——大众的时尚。

"制造商所能做的第二糟的事情是与沃尔玛签约,那么第一糟呢?不签!"一家美国咨询公司这样评价沃尔玛,这代表了大量的制造商对沃尔玛爱恨交加的心态,制造商既离不开沃尔玛强大的分销能力,又无法忍受其对价格的压榨。目前,美国乃至世界对于沃尔玛正在破坏就业并压制薪酬水平的指责不断增长,有些地区的抵制活动正不断升级。据统计,自沃尔玛开业以来,全美已有50%的服装店关闭,30%的五金店停业,25%的建材商破产。研究证明,沃尔玛每提供2个工作岗位,就会有3个人失业。沃尔玛曾在华盛顿举行一个会议,想借此平心静气地衡量其对美国经济的影响,公司邀请10家学术报刊的人员出席,其中5家报刊至少在一定程度上对沃尔玛残酷的低成本业务模式进行指责。

在中国,沃尔玛等跨国零售集团虽然强调供应商要具备一定的社会责任,强调对工人利益的保护,但是其在实际经营中一味压低价格的采购方式客观上迫使制造商将成本压力向工人的身上转移。

沃尔玛的规模是如此之大,其销售收入每增长一个百分点就达20多亿美元,要想维持每年两位数的增长,就必须无情地摧毁竞争对手,真是见鬼杀鬼,遇神灭神。但想要赢者通吃,未免招人怨恨。任何事物发展到盈满鼎盛阶段,必然会向反面转化,不可能保持长久,正如《周易》曰:"亢龙,有悔,盈不可久也。"意思是:龙到了过高的地方,必将会后悔,因为事物发展到了尽头,必将走向自己的反面。沃尔玛位居世界第一,有数以万计的供应商仰其鼻息,如果能真正做到与供应商共同成长,自能得到供应商的大力支持,如果一味追求自身的发展,最终也有可能众叛亲离。

四、大众的时尚

沃尔玛正在调整其产品结构,增添了更多的高附加值时尚货品,包括售价1000美元的"东芝"笔记本电脑和平板电视机,这在以往是绝无仅有的。著名的运动品牌"耐克"也将旗下的"Starter"品牌在沃尔玛销售。沃尔玛的副董事长约翰·曼泽说:"消费者开始觉得商店里不是那么零乱了,这是由于公司注重贴近顾客进行决策,进行商品重组的原因。"有营销专家评论说,这表明零售界的巨人终于开始倾听顾客的需要了。

五、沃尔玛的发展历程

(一)沃尔玛的发展概况

沃尔玛是美国最大的零售业企业,同时也是世界上最大的零售业企业。1962年7月2日,山姆·沃尔顿及其兄弟在阿肯色州的罗杰斯开办了第一家沃尔玛折扣商店,这是一家庞大的仓库式商店,旨在以最低的价格向小城镇的美国人销售各种商品,从服饰到汽车零件以及小型用具等。2003年,沃尔玛的全球销售额已达2563亿美元,并连续3年排名《财富》杂志世界500强企业榜首,2002年和2003年连续两年在《财富》杂志评选的美国最受尊敬的企业中排名第一。同时,沃尔玛在全球多个国家被评为最受赞赏的企业和最适合工作的企业之一。

1996年8月12日,沃尔玛在中国的深圳开设沃尔玛购物广场和山姆会员商店,标志着沃尔玛首次进入中国及亚洲市场。在沃尔玛的商店中包含三种零售业态。一是购物广场。购物广场又称超级购物中心,经营应有尽有的生活用品,通过"一站式购物",适应今天人们繁忙的生活方式,为顾客提供综合服务。二是山姆会员商店。山姆会员商店实际上是仓储式商店,它以仓储价格向会员提供各种优质的产品。山姆会员商店的利润很低,主要靠收取适当的会员费。这样,会员顾客在购买商品时,能享受到低于市价10%~30%的低价。三是折扣商店。折扣商店就是廉价商店。折扣商店的毛利低、销售量大,因而以比传统商店低的价格销售标准商品,真正的折扣商店经常以低价销售其商品,提供最流行的全国性品牌,而不是质量低下的低档商品。

沃尔玛商店的定位战略是产品线宽、价值增值低,它们强调低价,树立起价廉物美的商品形象,奉行薄利多销的原则来获取低毛利。沃尔玛的发展历程,沃尔玛连续50余年的高速扩张,每隔10年就上一个台阶,直至今日仍未停止。

(二) 沃尔玛的市场营销战略

1. 顾客至上,保证满意

沃尔玛的顾客服务是世界一流的。第一,沃尔玛放在首位的是商品对口,这是它们在采购环节就反复强调的顾客观念。第二是保证供货,缺货不单给顾客带来不便,更令公司蒙受生意上的损失。第三是良好的购物环境,符合清洁、安全、方便的要求。第四是与众不同的员工,实行微笑服务。沃尔玛的**服务准则**【思考:这种服务在中国越来越难享受到,你觉得这是为什么?】是:(1) 3米原则。沃尔玛的员工在3米以内要与顾客目光接触,点头、微笑、打招呼。(2) 保证顾客100%满意。沃尔玛的员工都知道下面的两条原则:第一条,顾客永远是对的;第二条,顾客如有错误,请参看第一条。(3) 更为与众不同的沃尔玛的顾客关系哲学——顾客是员工的"老板"和"上司"。每一个初到沃尔玛的员工都被谆谆告诫:顾客就是老板,沃尔玛的所有员工都是为顾客服务的,这就是沃尔玛的经营哲学。

为了使顾客在购物过程中自始至终地感到愉快,沃尔玛要求员工的服务要做到:永远要把顾客带到他们找寻的商品前,而不仅仅是指给顾客,或是告诉他们商品在哪;熟悉你部门商品的优点、差别和价格高低,每天开始工作前花5分钟熟悉一下新产品;对常来的顾客,打招呼要特别热情,让他有被重视的感觉。

另外,沃尔玛毫不犹豫的退款政策能够确保每个顾客永无后顾之忧。沃尔玛有四条退货原则:(1) 如果顾客没有收据——微笑,给顾客退货或退款;(2) 如果你拿不准沃尔玛是否出售过这样的商品——微笑,给顾客退货或退款;(3) 如果商品售出超过一个月——微笑,给顾客退货或退款;(4) 如果你怀疑商品曾被不恰当地使用过——微笑,给顾客退货或退款。沃尔玛充分体现了山姆·沃尔顿不断重申的那几条要求:要让顾客受到公正、诚实、礼貌的待遇;要让顾客觉得商店是他们的商店;要清楚重新夺回一个顾客,需要比保持现在的顾客多花5倍的精力等。因此,沃尔玛宁可要回一件不满意的商品,也不要一位不满意的顾客。

2. 加强人力资源的开发与管理

沃尔玛从1962年创立第一家折扣商店起,历经50余年长成为零售业巨头,其根本之点是有明确的企业价值观和企业文化。沃尔玛的创始人山姆·沃尔顿总结出了"经营企业十大成功规则",并常常与经理和员工们共勉。

这十大规则是:(1) 敬业;(2) 与所有的同事分享你的利润,把他们视为合伙人;(3) 激励你的合伙人;(4) 尽可能地同你的合伙人进行交流沟通;(5) 感激合伙人对公司的贡献;(6) 成功要大力庆祝,失败亦保持乐观;(7) 倾听合伙人的意见;(8) 超越顾客的期望;(9) 控制成本低于竞争对手;(10) 逆流而上,另辟蹊径,藐视传统的观念。这十大规则既是山姆·沃尔顿个人毕生遵循的准则,又是沃尔玛几十年得以迅速发展壮大的经营法宝(也即成功之本)。山姆·沃尔顿将这十大规则实实在在地总结出来,对于沃尔玛的全体员工,对于零售业同行或竞争对手,对于相关行业甚至其他行业的管理者,这都是一个宝贵的提示或指导,有着重要的参考作用和可操作性。

上述十大规则中有7条是讲员工关系的,可见沃尔玛把员工关系放到何等重要的地位。

说到导致沃尔玛成功的诸多因素时,山姆·沃尔顿本人认为:只有管理者与员工之间良好的合作关系——按沃尔玛的说法,就是全体成员之间的"合伙关系"——才是他们之所以能取得如此令人难以置信的繁荣的真正秘密,才是沃尔玛一直以来能飞速发展的真正源泉。沃尔玛百货有限公司高级副主席唐·索德奎斯曾多次强调:"毋庸置疑,沃尔玛的成功是基于这样一种坚强的信念——让每一位员工实现个人的价值,我们的员工不应只是被视作会双手干活的工具,而更应该被视为一种丰富智慧的源泉。我们的同事创造非凡。"

这种"合伙关系"在沃尔玛处处可以体现出来,它把整个沃尔玛凝聚成一个整体,使所有的人都齐心协力,为着共同的一个奋斗目标——公司的发展壮大而不断努力。在沃尔玛,员工被称作"合伙人",而不是简单的雇员。山姆·沃尔顿重视公司内部由上而下的思想沟通,创造出一种让员工感到自己是公司一员的氛围,尽量给员工以更平等的对待,真正建立起一种合伙关系。在沃尔玛的整体规划中,建立公司与商店员工的合伙关系被视为最重要的部分。这是沃尔玛始于20世纪70年代的传统做法。1971年,沃尔玛开始实施一项所有员工参与的利润分享计划,使每位员工都能因公司盈利而获利,这个计划规定:每一个在沃尔玛工作一年以上,并且每年至少工作1000个小时的员工都有资格分享公司当年的利润。运用一个与利润增长相关的公式,把每个够格的员工工资的某个百分比归入计划,员工们离开公司时可取走这个份额——或以现金方式,或以沃尔玛公司股票方式。一旦尝试把员工当作合伙人,结果很快发现,它有助于公司进一步发挥在生意上的巨大潜力,而且,员工们也很快发现,随着公司经营状况的改善,他们的所得也在增加。

沃尔玛处理员工关系经常用到的一个词汇叫作"分享信息",分享信息和分担责任是构成沃尔玛合伙关系的另一个重要内容,它能使人产生责任感与参与感。在各个商店里,沃尔玛公布该店的利润、进货、销售和减价情况,并且不只是向经理及其助理们公布,而是向商店的每一个员工、计时工和兼职雇员公布各种信息。显然,部分信息也会流传到公司外面,但是他们相信与员工分享信息的好处远大于信息泄露给外人可能带来的副作用。实际上到目前为止,这样做并没有对沃尔玛构成损害。

尊重个人,这是沃尔玛的企业文化。在沃尔玛,"我们的员工与众不同"不仅仅是一句口号,更是沃尔玛成功的原因。山姆·沃尔顿特别强调对员工的尊重、爱护和依靠,认为这是沃尔玛经营管理的基本要求。沃尔玛还要求管理者和员工同甘苦、共患难,特别在"危难的时候",更要关心和爱护员工,要把员工放在重要的位置上,经常进行交流和沟通。

值得一提的是,沃尔玛在员工培训方面给予了重视和巨大的投入。沃尔玛的培训观念就是:我们认可每一位合伙人的价值,并且对他们取得的成绩给予奖励。最重要的是,我们为合伙人提供培训发展计划,让他们与公司一道迈向成功。

3. 坚持以小城镇为主要目标市场的发展战略

沃尔玛不仅是一家从偏远地区的小城镇发展起来的巨型零售业企业,而且在其发展过程中一直遵循着避开大城市的战略。在沃尔玛创业初始,山姆·沃尔顿面对像西尔斯、凯马特这样强大的竞争对手,采取了以小城镇为主要目标市场的发展战略,也就是说在别人忽略的小城镇开设大型的折扣商店。在小城镇开店最明显的一个好处就是,由于一般大型的连锁公司忽视这些小城镇,因此沃尔玛难得遇上竞争对手,从而得以一路顺利发展。在20世纪60年代,凯马特这样的公司是根本不屑于到任何一个人口少于5万人的小城镇去开店的,而山姆·沃尔顿的信条是即使在少于5000人的小城镇也照开不误。这些小城镇在美国多不胜数，其数量要比大中城市的数量多得多，而且大多数的小城镇都极具发展潜力，因此，沃尔玛实际上比那些走大中城市路线的竞争对手获得了更多的发展机会。在沃尔玛高速发展的20世纪70年代和80年代，几乎所有的沃尔玛分店都开在人口为几千人到2.5万人以内的小镇。一般的折价百货业公司认为，这么少人口的小城镇难以支持折扣商店低价竞争所需的销售规模。但山姆·沃尔顿认为，只要商品价格确实低、品种确实多，就能吸引来周围几十英里（1英里＝1609.344米）范围内的居民。事实也确实如此。

另外，山姆·沃尔顿对商店选址也有严格要求，首先要求在围绕配送中心的600公里辐射范围内，把小城镇逐个填满后，然后再考虑向相邻的地区渗透。这样正好使沃尔玛避开了和那些强大的对手直接竞争，同时，抢先一步占领了小城镇市场，等到凯马特意识到沃尔玛的存在时，沃尔玛已经牢牢地在小城镇扎下了根，并开始向大城市渗透。

可以这样说，正是由于发展初期的沃尔玛采取了以小城镇为主要目标市场的发展战略，才使得沃尔玛得以在零售业站稳脚跟。

4. 采用高新技术【思考：沃尔玛在科技上的投入与自身经营成本的压缩是否矛盾？它说明了什么？】

搞好物流配送，严格控制成本，实现"天天平价"。沃尔玛在高科技和电子技术的运用方面投入了大量的资金，因此始终在这一方面处于世界领先地位。在计算机和通信系统方面，沃尔玛在20世纪80年代初就与休斯公司合作发射了一颗人造通信卫星，先后投资近7亿美元，建成了全公司的计算机和卫星通信系统，据说它还是当时世界上最大的民用计算机与卫星通信系统，由此实现了全球联网。

沃尔玛在全球近5000多家商店通过全球网络可以在一个小时内对每种商品的库存、上架、销售量全部盘点一遍，所以，在沃尔玛的门市店不会发生缺货情况。公司总部与全球各家分店和各个供应商通过共同的电脑系统进行联系。它们有相同的补货系统、相同的EDI（Electronic Data Interchange，电子数据交换）条形码系统、相同的库存管理系统、相同的会员管理系统和相同的收银系统，这样的系统能从一家商店了解沃尔玛全世界商店的资料。科学技术为沃尔玛称雄世界提供了强大的保证。

沃尔玛拥有由信息系统、供应商伙伴关系、可靠的运输及先进的全自动配送中心组成的完整物流配送系统。沃尔玛在美国建立了70个由高科技支持的物流配送中心，所供应的分店都在一天车程或300英里范围内，各分店85%的商品由物流配送中心直接供应，而一般竞争对手大约只有50%～60%，销售成本也因此要比零售行业平均销售成本低2%～3%。沃尔玛还拥有全美国最大的卡车运输队，随时配合物流配送中心的工作，因此其运输成本也是同行业中最低的。沃尔玛的配送系统是一个整体系统，一方面能够及时保证货架充足，另一方面也会尽力使库存量降到最低。关键是牢牢把握住顾客的需求趋势，极力迎合顾客的需要，从而吸引越来越多的顾客。沃尔玛全部配送作业实现自动化，是当今公认最先进的物流配送中心，实现了高效率、低成本的目标，从而为沃尔玛实行"天天平价"提供了可靠的后勤保证。

在商品采购管理上，沃尔玛实行进销分离的体制，总部采购部负责所有分店商品的采购，而各分店是一个纯粹的卖场。所有分店的电脑都和总部相连，一般分店发出订单24～48小时之内就可以收到物流配送中心送来的商品。如此快速的信息反馈和高效的库存控制使得沃尔玛的存货量大大降低，资金周转速度加快，成本自然也降低。

沃尔玛发现，一个商店80%的销售额通常是由20%的商品创造的，沃尔玛把这个现象叫作"80/20"原则。采购员的任务之一就是经常分析一下这20%的商品是什么,然后把它们采购进来。沃尔玛的电脑系统能保存两年的销售历史资料,电脑记录了所有商品——具体到每一个规格、不同颜色的商品的销售数据,包括最近各周的销量、存货多少。这样的信息支持能够使采购员知道什么品种该增加,什么品种该淘汰;好销的品种每次进多少既能满足需求而又不至于积压。

沃尔玛还特别要求采购员要廉洁、诚实,客户请吃、所送礼品及红包一概不能接受。沃尔玛认为如果不这样要求势必导致:(1)使供应商成本加大,最终反映在价格上;(2)采购员会受制于他人,不公平进货;(3)公司营运有风险;(4)违背国家和公司的规定,所以这在沃尔玛是被坚决杜绝的。沃尔玛的管理人员说,诚实廉洁能使供应商去掉烦恼,又使公司做到商品价格低廉,商品质量好,对顾客服务做得更好。沃尔玛这样要求员工,同时还从体制上杜绝了商业贿赂。沃尔玛中国有限公司总部设有防损部,内部设调查员,专门调查采购员与供应商的关系。此外,对采购员一般半年调换一下业务范围。

为了降低成本,沃尔玛一是靠大量订货不断要求供应商尽可能地压低价格,二是越过中间商直接向制造商订货,三是实现采购本地化。在中国,沃尔玛销售的商品95%都是中国制造的,这样一来,既节约了成本,又适应了当地顾客的消费习惯。沃尔玛商品的低价格来自于低成本,而低成本则来自于高效率的管理。

5. 与供应商利益共享,共生共荣

沃尔玛始终把建立同供应商利益共享、共生共荣的关系放在重要位置。沃尔玛的企业文化中重要的一条就是同供应商保持良好的合作伙伴关系。通常,在零售商拼命压低商品价格的同时,制造商却在追逐着更高的价码,正是由于买卖之间的拉锯战造成了产销双方关系的不畅。沃尔玛在改变这种长期固守的买卖关系中独树一帜。对供应商提供服务,这是沃尔玛要处理好的第二个外部关系(第一是与顾客的关系)。其一,沃尔玛的商品售价低廉,在订单上尽量争取低价位,但强调与供应商共同发展,都应有合理利润,并每月结款一次。其二,强调与供应商信息共享。供应商每一天每一分钟都可以在沃尔玛的电脑系统里查到自己的商品销量、库存情况(对其他的供应商则保密),该资料细化到每一规格及不同颜色的商品的销售状况,这对做到按需生产非常有利。

应该指出的是,工业社会发展到现在,零售商与供货商之间将从相互制约、互有所图的关系向新型的相互合作、共生共荣的工商双赢的伙伴关系发展。零售商帮助供货商了解市场,了解消费者需求;供货商根据市场需求调整自己的生产,使产品适销对路。这种新型合作伙伴关系的形成和发展可以给双方都带来极大的利益,应该受到零售商和供货商的高度重视。

(三) 沃尔玛的竞争战略

美国哈佛商学院的教授迈克尔·波特认为:在一个产业中,企业的竞争优势有两种基本形式:成本领先和标新立异。为了获取竞争优势,企业可以采用的基本竞争战略分为三类:(1)总成本领先战略;(2)差异化战略;(3)专一化战略。

一个企业如果能够成功地贯彻其中一种基本战略,或者成为产业中的低成本领导者,或者在产品或服务的某些方面取得独树一帜的经营歧异性,或者集中资源在某一特定的细分市场取得成本优势或歧异性,那么它就能获得高于产业平均利润的超额利润。如果企业同时追求多种基本竞争战略,并能同时获得成本领先和标新立异的竞争优势,那么它获得的回报将是巨额的。沃尔玛能够取得今日的成就正是成功地运用以上三种基本战略的结果。

与此同时,为了进一步建立和保持长久的竞争优势,沃尔玛把"天天平价"和"保证满意"确定为自己的战略目标,想尽一切办法在每一环节上把成本降至最低,取得了在行业上的成本领先者地位。同时为了满足顾客的要求,沃尔玛不断推出新的服务方式和服务项目,如山姆会员店、超级购物广场、一站式购物、免费停车、免费送货等,最终以超一流的服务赢得了顾客的忠诚,取胜了在服务方面的歧异性。

案例点评

沃尔玛在中国水土不服的原因很多,既有政治方面的因素也有文化方面的因素。如果沃尔玛中国超市也能享受到在美国本土的卫星支持将会极大改善沃尔玛供应链的服务水平和服务质量。而和同为外资的法国零售巨头家乐福在中国的竞争中,沃尔玛显然不如家乐福更会适应中国国情。在文化方面,法国人与中国人的相通之处明显要多于美国人。所以,让很多中国人感到不解的是,既然沃尔玛在零售业排名世界第一,总喊着自己"天天平价",为什么很多商品的价格没有竞争力,不仅比家乐福的价格要高,甚至比很多国内超市的价格也高。那是因为沃尔玛根本没有发挥出自己的竞争优势,没能通过高科技手段把自己的经营成本压缩到最低,同时它也不愿像有些超市那样使用权钱交易让某些质量不合格的产品进入超市。

在最核心的"天天平价"策略的转变问题上,沃尔玛其实是两难的:继续保持"天天平价"的成本领先战略会让利润的增长变得更加缓慢,如果放弃"天天平价"这条得以几十年来高速增长的法宝就会使沃尔玛丧失赖以安身立命的根本。所以,沃尔玛选择了中间策略,在"天天平价"的基础上增加高附加值、高利润的产品进行产异化销售,在保证不流失低端顾客的基础上通过吸引更多的中产阶级来消费以增加利润。当然,这种变化我们在中国还暂时看不到,因为沃尔玛在中国市场还不具备实施这种策略的条件。不过这种策略的改变对沃尔玛来说并不是好事,顾客之所以愿意去沃尔玛购物就是看中它的"天天平价",如果很多商品的价格提高,消费者自然会选择其他的超市,况且现在网络购物非常发达与便利,人们选择购物的渠道越来越多样,像淘宝、京东、卓越、当当、一号店等网上购物平台会越来越多地挤占传统超市的市场份额。所以,沃尔玛最好的策略还是坚持并凸显"天天平价"的优势。

案例讨论题

1. 为什么沃尔玛要在全球经营中放弃"天天平价"的战略?成本领先战略和"天天平价"战略相冲突吗?
2. 沃尔玛在中国10年的经营中应该说是失败的,你认为原因何在?
3. 请运用"竞争五力模型"分析沃尔玛在中国的行业竞争环境。
4. 沃尔玛对其产品结构的调整会导致什么样的后果?
5. 如果你是沃尔玛的总裁,你会采取哪种战略以扭转沃尔玛现在的不利局面?

理论注释 1 迈克尔·波特的三大竞争战略

迈克尔·波特系美国哈佛商学院终身教授,因在"竞争战略"研究领域内的卓越贡献而被尊为"竞争战略之父",与彼得·德鲁克、格林斯潘名列"20世纪对全球经济影响力最大的50位人物"前3名。迈克尔·波特是世界公认的竞争战略方面的第一权威。他毕业于普林斯顿大学,后获哈佛大学经济学博士学位,并获得斯德哥尔摩大学商学院等7所著名大学的荣誉博士学位。2000年12月,迈克尔·波特获得哈佛大学最高荣誉的"大学教授"资格,成为该校历来第四位得到这份"镇校之宝"殊荣的教授。

作为最受推崇的商学大师之一,迈克尔·波特博士撰写过17部著作及70多篇文章。他提出的"竞争五力模型"和"三种竞争战略"在全球被广为接受和实践,其竞争战略课程是哈佛商学院的必修课之一。迈克尔·波特在《竞争战略》一书中明确地提出了3种通用战略,他认为在与5种竞争力量的抗争中蕴含着三类成功型战略思想,即总成本领先战略、差异化战略和专一化战略。迈克尔·波特认为,这些战略类型的最终目标是使企业在产业竞争中高人一筹。

一、总成本领先战略

成本领先要求企业必须建立高效的生产设施,在经验的基础上全力以赴地降低成本,加大对成本及管理费用的控制,并尽可能地节约在研发、服务、促销、广告等方面的费用支出。为了达到上述目标,企业管理层必须对成本管理给予足够的重视。尽管产品质量、服务等因素也是企业参与竞争的重要手段,但贯穿该战略的核心是确保总成本低于竞争对手,"总成本低于竞争对手"意味着当别的企业在竞争中失去利润时本企业依然可以获利。微波炉行业市场占有率排名第一的格兰仕便是采用这一竞争战略的典型企业之一。

赢得总成本最低的有利地位通常要求企业具备较高的相对市场份额或其他优势,如企业与原材料供应商建立了牢靠的关系,产品的设计必须便于制造、生产,企业保持相对较宽的产品线从而可以分散固定成本,大批量生产、供货(服务于大量顾客群)等。

总成本领先战略将使企业获得很强的竞争力,一旦企业赢得了这样的地位(总成本领先的地位),其所获得的较高的边际利润又可以使其重新对企业的设备、设施进行投资以进一步巩固自己在成本上的领先优势——这种再投资往往也是保持低成本状态的先决条件。

二、差异化战略

差异化战略是将产品或企业提供的服务实现差异化,建立起本企业在行业中独有的一些东西。实现差异化战略可以有多种方式,如设计名牌形象、拥有独特的技术、具有独特的性能、提供特别的顾客服务、拥有专门的业务网络等。最理想的情况是,企业在几个方面具有"差异化"的特征,如世界工程机械巨头"卡特彼勒"不仅以其业务网络和优良的零配件供应服务著称于世,而且以优质耐用的产品质量享有盛誉。

一旦差异化战略获得成功,它将成为企业在一个行业中获得较高利润水平的积极战略,因为它能建立起"防御阵地"来对付5种竞争力量,虽然这种防御的形式与总成本领先有所不同。但是,迈克尔·波特认为,推行差异化战略有时会与争取更大的市场份额这一目标相矛盾,推行差异化战略的企业应该对这一战略的排他性有一定的思想准备。企业对"差异化战略"目标与"市场占有率"目标往往不能兼顾,建立差异化战略的努力往往需要付出高昂的成本代价,有时,即便该行业的所有顾客都了解本企业的独特优势,也并不意味着所有的顾客都愿意或有能力支付企业要求的高价。

三、专一化战略

专一化战略要求企业主攻某个特定的顾客群、某条产品线的一小段或某一区域性市场。总成本领先战略与差异化战略都是为了在全行业范围内实现企业的目标,而专一化战略却是围绕某个特定的顾客群(细分市场)来提供服务的,该战略指导下的每项活动都应围绕这一目标群体来展开。采用这一战略的前提是:企业业务的专一化能以较高的效率、更好的效果为某一狭窄的战略对象(细分市场)服务,从而获得为众多顾客服务的竞争者所不具备的优势。如劳斯莱斯是专门定位于"贵族"阶层的轿车品牌,该公司以超豪华的设计、精湛的工艺、独特的享受面对一个极其狭窄的"缝隙市场"提供产品和服务,是采用专一化战略的一个典型。

迈克尔·波特认为,采用专一化战略的结果是,企业要么可以通过满足特定群体的需求而实现差异化,要么可以在为特定群体提供服务时降低成本,或者可以二者兼得。这样,企业的盈利潜力会超过行业的平均盈利水平,企业也可以借此抵御各种竞争力量的威胁。但是,专一化战略常常意味着企业难以在整体市场上获得更大的市场份额,该战略包含着利润率与销售额之间互以对方为代价这一层含义。

迈克尔·波特认为,针对上述3种竞争战略,每个企业都必须明确地选择自己的竞争战略,徘徊其间必然会影响企业的战略定位,在各种战略之间摇摆不定的企业将很难获得较高的利润。企业必须做出一种根本性战略决策来向3种通用的战略靠拢,一旦企业处于徘徊不定的情境,要想摆脱这种不良状态可能需要长时间的、持续的努力。另外,迈克尔·波特认为,如果相继采用这3种战略,企业也会失败,因为这3种战略所要求的条件是不一样的。

理论注释2 竞争五力模型

竞争五力模型是由迈克尔·波特提出的,他认为行业中存在着决定竞争规模和程度的5种力量,这5种力量综合起来影响着产业的吸引力。竞争五力模型是用来分析企业所在行业竞争特征的一种有效的工具。在该模型中涉及的五种力量包括供应商的讨价还价能力、购买者的讨价还价能力、新进入者的威胁、替代品的威胁、行业内现有竞争者的竞争。决定企业营利能力首要的和根本的因素是产业的吸引力。一种可行战略的提出首先应该包括确认并评价这5种力量,不同力量的特性和重要性因行业和企业的不同而变化(如图2-1所示)。

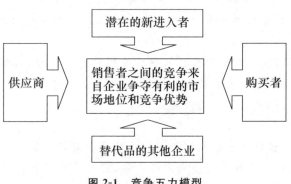

图2-1 竞争五力模型

一、供应商的讨价还价能力

供应商影响一个行业竞争者的主要方式是提高价格(以此获取买方的盈利),降低所提供产品或服务的质量,以下一些因素决定它的影响力:

(1) 供应商所在行业的集中化程度;
(2) 供应商产品的标准化程度;
(3) 供应商所提供的产品在企业整体产品成本中的比例;
(4) 供应商提供的产品对企业生产流程的重要性;
(5) 供应商提供产品的成本与企业自己生产的成本之间的比较;
(6) 供应商提供的产品对企业产品质量的影响;
(7) 企业原材料采购的转换成本;
(8) 供应商前向一体化的战略意图。

二、购买者的讨价还价能力

与供应商一样,购买者也能够为行业盈利性造成威胁。购买者能够强行压低价格或要求更高的质量或更多的服务。为达到这一点,他们可能使生产者相互竞争或不从任何单个生产者那里购买商品。购买者一般可以归为工业客户或个人客户,购买者的购买行为与这种分类方法一般是不相关的。但有一个例外是,工业客户是零售商,他可以影响消费者的购买决策,这样,零售商的讨价还价能力就显著增强了。以下因素影响购买者集团的议价能力:

(1) 集体购买;
(2) 产品的标准化程度;
(3) 购买者对产品质量的敏感性;
(4) 替代品的替代程度;
(5) 大批量购买的普遍性;
(6) 产品在购买者成本中所占的比例;
(7) 购买者后向一体化的战略意图。

三、新进入者的威胁

一个行业的进入者通常带来大量的资源和额外的生产能力,并且要求获得市场份额。除了完全竞争的市场以外,行业的新进入者可能使整个市场发生动摇,尤其是当有步骤、有目的地进入某一行业时,情况更是如此。

新进入者威胁的严峻性取决于一家新的企业进入该行业的可能性、进入壁垒以及预期的报复。其中,第一点主要取决于该行业的前景如何,行业增长率高表明未来的盈利性强,而眼前的高利润也颇具诱惑力。

对于以上两种威胁,客户需要研究进入壁垒的难易的条件因素,如钢铁业、造船业、汽车工业。规模经济是进入壁垒的重要条件。此外,还有产品的差异条件,如化妆品及保健品业产品的差异条件是进入壁垒的主要条件之一。

四、替代品的威胁

替代品是指那些与客户的产品具有相同的功能或类似功能的产品。如糖精从功能上可以替代糖,飞机进行远距离运输可能被火车替代等,那么生产替代品的企业本身就给客户甚至行业带来威胁,替代竞争的压力越大,对客户的威胁越大。决定替代品压力大小的因素主

要有:
(1) 替代品的营利能力;
(2) 替代品生产企业的经营策略;
(3) 购买者的转换成本。

五、行业内现有竞争者的竞争

大部分行业中的企业,其相互之间的利益都是紧密联系在一起的。作为企业整体战略一部分的各企业竞争战略,其目标都在于使得自己的企业获得相对于竞争对手的优势,所以,在实施中就必然会产生冲突与对抗现象,这些冲突与对抗就构成了现有企业之间的竞争。现有企业之间的竞争常常表现在价格、广告、产品介绍、售后服务等方面,其竞争强度与许多因素有关。

在关注竞争对手方面,迈克尔·波特提出了长远目标、现行战略、假设、能力的四要素模式,以此模型剖析竞争对手的情况。

根据上面对于5种竞争力量的讨论,企业可以采取尽可能地将自身的经营与竞争力量隔绝开来、努力从自身利益需要出发影响行业竞争规则、先占领有利的市场地位再发起进攻性竞争行动等手段来对付这5种竞争力量,以增强自己的市场地位与竞争实力。

表2-1 竞争五力模型与一般战略的关系

行业内的五种力量	竞争五力模型与一般战略的关系		
	一般战略		
	总成本领先战略	差异化战略	专一化战略
进入障碍	具备砍价能力以阻止潜在对手的进入	培育顾客忠诚度以挫伤潜在进入者的信心	通过专一化战略建立核心能力以阻止潜在对手的进入
买方的砍价能力	具备向大买家出更低价格的能力	因为选择范围小而削弱了大买家的谈判能力	因为没有选择范围使大买家丧失谈判能力
供方的砍价能力	更好地抑制大卖家的砍价能力	更好地将供方的涨价部分转嫁给顾客	进货量低方的砍价能力就高,但集中差异化使企业能更好地将供方的涨价部分转嫁出去
替代品的威胁	能够利用低价抵御替代品	顾客习惯于一种独特的产品或服务因而降低了替代品的威胁	特殊的产品和核心能力能够防止替代品的威胁
行业内对手的竞争	能更好地进行价格竞争	品牌忠诚度能使顾客不理睬你的竞争对手	竞争对手无法满足集中差异化顾客的需求

竞争五力模型也存在着一定的缺陷。

实际上,关于竞争五力模型的实践运用一直存在许多的争论,目前较为一致的看法是:该模型更多是一种理论思考工具,而非可以实际操作的战略工具。

该模型的理论是建立在以下三个假设基础之上的。
(1) 制定战略者可以了解整个行业的信息,显然在现实中这是难以做到的。
(2) 同行业之间只有竞争关系,没有合作关系,但现实中企业之间存在多种合作关系,不一定是你死我活的竞争关系。

（3）行业的规模是固定的，因此，只有通过夺取竞争对手的份额来占有更大的资源和市场。但现实中企业之间往往不是通过吃掉对手而是与对手共同做大行业的蛋糕来获取更大的资源和市场。同时，市场可以通过不断的开发和创新来增大容量。

因此，要将迈克尔·波特的竞争五力模型有效地用于实践操作，以上在现实中并不存在的3项假设就会使操作者要么束手无策，要么头绪万千。

迈克尔·波特的竞争五力模型的意义在于，5种竞争力量的抗争中蕴含着三类成功的战略思想，那就是大家熟知的总成本领先战略、差异化战略和专一化战略（参见表2-1）。

凡客诚品的营销战略：快的代价[①]

"我们从第一天销售15件衬衣，到现在每天平均销售近20万件的男装、女装、鞋、童装、家居等。"这是凡客诚品的创始人陈年2010年的原话。那时的他一直沉浸在快速成为互联网服装第一品牌的喜悦中，想的是怎么才能更快地将竞争对手远远地抛在身后。

凡客诚品这家由卓越网的创始人陈年创办于2007年的企业，产品涵盖男装、女装、童装、鞋、家居、配饰、化妆品等七大类，支持全国1100个城市货到付款、当面试穿、30天无条件退换货。凡客诚品立志成为互联网快时尚品牌。凡客诚品2011年的广告投放额达10亿元，营业额达到了60亿元，销售1亿件商品。这意味着，凡客诚品每件单品的广告营销费就高达10元，这对于定价仅为29元、69元、99元等低价的凡客诚品单品而言，不可不谓是一笔"奢侈"的广告费。

一、300%的成长速度

根据艾瑞咨询统计的数据显示，2012年中国B2C服装网络购物市场规模达689亿元，较2011年增长125.2%，B2C服装网络购物市场已具有相当的规模，并继续保持2011年高速发展的态势。从竞争格局看，淘宝商城（天猫）处于大幅领先位置，服装交易额达488亿元，占比70.8%；京东商城排名第二，交易额达40亿元，占比5.8%；凡客诚品紧随其后，服装交易额为39亿元，占比5.6%。老牌服装B2C企业梦芭莎、麦考林等仍位列前10名以内，服装交易额都超过6亿元。

无论是凡客诚品自己对外公布的60亿元营业额还是艾瑞咨询统计的33亿元营业额，凡客诚品都毫无疑义地成为服装网络购物的第二名。

主流门户、论坛、地铁、公交站，甚至当你使用hotmail撰写邮件时，凡客诚品的各种广告总会出现在你的电脑屏幕前，或辅以代言人韩寒或王珞丹的"凡客体"一并映入眼帘。韩寒的"凡客体"广告一出来就风靡全国，成为全民时尚。伴随着韩寒"我是凡客"代言的广告（如图2-2所示）铺满京沪等城市地铁公交站，凡客诚品进入了疯狂加速的一年。根据凡客诚品公布的资料显示，2008年，凡客诚品增速达到100%，2009年是200%，2010年则高达300%。

[①] http://www.gemag.com.cn/9/304961.html，有改动。

图 2-2　凡客诚品的平面广告

凡客诚品病毒式的广告支撑了其年增长"300％"的速度,而这"可怕"的速度恰是凡客诚品最危险的博弈:一旦凡客诚品增加广告投入塑造品牌,随之增长的业务额容易造成运营体系的致命压力;若为减轻运营压力而减少广告投入,苦心经营的凡客诚品品牌便可能随之滑铁卢。

2011 年,凡客诚品投入 10 亿元的广告费,销售了 1 亿件服装。一家在网上销售服装的企业,其年度广告额甚至媲美三大运营商,手笔之大令人惊艳;而更为令人惊艳的是,"10 亿元广告、销售 1 亿件服装"意味着凡客诚品每件单品就将承担 10 元的巨额广告费用,对于仅售 29 元的凡客诚品 T 恤等单品而言,凡客诚品的广告投入不可不谓奢侈。

而业内流传的凡客诚品广告投入产出比为 1:3,若这一数字属实,意味着凡客诚品每投入 10 亿元的广告,就将获得 30 亿元的营收回报。

二、订单与投诉齐飞

凡客诚品的飞速发展,让陈年又喜又怕,一方面欣喜于飞涨的订单,另一方面却又疲于应付飞涨的订单所带来的压力。

2010 年 5 月,凡客诚品的广告效应给飞速发展的凡客诚品来了个狠狠的下马威:当月,由于仓库搬迁,凡客诚品十几万订单延迟发货,用户投诉成倍增长。

陈年觉得十几万订单出不了仓是一件"可怕"的事,他顾不得 CEO 的面子,迅速代表公司向所有的顾客郑重道歉,一封亲自写的道歉信悬挂于凡客诚品网站首页的醒目位置。

"当时每天都断货,T 恤几乎每分钟都在断,我们自己都来不及买;帆布鞋、果冻鞋……提起鞋就头大,永远不够。"正在陈年焦头烂额之际,凡客诚品的网上订单却还在不断飞涨,前事未尽,后事接踵,陈年苦涩地笑,"我内心非常不安,也能真切感受到那扑面而来的批评背后对凡客诚品的期待。"

打开网页,挑选物品,点击下单,坐等收货,消费者在凡客诚品购物快则几分钟便可完成;然而,凡客诚品在仓库建设、物流配送、人才招聘和服务完善方面,是否能与订单量同步前进,保持每年"300％"的增长速度?是否可以适应从"日销售 15 件"到"日销售 20 万件"的飞跃?凡客诚品货到付款城市达 1100 个,如何有效管理近千座城市的服务质量?这些于任何一家电子商务企业而言都是一种挑战;而于凡客诚品这样一家巨型企业而言,更为艰巨。

凡客诚品的一位高管说："正是5月份爆发的问题，才让我们得以更好地去完善我们的运营体系。"凡客诚品的5月危机或许是"塞翁失马，焉知非福"。

"错就错在这么大的动作，事前规划不够。"凡客诚品为此次仓储升级付出了巨大的代价，陈年也因此越发注重凡客诚品运营体系的建设，并直言凡客诚品获得的投资将首先用于仓储、物流以及内部IT架构的建设，"在中国，从一天几万单到一天几十万单，增长很快，但是配送和物流不是一日建成的。"

事实上，当凡客诚品凭借广告营销蹿红的第一天起，人们就在担心凡客诚品会否如几年前也因投放巨额广告而红极一时的PPG公司一般，如流星划过业界，而后突然销声匿迹。

三、失控

更严重的问题终于来了。如果只是订单与投诉齐飞的问题还好解决，但是凡客诚品的品类毫无关联的扩张才是导致局面失控的关键。在凡客诚品的库房里不仅有服装鞋帽，甚至出现了凡客诚品的电饭煲、面板、菜刀、拖把。

凡客诚品的品类扩张源于最初创业时定下的发展战略，它们的目标是在2007年内做到行业第二，2～3年超越PPG公司成为男装直销第一品牌。至于品牌定位，初期学习PPG公司，中期学习无印良品。

陈年认为，凡客诚品从衬衫开始，到现在这么多品类，都是一步步卖出来的，但2011年他发现其实很多的品类，凡客诚品都做不来。他举例说，"去年作了化妆品，我胆子太大了，结果不能作了"。

品类毫无关联的扩张同时导致了管理的失控。这表现在关键业绩指标（Key Performance Indicator, KPI）的重压之下，员工很容易发生"拆东墙补西墙"，用整体数据的靓丽掩盖一部分问题的现象，有时候这些问题甚至是致命的。

"譬如说，过去某事业部同时做3个产品，杯子、烟灰缸、烟，你的杯子卖得特别好，但烟灰缸却不怎样，但我看到的结果是整个事业部的增长。"陈年说，"事实上，他只需要做的是杯子，而他却在玩命地卖烟灰缸，用过去挣钱的杯子掩盖你犯错的烟灰缸。"

2011年9月中旬，陈年意外发现凡客诚品的某条产品线出现"重大问题"，陈年去问这个负责人，负责人说，"我比去年好多了"，随后经过数据分析后，陈年发现，这个负责人手下有4条产品线，2条产品线是亏损的，不过在另外2条盈利的产品线数据下，这个负责人的4条产品线的确都比2010年要"好多了"——这正是2011年凡客诚品管理失控问题的一个典型例子。

在KPI的考核下，老板看到的只是"东拼西凑的总体数据"。陈年说，自己在2011年，只是"假装"管了2个事业部，而凡客诚品2010年有近百条产品线，一条产品线下面还有无数的种类，在"总体数据"与"快速增长"的压力下，凡客诚品出了问题。

由此带来的最直接后果就是，员工队伍的急剧膨胀。2011年1月，凡客诚品的员工人数仅为5000人，到7月已超过1万人。

四、收缩与调整

2011年6月底，陈年已开始反思"品类扩张"战略，7月30日，陈年通过"公开信"的方式宣布，由于过度扩张导致管理上出现漏洞，为了提高效率，凡客诚品决定启用"末位淘汰制"，裁员5%。由此拉开了对凡客诚品"天翻地覆"的调整。

根据此前流传出来的凡客诚品财务资料显示：截至2011年9月30日，凡客诚品的总库存高达14.45亿元(2.286亿美元)；而在2011年6月底和2010年6月底，这一数字分别为8.5亿元(1.347亿美元)和1.98亿元(3126.1万美元)。

在库存周转、毛利率与产品的关联度三个指标下，陈年对凡客诚品开始大刀阔斧的改革，任何产品数据不好便毫不留情地"砍掉"。

凡客诚品的调整核心是2011年9月成立的数据中心。

这让陈年的管理有些恍然开悟。他发现，数据不是由下面执行者提供，而是由管理者寻求，是决策者寻找到真正驱动公司变化的那些数据。在过去，数据由业务部门提供，它包含了业务部门对这些数据的判断，数据本身"带着情绪"。

陈年说，"趋利避害是人的本性"，而成立数据中心之后，数据直接面向总裁，去除数据中的"情绪"，才能保障公司利益的最大化。

从某种意义上来说，数据中心成为凌驾于各个事业部之上的核心部门，在创业公司里，陈年既要顾忌到一些创业元老的情绪，也要保障数据中心这一职能部门能够真正发挥自己的"权威性"。陈年最终选择了一个从凡客诚品创业便进来的高级副总裁，"因为只有他才有决心把数据搞清楚，也有足够的权威与权限"。

伴随着数据中心的成立，陈年对于凡客诚品"天翻地覆"的调整变得铁腕而"无情"。陈年自称，过去的管理，尤其在公司快速成长的时候，所有人都觉得自己是有功之臣，调整时还需要考虑顾忌员工的情绪，与员工谈心，要费很大的劲。随着数据中心成立，这个问题便迎刃而解了——产品线的合并与关闭，甚至是职位调整，只需要用数据说话。

有了数据中心的辅助，陈年也开始从2011年"假装"管理2个事业部变成对公司产品线的全面管理。2010年凡客诚品从2个事业部调整为5个事业部，有人问陈年，"你管的过来么？"陈年当时都不知道该怎么回答这个问题。2011年6月，凡客诚品在上海开了一次会，确立了6大6小共12个事业部和19条产品线的公司架构，前不久，又调整成了11个事业部。陈年说，有了数据中心的支持，管理这十多个事业部，已经是游刃有余。

陈年所关注的凡客诚品的经营数据中，库存周转、毛利率与产品的关联度都与凡客诚品的盈利有着密切联系。只有所有的品类都能赚钱，才能保障公司盈利。

2011年，问及凡客诚品最重要的三个决策，陈年的回答是：做自有品牌、互联网推广方式以及建立快速反应的供应链；而2012年，陈年的答案是：自有品牌、互联网推广方式以及快速融资。在2012年的答案里，陈年更加肯定资本的力量。这或许也暗合了凡客诚品那句广告词：哪有什么胜利可言，挺住，意味着一切。

案例点评

凡客诚品作为近年来快速出现的互联网快品牌确实令人有很多的惊喜之处。很多人会感叹，同样是互联网服装品牌的B2C模式，为什么首创者PPG公司却死得很惨，而模仿者凡客诚品却活了下来，而且成长速度惊人。虽然到目前为止凡客诚品还很难说已经成功了，但是作为服装直销网站其确实是一个值得讨论的经典案例。首先，凡客诚品的发展模式既模仿又超越。说模仿是因为凡客诚品在创业初期几乎完全照搬了PPG公司的发展模式，如只卖男士衬衫、网络直销、没工厂、没库存、没店铺、靠广告等,甚至凡客诚品的广告也在 PPG 公司的广告旁边。但是凡客诚品的超越之处在于,其广告主要集中在网络上,比 PPG 公司的电视广告费用要低得多;凡客诚品在男士衬衫卖好了后,开始品类扩张,女装、童装、鞋等需求量大的服装品类都有涉足;凡客诚品在供应链的控制方面做得更好。当然还有一点就是凡客诚品是自己做物流,而 PPG 公司的是外包给物流公司做。基于以上这几点,通过对 PPG 公司的反思和创新,凡客诚品不但没有重蹈 PPG 公司的覆辙,而且成为轻资产商业模式在网络服装零售行业的标杆性企业。其次,凡客诚品的广告营销超级成功。"凡客体"的流行程度远远超过了当年 PPG 公司的代言人吴彦祖所做电视广告的魅力。陈年有一种洞察这个时代的精神与心理的本事,他邀请韩寒做凡客诚品的形象代言人,是最大限度地挖掘韩寒商业价值的首选。之后的形象代言人黄晓明、王珞丹、李宇春等都对建立凡客诚品在"80后""90后"中的品牌忠诚度有着巨大贡献。最后,凡客诚品能知错就改、及时补救。在投诉越来越多,品类非理性扩张等问题出现后,陈年果断采取加强物流配送能力与提高服务水准,砍掉不擅长产品与卖得很差的产品、裁员等一系列手段让高速成长的列车不至于因为超载而脱轨,成功地化险为夷,还算比较明智。但是,未来凡客诚品能否快速盈利或者通过上市来转化经营压力还要静观其变。

案例讨论题

1. 凡客诚品的企业战略是什么?其是否恰当?
2. 为什么说凡客诚品的 300% 的高速成长是一把双刃剑?
3. 凡客诚品的成功是否可以复制?为什么?
4. 凡客诚品的核心竞争力是什么?凡客诚品如何强化自己的核心竞争力?

理论注释 企业战略

企业战略(Enterprise Strategy)是对企业各种战略的统称,其中既包括竞争战略,也包括营销战略、发展战略、品牌战略、融资战略、技术开发战略、人才开发战略、资源开发战略等。企业战略是层出不穷的,如信息化就是一个全新的战略。企业战略虽然有多种,但基本属性是相同的,都是对企业的谋略,都是对企业整体性、长期性、基本性问题的计谋。如企业竞争战略是对企业竞争的谋略,是对企业竞争整体性、长期性、基本性问题的计谋;企业营销战略是对企业营销的谋略,是对企业营销整体性、长期性、基本性问题的计谋;企业技术开发战略是对企业技术开发的谋略,是对企业技术开发整体性、长期性、基本性问题的计谋;企业人才战略是对企业人才开发的谋略,是对企业人才开发整体性、长期性、基本性问题的计谋。以此类推,都是一样的。各种企业战略有同也有异,相同的是基本属性,不同的是谋划问题的层次与角度。总之,无论哪个方面的计谋,只要涉及的是企业整体性、长期性、基本性问题,就属于企业战略的范畴。

企业战略是企业设立远景目标并对实现目标的轨迹进行的总体性、指导性谋划,属宏观管理范畴,具有指导性、全局性、长远性、竞争性、系统性、风险性六大主要特征。

一、指导性

企业战略界定了企业的经营方向和远景目标,明确了企业的经营方针和行动指南,并筹划了实现目标的发展轨迹及指导性的措施、对策,在企业的经营管理活动中起着导向的作用。

二、全局性

企业战略立足于未来,通过对国际、国家的政治、经济、文化及行业等经营环境的深入分析,结合自身资源,站在系统管理的高度,对企业的远景发展轨迹进行了全面的规划。

三、长远性

"今天的努力是为明天的收获""人无远虑、必有近忧"。兼顾短期利益,企业战略首先着眼于长期生存和长远发展的思考,确立了远景目标,并谋划了实现远景目标的发展轨迹及宏观管理的措施、对策。其次,围绕远景目标,企业战略必须经历一个持续、长远的奋斗过程,除根据市场变化进行必要的调整外,制定的战略通常不能朝夕令改,具有长效的稳定性。

四、竞争性

竞争是市场经济不可回避的现实,也正是因为有了竞争才确立了"战略"在经营管理中的主导地位。面对竞争,企业战略需要进行内外环境分析,明确自身的资源优势,通过设计适体的经营模式,形成特色经营,增强企业的对抗性和战斗力,推动企业长远、健康的发展。

五、系统性

立足长远发展,企业战略确立了远景目标,并需围绕远景目标设立阶段目标及各阶段目标实现的经营策略,以构成一个环环相扣的战略目标体系。同时,根据组织关系,企业战略需由决策层战略、事业单位战略和职能部门战略三个层级构成一体。决策层战略是企业总体的指导性战略,决定企业的经营方针、投资规模、经营方向和远景目标等战略要素,是战略的核心。本书讲解的企业战略主要属于决策层战略。事业单位战略是企业独立核算经营单位或相对独立的经营单位,遵照决策层的战略指导思想,通过竞争环境分析,侧重市场与产品,对自身生存和发展轨迹进行的长远谋划。职能部门战略是企业各职能部门,遵照决策层的战略指导思想,结合事业单位战略,侧重分工协作,对本部门的长远目标、资源调配等战略支持保障体系进行的总体性谋划,如策划部战略、采购部战略等。

六、风险性

企业做出任何一项决策都存在风险,战略决策也不例外。市场研究深入,行业发展趋势预测准确,设立的远景目标客观,各战略阶段人、财、物等资源调配得当,战略形态选择科学,制定的战略就能引导企业健康、快速的发展。反之,仅凭个人主观判断市场,设立目标过于理想或对行业的发展趋势预测有偏差,制定的企业战略就会产生管理误导,甚至给企业带来破产的风险。

案例 2.3

吉利汽车的战略转型[①]

浙江吉利控股集团有限公司(以下简称吉利)汽车的战略转型始于 2007 年 5 月,吉利当

---

① http://auto.sohu.com/20080314/n255702871.shtml,有改动。
　http://auto.sina.com.cn/news/2010-12-29/14526746_2.shtml,有改动。

时从自身的实践中就预感到,汽车这个行业靠价格便宜、打价格战已经很难维持下去了。所以,要从战略上进行彻底改变,吉利毅然决定从"造老百姓买得起的好车,让吉利汽车走遍全世界"转向"造最安全、最环保、最节能的好车让吉利汽车走遍全世界",把技术领先、品质领先和服务领先作为吉利在新的历史时期的发展战略和企业战略转型的核心思想。

吉利汽车的战略转型分为三个阶段:第一阶段(2007—2009年),吉利汽车将成为"有知名度"的品牌,转型初见成效;第二阶段(2010—2012年),吉利汽车将成为"有影响力"的品牌,转型基本完成;第三阶段(2013—2015年),吉利汽车将成为"有竞争力"的品牌,企业实现完全意义上的脱胎换骨。

吉利汽车战略转型的概括性表述是从低价取胜向技术领先、品质领先、客户满意、全面领先转变。吉利汽车企业使命的转变从以前"造老百姓买得起的好车,让吉利汽车走遍全世界",现在改为"造最安全、最环保、最节能的好车,让吉利汽车走遍全世界"。吉利的战略目标是到2015年实现产销200万辆,其中1/2外销。

根据这一战略转型要求,从2007年5月开始,吉利率先在国内汽车企业实施从"价格优势"向"技术领先"转变的战略转型:果断停止了尚有市场较大销量,但受到品质所限的"豪情""美日""优利欧""老三样"产品的生产,及时切换到了一个全新的产品研究、生产和销售的阶段;建了全新的"全球鹰""帝豪""英伦"三大品牌(如图2-3所示);构建完成了5大技术平台、15大产品平台并能衍生42款全新产品的技术研发体系。根据战略转型的需要,吉利在人才的培养培训,管理流程的再造,技术路线、产品路线、产品的规划、配套体系的建设,营销网络的建设,售后服务的建设等方面进行了有针对性的改造和革新,使整个企业基础工作都转移到适应新的形势的轨道上了。

原国家工信部党组书记、副部长苗圩认为:"战略的决策决定战略的方向,中国汽车企业要用科学发展观指导我们的战略决策。吉利的经验有一个很重要的部分,就是吉利的战略转型,正是因为吉利战略决策的正确,才可以使吉利在十多年的发展当中,始终保持着一个不败的纪录。吉利的经验,我觉得核心,或者叫转型的根本就是在过去基础上,坚持自主创新,坚持塑造品牌,坚持国际化合作。吉利战略转型所取得的巨大成果是吉利最大的财富,也是中国汽车工业最大的财富。吉利的战略转型成果告诉我们,吉利的快速发展绝对不是一种偶然,是长期坚持科学决策的必然结果,也是坚持科学发展观的结果。"

图 2-3 吉利伞品牌结构

吉利汽车战略转型的成果很快展现。2009年3月,吉利闪电般收购全球第二大自动变速箱公司——澳大利亚DSI,吉利100%控股,被业界誉为金融危机中汽车行业最成功的收购案。2010年8月2日,吉利与福特正式交割世界豪华汽车品牌之一的沃尔沃轿车,吉利100%控股,创造了中国汽车工业并购史上的又一个奇迹。收购沃尔沃对于吉利乃至中国的汽车工业历史具有里程碑的意义。

2011年1月7日,中国汽车技术研究中心公布了2010年第四批8款车型的C-NCAP碰撞试验评价结果,其中,吉利首款B级车型——帝豪EC7以正面碰撞得分13.61分,40%偏置碰撞得分14.41分,侧面碰撞得分15.8分,总计得分43.82分的优异成绩荣膺五星!这是继吉利熊猫在2009年的测试中成为C-NCAP历史上唯一一款A00级的五星轿车之后,吉利汽车又一款荣获五星级评价的车型;也是至今为止我国自主品牌在C-NCAP碰撞测试中获得的最高得分,甚至超越了包括一汽大众迈腾、上海大众昊锐等在内的许多合资品牌中的高端车型。

虽然在技术、品质方面,吉利汽车的进步有目共睹,但吉利汽车三大品牌之间的区分并不明显。虽然吉利汽车对旗下"全球鹰""帝豪""英伦"三大品牌的定位是不分高低主次、齐头并进,但从近两年吉利汽车的营销投入与市场表现上,打大头阵推出的帝豪品牌无疑是最受重视的。

2011年,在吉利汽车的42万销量中,"帝豪"品牌贡献10万多辆,同比增长47%,但"全球鹰"和"英伦"分别下滑了11%和5%。吉利汽车销售公司刘金良之前接受媒体采访时曾表示,2012年吉利汽车营销资源与投入将向"全球鹰"与"英伦"两大品牌倾斜。

吉利汽车战略转型的要点体现在以下两个方面。

第一,吉利汽车是一个年轻的富有朝气的企业,经过10年的快速发展,现在进入"战略转型期",主要包括以下方面:从"成本领先向品牌创新"转变;从"低价取胜向技术领先、品质领先、客户满意、全面领先"转变;从"以效益为中心向以用户为中心"转变;从"企业利益高于一切向追求整体利益最大化"转变。这一系列战略转型既是激烈的市场竞争形势的需要,更是企业自身发展的内在需要。吉利汽车战略转型是基于吉利的科技、管理基础,基于吉利已经在安全、节能、智能化等方面取得的成就,继CVVT发动机、自动变速箱和EPS等一系列研发成果后,最近在爆胎安全控制系统BMB技术应用,特别是电子等平衡这一最新节能技术研发方面取得的重大突破。这些新技术的全面应用和产业化,不仅将使吉利的研发、制造和营销格局发生质的变化,更为广大消费者带来直接的实惠,为改善人类生存环境做出贡献。

第二,为了加快实现战略转型,吉利最近还对现有经营格局和管理架构进行了相应调整。这些调整涉及企业愿景、企业使命、企业核心价值观、战略目标、组织架构、业务流程、质量管理、国内外市场营销等重大问题。

(1)确定企业愿景是"让世界充满吉利"。企业使命是"造最安全、最节能的好车,让吉利汽车走遍全世界"。企业核心价值观是"用我们的智慧、诚信和勤奋,构建社会和谐"。企业战略目标是"2015年实现产销200万辆,其中2/3外销"。企业发展战略是"总体跟随,局部超越,重点突破,招贤纳士,合纵连横,后来居上,全面领先"。企业成功关键要素是"依靠人才与创新,实现技术、品质、服务的全面领先"。吉利精神是"艰苦创业精神、拼搏精神、团队精神、学习精神、创新精神、精益求精精神",通俗的表达方式就是"六面大旗打天下"。

(2)按照"以客户为中心"的管理思想,将企业流程划分为三大流程,即战略流程、核心流程和服务保障流程。核心流程从原来的研发、采购、制造、销售、服务等五大业务体系转型到研发体系、供应链体系、营销体系三大业务体系。其中,战略流程确定企业发展方向、规划发展;核心流程是企业价值链的核心;服务保障流程为核心流程提供服务、监督和保障。吉利各层面的业务流程在上述指导思想下进行细化、完善和再造,体系内下一流程即为客户,通过信息化手段实现端到端的信息共享。

(3)突出质量管理,全面提升品质。从设计质量、零部件质量、制造质量、物流质量和服务质量,将质量管理和质量意识贯串到全员、每个部门,贯串到三大流程的始终;从事后管控向事前预防转型,从质量是一个功能向质量是一个属性进行转换,从单纯、线性质量管理向全面、多方位质量管理转变。

(4)经营管理方面,吉利的企业架构发生重大改变:从研发、采购、制造、销售、服务等五大体系相互独立转变为三链协同、以用户为中心。管理手段方面,从传统信息传递方式转变为信息化、数字化传递。所谓三链协同,即实施营销链、研发链、供应链同步建设,实现无缝对接,协同发展。吉利把采购、制造以及物流都作为供应链,把销售、服务以及宣传都作为营销链,再加上研发链,相互为链,有上有下,下一道工序是上一道工序的客户,链链之间也是互为客户,流程延伸到市场上真正的客户。以用户为中心,即采购以制造为用户,制造以销售为用户,销售以经销商为用户,经销商以消费者为用户;领导以员工为用户;集团总部以子公司为用户;集团全体以市场为用户等。

案例点评

吉利汽车的战略转型做得很彻底,它摒弃了低价取胜的战略转而向技术取胜、品质取胜的战略作了一次漂亮的转型。这次转型相当华丽、干脆。吉利汽车完成了从企业与产品共用品牌到产品品牌独立于企业品牌的转变。吉利果断停产了"老三样"——"豪情""美日""优利欧",推出了"全球鹰""帝豪""英伦"三大全新品牌。应该说这是一着险棋。吉利汽车敢于让消费者面对全新品牌进行选择,说明了它对于自己产品质量与技术的自信。事实证明这次豪赌吉利赢了。从"帝豪"的热销我们就能看到吉利汽车品质的提升是显而易见的。而吉利汽车的战略转型其实也是吉利唯一的选择。不改变只有死路一条。试想如果吉利还依靠低价取胜,不依靠技术、品质推出三大全新品牌,现在的吉利汽车是否还能存在可能都是个未知数。所以,吉利汽车的战略转型看似偶然实则必然,它也是不得已而为之。不转型就会衰退消亡,这是一场必须赢的比赛。

然而比赛还未结束,我们看到吉利汽车战略转型的第一阶段和第二阶段的目标已经基本完成,从成为"有知名度"的品牌到成为"有影响力"的品牌基本实现,但是第三阶段的目标——成为"有竞争力"的品牌才是考验吉利汽车的战略转型是否真正成功的一个难题。目前"帝豪"品牌已经确立了一定的市场地位,产品相对成熟,品质也具有保障,在消费者中的口碑也不错。倒是"全球鹰"和"英伦"的情况会让人有些担心。"全球鹰"最近刚刚推出了吉利品牌中第一款SUV车型,到底品质怎样还需要市场的检验。其实这三个品牌中最弱的是"英伦",这个源于英国锰铜集团的品牌并非水土不服这么简单,而是定位有问题。这种名称与产品定位不太符合的产品很难赢得消费者的青睐。在如今竞争相当惨烈的汽车市场,在产能远远大于购买力的今天,在各个品牌的经销商库存越来越多的时代,清晰和合理的市场定位和品牌定位尤其珍贵,吉利品牌要"让世界充满吉利"的愿景任重而道远。

案例讨论题

1. 吉利汽车的战略转型都包含哪些方面?
2. 吉利汽车的战略转型选择的时机是否恰当?
3. 吉利汽车的战略转型应该注意哪些问题?
4. 在吉利汽车战略转型中有一个非常大的优势就是可以利用沃尔沃的技术,你觉得吉利应该如何利用这一优势?
5. 吉利三大品牌中"帝豪"的销量和影响力最大,"全球鹰"和"英伦"的销量欠佳,吉利应如何解决这一问题?

理论注释 企业战略的三种状态

战略形态是指企业采取的战略方式及战略对策。按表现形式,战略形态可分为拓展型战略、稳健型战略和收缩型战略三种形态。

一、拓展型战略

拓展型战略是指企业采用积极进攻态度的战略形态,主要适合行业龙头企业、有发展后劲的企业及新兴行业中的企业。拓展型战略具体的战略形式包括市场渗透战略、多元化经营战略、联合经营战略。

1. 市场渗透战略

市场渗透战略是指企业实现市场逐步扩张的拓展战略,该战略可以通过扩大生产规模、提高生产能力、增加产品功能、改进产品用途、拓宽销售渠道、开发新市场、降低产品成本、集中资源优势等单一策略或组合策略来开展。市场渗透战略的核心体现在两个方面:利用现有产品开辟新市场实现渗透;向现有市场提供新产品实现渗透。

市场渗透战略是比较典型的竞争战略,主要包括总成本领先战略、差异化战略和专一化战略三种最有竞争力的战略形式。总成本领先战略是通过加强成本控制,使企业总体经营成本处于行业最低水平的战略。差异化战略是企业采取的有别于竞争对手经营特色(从产品、品牌、服务方式、发展策略等方面)的战略。专一化战略是企业通过集中资源形成专业化优势(服务专业市场或立足某一区域市场等)的战略。在教科书上,总成本领先战略、差异化战略和专一化战略被称为经营战略、业务战略或直接竞争战略。

2. 多元化经营战略

多元化经营战略又称多行业经营,是指一个企业同时经营两个或两个以上行业的拓展战略。多元化经营战略主要包括同心多元化、水平多元化、综合多元化三种形式。同心多元化是企业利用原有技术及优势资源,面对新市场、新顾客增加新业务实现的多元化经营。水平多元化是企业针对现有市场和现有顾客,采用新技术增加新业务实现的多元化经营。综合多元化是企业直接利用新技术进入新市场实现的多元化经营。

多元化经营战略适合大中型企业选择,该战略能充分利用企业的经营资源,提高闲置资产的利用率,通过扩大经营范围,缓解竞争压力,降低经营成本,分散经营风险,增强综合竞争优势,加快集团化进程。但是,企业实施多元化战略应考虑选择行业的关联性、企业控制力及跨行业投资风险。

3. 联合经营战略

联合经营战略是指两个或两个以上独立的经营实体横向联合成立一个经营实体或企业集团的拓展战略,是社会经济发展到一定阶段的必然形式。实施联合经营战略有利于实现企业资源的有效组合与合理调配,增加经营资本规模,实现优势互补,增强集合竞争力,加快拓展速度,促进规模化经济的发展。在工业发达的西方国家,联合经营主要是采取控股的形式组建成立企业集团,各集团的共同特点是:由控股公司(母公司)以资本为纽带建立对子公司的控制关系;集团成员之间采用环行持股(相互持股)和单向持股两种持股方式,且分为以大银行为核心对集团进行互控和以大生产企业为核心对子公司进行垂直控制两种控制方式。在我国,联合经营主要是采用兼并、合并、控股、参股等形式,通过横向联合组建成立企业联盟体,其联合经营战略主要可以分为一体化战略、企业集团战略、企业合并战略、企业兼并战略四种类型。

一体化战略是由若干关联单位组合在一起形成的经营联合体,主要包括垂直一体化(生产企业同供应商、销售商串联)、前向一体化(生产企业同销售商联合)、后向一体化(生产商同原料供应商联合)、横向一体化(同行业企业之间的联合)。一体化战略的优点是通过关联企业的紧密联合,可实现资源共享,降低综合成本。一体化战略的缺点是管理幅度加大,不利于资源调配与利益关系的协调。

企业集团战略是由若干个具有独立法人地位的企业以多种形式组成的经济联合组织。其组织结构层次分为集团核心企业(具有母公司性质的集团公司)、紧密层(由集团公司控股的子公司组成)、半紧密层(由集团公司参股企业组成)、松散层(由承认集团章程并保持稳定协作关系的企业组成)。紧密层、半紧密层同集团公司的关系是以资本为纽带,而松散层同集团公司的关系是以契约为纽带。集团公司同紧密层组合就可以构成企业集团,集团公司与企业集团的区别在于:集团公司是法人;企业集团是法人联合体,不具备法人资格。集团公司内部各成分属紧密联合,企业集团各成分属多层次联合。

企业合并战略是指参与企业通过所有权与经营权同时有偿转移,实现资产、公共关系、经营活动的统一,共同建立一个新法人资格的联合形式。采取合并战略,企业能优化资源结构,实现优势互补,扩大经营规模,但同时也容易吸纳不良资产,增加合并风险。

企业兼并战略是企业通过现金购买或股票调换等方式获得另一个企业的全部资产或控制权的联合形式。企业兼并战略的特点是:被兼并企业放弃法人资格并转让产权,但保留原企业的名称成为存续企业。兼并企业获得产权,并承担被兼并企业债权、债务的责任和义务。通过兼并可以整合社会资源,扩大生产规模,快速提高企业的产量,但也容易分散企业的资源,从而导致管理失控。

二、稳健型战略

稳健型战略是企业采取稳定发展态度的战略形态,主要适合中等及以下规模的企业或经营不景气的大企业选择。稳健型战略分为无增长战略(维持产量、品牌、形象、地位等水平不变)和微增长战略(竞争水平在原基础上略有增长)两种战略形式。该战略强调保存实力,能有效地控制经营风险,但发展速度缓慢,竞争力量弱小。

三、收缩型战略

收缩型战略是企业采取保守经营态度的战略形态,主要适合处于市场疲软、通货膨胀、产品进入衰退期、管理失控、经营亏损、资金不足、资源匮乏、发展方向模糊的危机企业选择。

收缩型战略可分为转移战略、撤退战略和清算战略三种战略形式。转移战略是企业通过改变经营计划,调整经营部署,转移市场区域(主要是从大市场转移到小市场)或行业领域(从高技术含量向低技术含量的领域转移)的战略。撤退战略是企业通过削减支出、降低产量,退出或放弃部分地域或市场渠道的战略。清算战略是通过出售或转让企业部分资产或全部资产以偿还债务或停止经营活动的战略。

收缩型战略的优点是通过整合有效资源,优化产业结构,保存有生力量,能减少企业的亏损,延续企业的生命,并能通过集中资源优势,加强内部改制,以图新的发展。收缩型性战略的缺点是容易荒废企业部分的有效资源,影响企业的声誉,导致员工的士气低落,造成人才流失,威胁企业的生存。调整经营思路,推行系统管理,精简组织机构,优化产业结构,盘活积压资金、压缩不必要的开支,这是实施该战略需要把握的重点。

第三章 目标市场战略策划篇

市场细分明确，品牌后来居上[①]
——五招让比格品牌"打败"必胜客

北京，中国餐饮业最重要的重镇，餐饮业商家必争之地，这里聚集了全球最为著名的餐饮名牌，必胜客、麦当劳、肯德基、星巴克、上岛等餐饮精英聚集一堂，此外还有国内的全聚德等一批传统强势品牌。在竞争如此激烈的市场状况下，北京比格餐饮有限公司（以下简称比格）能够凭借清晰的定位与经营思路拼出一条血路，则显得实属不易。那么，比格是如何创造这个奇迹的呢？我们分析有以下五大方面的原因。

一、精准品牌定位，中档比萨业王者气势初现

比格在打算切割京城这块大蛋糕时就已经为企业的整体发展确立了战略规划——选取细分市场，有效区隔竞品，垄断大众比萨市场。凭借这个战略，比格有效地与竞争对手划分了界限，避免了市场摩擦，并开创了属于自己的蓝海。

必胜客、达美乐凭借企业强大的品牌及资金实力已经在国内比萨高端市场划分了自己的地盘，在这种情况下比格如果要硬拼上述品牌则显得螳臂当车了。在这种情况下，比格选择了"曲线救国"的道路，走中档比萨路线，与竞争对手在各方面形成明显的差异，最终站稳了属于自己的那块市场。

在进行这个定位的时候，比格经过了大量的市场调查发现，比萨一般易被年轻学生一族及白领阶层所接受。对于白领阶层而言，这部分人又可以分为已入职场多年的中高级白领以及新入职场的新白领阶层。中高级白领的收入是可观的，他们拥有自己的房产及汽车，消费层次较高的必胜客、达美乐对于他们而言并非什么问题。而对于年轻学生及新白领而言，他们既对西方饮食有向往，但囊中羞涩又使他们不能经常出入于高档比萨专营店。这就是市场机遇！比格通过对这个情况的细致分析，推出了39元的自助式比萨以及20余种精美小吃、新奥尔良鸡翅、意大利空心面、各种沙拉、西点、浓汤、冰激凌、扎啤与特酿葡萄酒。此策略一经推出，立刻得到了广大学生阶层及新白领阶层的欢迎，从而迅速启动了中档比萨市场这块诱人的处女地，为夯实市场打下了坚实基础。【分析：作为资金及品牌都处于劣势的后来者，走差异化经营的路线就显得格外重要。比格通过对市场的调查做出了精确的分析，

[①] http://mkt.icxo.com/htmlnews/2006/12/29/984390_0.htm，有改动。

最终把市场定位于中档比萨,这样一来不但巧妙地回避了竞争者的打击,同时还逐渐在年轻消费者中划定了自己的品牌地界,这一策略是其整体经营成功的关键所在。】

二、巧妙选址,招招"打"向目标受众

选址在店面销售中起着总领的作用,一个好的位置不仅能自动招徕顾客上门,更能树立品牌,起到一箭双雕的功效。在比格的选址策略中,依然依托市场定位来寻找位置——年轻学生与新白领的聚集地。

拿目前比格在北京的情况来看,大多数店面开在了高校云集的海淀区与新白领的聚集地中关村。依照比格的店面经营状况来看,大量的青年情侣、在校学生、时尚青年与IT精英占据了其销售额的80%。整个店面销售熙熙攘攘,便宜的美食与精致的服务使年轻人逐渐把这里当作用餐与约会的聚集地。【分析:俗话说:"好的店址自己会说话。"比格通过品牌定位顺藤摸瓜地找到了自己的最佳开店地址,说明其对定位学说了解深刻,并彻底地应用在实际操作当中。】

三、星巴克式体验营销,占据心灵的实效行销

在国内,许多人把西餐厅当作商务会谈、休息、聊天甚至是写作的场地,所以对于国内的西餐厅而言,环境的重要性不言而喻。在这一方面,比格借鉴了意大利西餐厅通常的装修模式对品牌 VI(Visual Identity,视觉识别)进行了系统的设计——天花板设计了红色星球图案,黑色明亮的桶灯大气又不失典雅,藕荷色的桌椅则加深了浓重的浪漫情调,再加上墙壁上的大理石拼图,整个比格餐厅都被一种意大利独有的文化气息所笼罩。

另外,与一进入星巴克就能闻到飘香的咖啡浓香一样,比格采用的"明厨操作"使得顾客一下就能闻到比萨的可口香味,凑上前去还能欣赏面点师有趣而紧张的制作流程。在肯德基"苏丹红"事件以及各种食品抽检不合格的恶劣市场景况下,比格的"明厨操作"既能使顾客对食品的卫生情况更加放心,又可以欣赏艺术般的制作流程与学习到自制比萨的本领,从而使顾客在不知情的情况下体验到了比格独有的意大利文化。【分析:体验式营销的关键就在于人性化、个性化与情感化,一个品牌的主题决定着店面在直面顾客时所做的一切活动。通过独特的情感刺激,影响顾客的感情与情绪,以此来触动顾客的心弦,才能使顾客的脑海中产品强烈的记忆。比格通过对CIS策略的准确实施,不仅使顾客能够在舒畅的环境中用餐,而且通过"明厨操作"还能使顾客体验到制作比萨的乐趣,这就是体验式营销的魅力所在。】

四、独到的会员制,迅速积累回头客资源

好的定位是成功的基石,好的产品是企业拔得头筹的法宝,好的顾客体验能够迅速蹿红人气,但仅仅这些还不是比格成功的全部。在成功的道路上,比格还有效地借鉴了美容业的VIP会员制。在比格,只要花费20元就能购买到一张VIP卡。通过这张VIP卡顾客只要消费10次就可以得到免费券一张,同时消费得越多以后就能享受越多的折扣,而且顾客还可以在每年生日那天尽情地享受到比格的免费大餐一次。通过这个策略的实施,比格有效地启动了年轻人的消费信心,使他们从过去的没有会员优惠的必胜客、达美乐转向了比格。【分析:应该说比格实施这样的策略是从两个方面考虑的:第一,自身品牌力较必胜客、达美

乐相差许多,所以作为跟进者只有通过让利来吸引顾客;第二,作为中档品牌而非高端品牌,实施会员制度有利于形成稳固的顾客流,从而填补低价造成的利润缺失。从营销学上来讲,弱势品牌若想成功占据顾客的思维,只有通过特殊手段才可以实现。在本案例中,比格除了采取独到的品牌定位与体验式营销外,还针对竞争对手推出了会员制,应该说这在后进的餐饮品牌中较为常见。但难得是,比格在执行方面格外出色,能够将很多的细节做到位,如能够想到在顾客生日那天赠送免费大餐一次就属得上创新。在营销同质化的今天,创新就显得格外重要,显然这一点比格做到了。】

五、扩张版图注意节奏,稳步营销难能可贵

对于小有成就的比格而言,走加盟连锁之路的战略条件已经具备。在这种情况下,比格逐步开通连锁加盟业务,向餐饮大鳄的目标走去。但是真正值得一说的是,比格的扩张思维有别于其他的企业。一般来讲,很多企业有了好的样板市场与一定的品牌力就会大肆开拓市场,以"招商"为圈钱利器,拓展疆土暴敛横财。所以,"招商=陷阱"的等号字眼甚至有幸上了《焦点访谈》。而在比格的拓展道路上,其谨慎的态度却值得回味——一个福建的商人曾多次要求加盟,却被比格拒绝了。在日渐成熟的餐饮渠道方面,如果要成功那就需要谨慎再谨慎,如果一不小心放下大网,很可能被太多的鱼将渔网撑破。为了做到"吃到八成饱"的最好状态,比格缓慢地拓展着其稚嫩的网络,它们对加盟者的商誉、资金实力、营销管理能力有着细心的考察,生怕钻进一条鲨鱼将其几年来建立的网络毁坏。时至今日,比格仅发展了30家加盟商,但却使这30家加盟商实在地赚到了大钱,而对比格而言它们也似乎满足于这样"小小"的幸福,实属难能可贵。【分析:真正的商人有着远见卓识,他们深谙"舍得"之术。在比格的案例中我们看到,其可以放弃很多别人难以舍弃的眼前利益,这足以说明它们对企业发展的战略眼光。"舍"小利而"得"长久,此乃经营之大智慧也。】

对于餐饮品牌的战略管理,目前国内大多企业还处于投机阶段,由于资金的短缺与目光的短浅,它们大多都是以眼前的利益为基准,缺乏做百年老店的意识。比格应该算特殊的一个,能够务实地去做每个店的营销,并且在品牌管理与渠道拓展方面做到伸缩有度,这在目前的餐饮界里实属不易。

案例点评

比格的成功源于其精准的细分市场,这种细分体现在三个方面。第一,目标人群细分。比格和必胜客比起来,无论从名气、规模、历史方面都逊色不少。在进行目标市场分析后,比格发现学生以及刚入职的白领同样也是比萨的消费人群,只不过消费能力不强。所以,比格看准了这部分人群的需求,只服务于人均消费50元以内的顾客,这样就和必胜客作了清晰的人群区隔。第二,经营区域细分。比格的大部分店开设在北京市海淀区尤其是中关村这种高校学生与IT白领云集的地区。这里活跃着非常多的年轻目标受众,其消费能力完全符合目标定位。这种不是在北京四处开花的开店规划体现了经营者稳健而务实的经营风格和准确判断。第三,消费能力细分。比格从最初定价39元涨至49元,可以说一直遵循着服务于学生、白领和年轻家庭的定位。在物价飞涨的时代,在与众多竞争对手的激烈竞争中,从10年前在北京开设第一家店到目前在全国拥有百余家餐厅,覆盖12个省40多个城市,应该说,比格能够发展壮大的秘诀就是认清自己的优势,只在大蛋糕中切属于自己的那块,并尽可能地做大做好。这对于很多中小规模的企业来说确实是值得借鉴与思考的。

案例讨论题

1. 比格的目标市场定位是什么?它如何做到和必胜客以及其他的比萨店产生竞争区隔的?
2. 比格和星巴克在体验式营销上是否完全一致?还有哪些不足之处?
3. 比格的成功只是在北京的某些地区,这种模式能否推广到全北京市各个区县乃至全国?

理论注释 市场细分

一、什么是市场细分

所谓市场细分,就是企业按照影响市场上购买者的欲望和需要、购买习惯和购买行为等诸因素,把整个市场细分为若干个对不同的产品产生需求的市场部分或子市场,其中任何一个市场部分或子市场都是一个有相似的欲望和需要的购买者群,都可能被选为企业的目标市场。

市场细分有利于企业特别是处于创业阶段的企业发现最好的市场机会,发展自己的产品,提高市场占有率。因为企业通过市场营销研究和市场细分,可以了解各个不同的购买者群的需要情况和目前满足的程度,从而发现哪些购买者群的需要没有得到满足或没有得到充分满足。在满足水平较低的市场部分,就可能存在着最好的市场机会。

市场细分是企业发现良机,发展市场营销战略,提高市场占有率的有力手段。还应看到,市场细分对小企业特别重要。因为小企业一般资金少,资源薄弱,在整个市场或较大的亚市场上竞争不过大企业。小企业通过市场营销研究和市场细分就可以发现某些未满足的需要,找到力所能及的良机,见缝插针,拾遗补缺,使自己在日益激烈的竞争中能够生存和发展。

市场细分还可以使企业使用最少的经营费用取得最大的经营效益,这是由前面的优点决定的。因为企业通过市场细分,选择目标市场,就可以有的放矢地采取适当的市场营销措施,比如:

(1) 企业可以按照目标市场需要变化及时、正确地调整产品结构,使其产品适销对路;
(2) 企业可以相应地、正确地调整和安排分销渠道、广告宣传等,使产品能顺利地、迅速地送到目标市场;
(3) 企业还可以集中使用人力、物力、财力,使有限的资源集中使用在"刀刃"上,从而以最少的经营费用取得最大的经营效益。

二、市场细分的原则

企业可以根据单一因素,亦可以根据多个因素对市场进行细分。选用的细分标准越多,相应的子市场也就越多,每一个子市场的容量相对就越小。相反,选用的细分标准越小,子市场就越少,每一个子市场的容量则相对较大。如何寻找合适的细分标准,对市场进行有效细分,在营销实践中并非易事。一般而言,成功、有效的市场细分应遵循以下基本原则。

1. 可衡量性

可衡量性是指细分的市场是可以识别和衡量的,亦即细分出来的市场不仅范围明确,而且对其容量大小也能大致做出判断。有些细分变量,如具有"依赖心理"的青年人,在实际中是很难测量的,以此为依据细分市场就不一定有意义。

2. 可进入性

可进入性是指细分出来的市场应当是企业营销活动能够抵达的,亦即是企业通过努力能够使产品进入并对顾客施加影响的市场。一方面,有关产品的信息能够通过一定的媒体顺利传递给该市场的大多数消费者;另一方面,企业在一定时期内有可能将产品通过一定的分销渠道运送到该市场。否则,该细分市场的价值就不大。如生产冰激凌的企业如果将我国中西部农村作为一个细分市场,恐怕在一个较长时期内都难以进入。

3. 有效性

有效性即细分出来的市场,其容量或规模要大到足以使企业获利。进行市场细分时,企业必须考虑细分市场上顾客的数量以及他们的购买能力和购买产品的频率。如果细分市场的规模过小,市场容量太小,细分工作烦琐,成本耗费大,获利小,就不值得去细分。

4. 对营销策略反应的差异性

对营销策略反应的差异性是指各细分市场的消费者对同一市场营销组合方案会有差异性反应,或者说对营销组合方案的变动,不同的细分市场会有不同的反应。如果不同的细分市场顾客对产品的需求差异不大,行为上的同质性远大于其异质性,此时,企业就不必费力对市场进行细分。另外,对于细分出来的市场,企业应当分别制订出独立的营销方案。如果无法制订出这样的方案,或其中某几个细分市场对是否采用不同的营销方案不会有大的差异性反应,便不必进行市场细分。

三、市场细分的步骤

企业在进行市场细分时可按以下步骤进行。

1. **依据需求选定产品市场范围**

每一个企业都有自己的任务和追求的目标,并以此作为制定发展战略的依据。企业一旦决定进入哪一个行业,接着便要考虑选定可能的产品市场范围。

产品市场范围应以市场的需求而不是产品特性来决定。如一家住宅出租公司打算建造一幢简朴的小公寓,从产品特性(如房间大小、简朴程度等)出发,它可能认为这幢小公寓是以低收入家庭为对象的;但从市场需求的角度来分析,便可以看到许多并非低收入的家庭也是潜在顾客。举例来说,有的人收入并不低,在市区已有宽敞舒适的居所存在,但又希望在宁静的乡间再有一套房间作为周末生活的去处,所以,住宅出租公司要把这幢普通的小公寓看作整个住宅出租业的一部分,而不应孤立地看成只是提供低收入家庭居住的房子。

2. **列举潜在顾客的基本需求**

选定产品市场范围以后,企业的市场营销专家们可以通过头脑风暴法,从地理变数、行为和心理变数等方面,大致估算一下潜在顾客有哪些需求,这一步能掌握的情况有可能不那么全面,但却为以后的深入分析提供了基本资料。

如这家住宅出租公司可能会发现,人们希望小公寓住房满足的基本需求包括遮蔽风雨、停放车辆、安全、经济、设计良好、方便工作、学习与生活,不受外来干扰,有足够的起居空间,满意的内部装修、公寓管理和维护等。

3. 分析潜在顾客的不同需求

然后,企业再依据人口变数做抽样调查,向不同的潜在顾客了解上述需求哪些对他们更为重要?如在校外租房住宿的大学生可能认为最重要的需求是遮风避雨、停放车辆、经济、方便上课和学习等;新婚夫妇的希望是遮蔽风雨、停放车辆、不受外来干扰、满意的公寓管理等;人口较多的家庭则要求遮蔽风雨、停放车辆、经济、足够的儿童活动空间等。这一步至少应进行到有3个子市场出现。

4. 移去潜在顾客的共同需求

现在企业需要移去各子市场或各购买者群的共同需求。这些共同需求固然很重要,但只能作为设计市场营销组合的参考,不能作为市场细分的基础。如遮蔽风雨、停放车辆和安全等几乎是每一个潜在顾客都希望的。企业可以把它用作产品决策的重要依据,但在细分市场时则要移去。

5. 为子市场暂时取名

企业对其他市场剩下的需求要做进一步的分析,并结合各子市场的顾客特点暂时安排一个名称。

6. 进一步认识各子市场的特点

现在,企业还要对每一个子市场的顾客需求及其行为做更深入的考察,看看各子市场的特点掌握了哪些,哪些特点还需要了解,以便进一步明确各子市场有没有必要再作细分或重新合并。如经过这一步骤可以看出,新婚者与老成者的需求差异很大,应当作为两个子市场。同样的公寓设计,也许能同时迎合这两类顾客,但对他们的广告宣传和人员销售的方式都可能不同。企业要善于发现这些差异,要是他们原来被归属于同一个子市场,现在就要把他们区分开来。

7. 测量各子市场的大小

以上步骤基本决定了各子市场的类型。企业紧接着应把每个子市场同人口变数结合起来进行分析,以测量各子市场潜在顾客的数量。因为企业进行市场细分是为了寻找获利的机会,这又取决于各子市场的销售潜力。不引入人口变数是危险的,有的子市场或许根本就不存在顾客。

案例 3.2

精确细分 "动感地带"赢得新一代[①]

案例主体:中国移动通信集团公司(以下简称中国移动)。
市场地位:市场霸主。
市场意义:中国移动凭借其品牌战略和市场细分战略,将中国的电信市场从资源竞争带入了营销竞争时代。
市场效果:"动感地带"的用户已远远超出 1000 万,并成为移动通信中预付费用户的

---

① 郑经东:《精确细分 动感地带赢得新一代》,载《成功营销》2004年第2期,有改动。

主流。

案例背景：中国移动作为国内专注于移动通信发展的通信运营公司，曾成功推出了"全球通"和"神州行"两大子品牌，成为中国移动通信领域的市场霸主。但市场的进一步饱和、中国联合网络通信集团有限公司（以下简称中国联通）的反击、小灵通的搅局使中国的移动通信市场弥漫着价格战的"狼烟"，如何吸引更多的客户资源，提升客户品牌忠诚度，充分挖掘客户的价值，这成为运营商成功突围的关键。

作为霸主，中国移动将如何保持自己的市场优势？

"动感地带"2003年营销事件回放如下。

2003年3月，中国移动推出子品牌"动感地带"，宣布正式为年龄在15～25岁的年轻人提供一种特制的电信服务和区别性的资费套餐。

2003年4月，中国移动举行"动感地带"形象代言人新闻发布会暨媒体推广会，台湾新锐歌星周杰伦携手"动感地带"。

2003年5—8月，中国移动各地市场利用报纸、电视、网络、户外、杂志、公关活动等开始了对新品牌的精彩演绎。

2003年9—12月，中国移动在全国举办"2003动感地带M-ZONE中国大学生街舞挑战赛"，携600万大学生掀起街舞狂潮。

2003年9月，中国移动的M-ZONE网上活动作品在新加坡举办的著名的亚洲直效行销大会上，获得本届大会授予的最高荣誉——"最佳互动行销活动"金奖，同时囊括了"最佳美术指导"银奖及最佳活动奖。

2003年11月，中国移动旗下"动感地带"与麦当劳宣布结成合作联盟，此前由"动感地带"客户投票自主选择的本季度"动感套餐"也同时揭晓。

2003年12月，中国移动以"动感地带"品牌全力赞助由Channel［V］联袂中央电视台和上海文广新闻传媒集团主办的"未来音乐国度——U and Me！第十届全球华语音乐榜中榜"评选活动。

手机已成为人们日常生活的普通沟通工具，伴随着3G浪潮的到来，手机凭借运营网络的支持，实现从语音到数据业务的延伸，服务内容更将多样化，同时更孕育着巨大的市场商机。

而同其他的运营商一样，中国移动旗下的"全球通"和"神州行"两大子品牌缺少差异化的市场定位，目标群体粗放，大小通吃。一方面是移动通信市场黄金时代的到来，一方面是服务、业务内容上的同质化，面对"移动牌照"这个资源蛋糕将会被越来越多的人分食的状况，在众多的消费群体中进行窄众化细分，更有效地锁住目标客户，以新的服务方式提升客户品牌忠诚度，以新的业务形式吸引客户。

一、精确的市场细分，圈住消费新生代

2003年根据麦肯锡咨询公司对中国移动用户的调查资料表明，中国将超过美国成为世界上最大的无线市场，从用户绝对数量上说，到2005年中国的无线电话用户数量将达到1.5亿～2.5亿个，其中将有4000万～5000万用户使用无线互联网服务。

从以上资料可看出，25岁以下的年轻新一代消费群体将成为未来移动通信市场最大的增值群体，因此，中国移动将以业务为导向的市场策略率先转向了以细分的客户群体为导向

的品牌策略,在众多的消费群体中锁住15～25岁年龄段的学生、白领,产生新的增值市场。

锁定这一消费群体作为自己新品牌的客户是中国移动"动感地带"成功的基础。

1. 从目前的市场状况来看,抓住新增主流消费群体

15～25岁年龄段的目标人群正是目前预付费用户的重要组成部分,而预付费用户已经逐渐成为中国移动新增用户的主流,中国移动每月新增的预付费用户都是当月新增签约用户的10倍左右,抓住这部分年轻客户也就抓住了目前移动通信市场大多数的新增用户。

2. 从长期的市场战略来看,培育明日高端客户

以大学生和公司白领为主的年轻用户,对移动数据业务的潜在需求大且购买力会不断增长,有效地锁住这部分消费群体,三五年以后他们将从低端客户慢慢变成高端客户,企业便为在未来竞争中占有优势埋下了伏笔,逐步培育市场。

3. 从移动的品牌策略来看,形成市场全面覆盖

"全球通"定位高端市场,针对商务人士、成功人士,提供有针对性的移动办公、商务服务功能。"神州行"【思考:"动感地带"和"神州行"的市场定位是有重叠的,"动感地带"如何把自己和"神州行"区分开来?】满足中低市场普通客户的通话需要。"动感地带"有效地锁住以大学生和公司白领为主的时尚用户,推出语音与数据套餐服务,全面出击移动通信市场,牵制住了竞争对手,形成预置性威胁。

二、独特的品牌策略,另类情感演绎品牌新境界

"动感地带"的目标客户群体定位于15～25岁的年轻一族,从心理特征来讲,他们追求时尚,对新鲜事物感兴趣,好奇心强,渴望沟通;他们崇尚个性,思维活跃;他们有强烈的品牌意识,对品牌的忠诚度较低,是容易相互影响的消费群体。从对移动业务的需求来看,他们对数据业务的应用较多,这主要是可以满足他们通过移动通信实现娱乐、休闲、社交的需求。

中国移动据此建立了符合目标消费群体特征的品牌策略。

1. 动感的品牌名称

"动感地带"突破了传统品牌名称的正、稳,以奇、特彰显,充满现代的冲击感、亲和力,同时整套VI系统简洁有力,易传播,易记忆,富有冲击力。

2. 独特的品牌个性

"动感地带"被赋予了时尚、好玩、探索的品牌个性,同时提供消费群以娱乐、休闲、交流为主的内容及灵活多变的资费形式。

3. 炫酷的品牌语言

富有叛逆的广告标语"我的地盘,听我的"、"用新奇宣泄快乐"和"动感地带(M-ZONE),年轻人的通讯自治区!"等流行时尚语言配合创意的广告形象,将追求独立、个性、更酷的目标消费群体的心理感受描绘得淋漓尽致,与目标消费群体产生情感共鸣。

4. 犀利的明星代言

周杰伦以阳光、健康的形象,同时有点放荡不羁的行为,成为流行中的"酷"明星,在年轻一族中极具号召力和影响力,与"动感地带"时尚、好玩、探索的品牌特性非常契合,可以更好地回应和传达"动感地带"的品牌内涵,从而形成年轻人特有的品牌文化。

"动感地带"独特的品牌主张不仅满足了年轻人的消费需求,吻合他们的消费特点和消费文化,更是提出了一种独特的现代生活与文化方式,突出了"动感地带"的价值、

属性、文化、个性。将目标消费群体的心理情感注入品牌内涵是"动感地带"品牌新境界的成功所在。

三、整合的营销传播,以体验之旅形成市场互动

"动感地带"作为一个崭新的品牌,更是中国移动的一项长期战略,在进行完市场细分与品牌定位后,中国移动大手笔投入了立体化的整合传播,以大型互动活动为主线,通过体验营销的心理感受,为"动感地带"2003年的营销传播推波助澜。

1. 传播立体轰炸

选择目标消费群体关注的报纸、电视、网络、户外、杂志、活动等,将"动感地带"的品牌形象、品牌主张、资费套餐等迅速传达给目标消费群体。

2. 活动以点代面

从新闻发布会携手小天王、小天王个人演唱会到600万大学生街舞互动,结盟麦当劳,冠名赞助"未来音乐国度——U and Me! 第十届全球华语音乐榜中榜"评选活动,形成全国市场的互动,并为市场形成了良好的营销氛围,进行"传染"。

3. 高空地面结合

中国移动在进行广告高空轰炸、大型活动推广传播的同时,各市场同时开始走进校园进行相关的推广活动,建立校园联盟;在业务形式上,开通移动 QQ、铃声下载、资费套餐等活动,为目标消费群体提供实在的服务内容,使高空地面相结合。

4. 情感中的体验

在所有的营销传播活动中让目标消费群体参与进来,产生情感共鸣,特别是全国街舞挑战赛,在体验之中将品牌潜移默化地植入消费者的心智,起到了良好的营销效果。

"动感地带"作为中国移动长期品牌战略中的一环,抓住了市场明日的高端用户,但关键在于要用更好的网络质量去支撑,应在营销推广中注意软性文章的诉求,更加突出品牌力,提供更加个性化、全方位的服务,提升目标消费群体的品牌忠诚度,路才能走远、走精彩!

案例点评

"动感地带"的成功说到底还是市场细分的成功。第一,中国移动在推出"动感地带"之前作了详细的市场调查。在"全球通"和"神州行"都无法充分满足15~25岁年轻人市场需求的情况下,中国移动再次进行市场细分开发出新的消费市场和消费品牌。这一年龄段的目标消费群体主要是中学生、大学生、刚入职的年轻白领,他们正处于最能接受新鲜事物的年龄,同时也是消费潜力最大的年龄段。中国移动不惜重金打造"动感地带"这一品牌就是为了培养年轻用户群,为将来留住这些消费潜力巨大的群体打下坚实的基础。任何年代在商业上都是"得年轻人者得天下",谁能把握住年轻人谁就能在商业上得到巨大的回报。第二,聘请偶像周杰伦做代言人。2003年正是周杰伦出道后事业蒸蒸日上的上升期,其人气、知名度已经处在巅峰时期。最重要的是,周杰伦带着新新人类的叛逆、自我、独立、个性张扬等特点正好符合少男少女的期望值。偶像的力量是不能小看的,爱屋及乌,会有更多的年轻人选择这一时尚通信品牌。而当中国联通醒过神来在2006年邀请林俊杰和张韶涵作为中

国联通"UP新势力"的代言人时,"动感地带"早已深入人心,很难替代。而与周杰伦相比,林俊杰和张韶涵在影响力和人气方面始终处于下风。第三,丰富的产品设计和定制服务。抓住了目标用户的需求就要最大限度地满足它,中国移动对于"动感地带"产品的开发下足了功夫。在预付费套餐的基础上中国移动开发出了几十种增值服务项目,极大地满足与培养了用户的消费习惯,让消费者在不知不觉中花了更多的钱在"动感地带"品牌之下。而用户一旦建立起一种良好的消费习惯是不愿意轻易改变的,尤其是手机号更是不能轻易更换。第四,立体式传播、校园推广活动帮助"动感地带"迅速传播到每一个目标受众,让年轻人很快地接触到品牌,而这时中国联通还没有推出类似产品,中国电信还没有进入这块市场,先入先得,"动感地带"在对的时间作了最对的事情,结果自然是赚的盆满钵满。

案例讨论题

1. "动感地带"是如何细分自己的目标客户群的?
2. 你认为"动感地带"选择目标市场时应该选择哪种战略?
3. 企业在选择目标市场时应该注意哪些环节?

理论注释1 目标市场

著名的市场营销学者麦肯锡提出了应当把消费者看作一个特定的群体,称为目标市场(Target Market)。通过市场细分,有利于明确目标市场,通过市场营销策略的应用,有利于满足目标市场的需要。即目标市场就是通过市场细分后,企业准备以相应的产品和服务满足其需要的一个或几个子市场。

一、目标市场的选择策略

目标市场的选择策略,即关于企业为哪个或哪几个细分市场服务的决定,通常有以下五种模式供参考。

1. **市场集中化**

即企业选择一个细分市场,集中力量为其服务。较小的企业一般这样专门填补市场的某一部分。集中营销使企业深刻了解该细分市场的需求特点,采用有针对性的产品、价格、渠道和促销策略,从而获得强有力的市场地位和良好的声誉,但同时也隐含较大的经营风险。

2. **产品专门化**

即企业集中生产一种产品,并向所有的顾客销售这种产品。如服装企业向青年、中年和老年消费者销售高档服装,企业为不同的顾客提供不同种类的高档服装产品和服务,而不生产消费者需要的其他档次的服装。这样,企业在高档服装产品方面树立很高的声誉,但一旦出现其他品牌的替代品或消费者流行的偏好转移,企业将面临巨大的威胁。

3. **市场专门化**

即企业专门服务于某一特定顾客群,尽力满足他们的各种需求。如服装企业专门为老年消费者提供各种档次的服装。企业专门为这个顾客群服务,能建立良好的声誉。但一旦这个顾客群的需求潜量和特点突然发生变化,企业要承担较大的风险。

4. 有选择的专门化

即企业选择几个细分市场，每一个细分市场对企业的目标和资源利用都有一定的吸引力。但各个细分市场彼此之间很少或根本没有任何联系。这种策略能分散企业的经营风险，即使其中某个细分市场失去了吸引力，企业还能在其他的细分市场盈利。

5. 完全市场覆盖

即企业力图用各种产品满足各种顾客群的需求，即以所有的细分市场作为目标市场，如上例中的服装企业为不同年龄层次的顾客提供各种档次的服装。一般只有实力强大的大企业才能采用这种策略。IBM公司在计算机市场、可口可乐公司在饮料市场开发了众多的产品，满足各种消费需求。

二、目标市场的营销策略

选择目标市场的营销策略，明确企业应为哪一类用户服务，满足他们的哪一种需求，这是企业在营销活动中的一项重要策略。

为什么要选择目标市场呢？因为不是所有的子市场对企业都有吸引力，任何企业都没有足够的人力资源和资金满足整个市场或追求过大的目标，只有扬长避短，找到有利于发挥本企业现有的人、财、物优势的目标市场，才不至于在庞大的市场上瞎撞乱碰。

选择目标市场一般运用以下三种营销策略。

1. 无差别性市场营销策略

无差别性市场营销策略就是企业把整个市场作为自己的目标市场，只考虑市场需求的共性而不考虑其差异，运用一种产品、一种价格、一种推销方法，吸引尽可能多的消费者。美国可口可乐公司从1886年问世以来，一直采用无差别性市场营销策略，生产一种口味、一种配方、一种包装的产品满足世界156个国家和地区的需要，称作世界性的清凉饮料。由于百事可乐等饮料的竞争，1985年4月，可口可乐公司宣布要改变配方，不料在美国市场掀起轩然大波，许多电话打到公司对改变可口可乐的配方表示不满和反对，可口可乐公司不得不继续大批量生产传统配方的可口可乐。因此，采用无差别性市场营销策略，产品在内在质量和外在形体上必须有独特的风格，才能得到多数消费者的认可，从而保持相对的稳定性。

这种策略的优点是产品单一，容易保证质量，能大批量生产，降低生产成本和销售成本。但如果同类企业也采用这种策略时，必然要形成激烈竞争。闻名世界的肯德基在全世界有1.3万多个分公司，都是同样的烹饪方法、同样的制作程序、同样的质量指标、同样的服务水平，采取无差别性市场营销策略，生意很红火。1992年，肯德基在上海开业不久，上海荣华鸡快餐店开业，且把分店开到肯德基的对面，形成"斗鸡"场面。因荣华鸡快餐把原来外国人以面包为主食改为以蛋炒饭为主食，将西式沙拉土豆改成酸辣菜、西葫芦条，以取悦中国消费者。所以，面对竞争强手时，无差别性市场营销策略也有其局限性。

2. 差别性市场营销策略

差别性市场营销策略就是把整个市场细分为若干个子市场，针对不同的子市场，设计不同的产品，制定不同的营销策略，满足不同的消费需求。如美国有的服装企业按生活方式把妇女分成时髦型、男子气型、朴素型三种类型。时髦型妇女喜欢把自己打扮得华贵艳丽，引人注目；男子气型妇女喜欢打扮得超凡脱俗，卓尔不群；朴素型妇女购买服装讲求经济实惠，价格适中。企业根据不同种类妇女的不同偏好，有针对性地设计出不同风格的服装，使产品对各类消费者都具有吸引力。又如，某自行车企业根据地理位置、年龄、性别细分出几个子市场；农村市场，因常运输货物，要求自行车牢固耐用，载重量大；城市男青年，要求自行车快速、样式好；城市女青年，要求自行车轻便、漂亮、闸灵。针对每个子市场的特点，该企业制定出不同的市场营销组合策略。

差别性市场营销策略的优点是能满足不同消费者的不同要求，有利于扩大销售、占领市场、提高企业的声誉；其缺点是由于产品差异化、促销方式差异化，增加了管理难度，提高了生产费用和销售费用。目前，只有实力雄厚的大企业采用这种策略，如青岛双星集团公司生产多品种、多款式、多型号的鞋，用以满足国内外市场的多种需求。

3. 集中性市场营销策略

集中性市场营销策略就是在细分后的市场上选择两个或少数几个细分市场作为目标市场，实行专业化生产和销售。在少数市场上发挥优势，提高市场占有率。采用这种策略的企业对目标市场有较深的了解，这是大部分中小企业应当采用的策略。如日本尼西奇起初是一个生产雨衣、尿布、游泳帽、卫生带等多种橡胶制品的小厂，由于订货不足，面临破产。在一个偶然的机会，总经理多川博从一份人口普查表中发现，日本每年约出生250万个婴儿，如果每个婴儿用2条尿布，一年需要500万条。于是，该厂决定放弃尿布以外的产品，实行尿布专业化生产。一炮打响后，该厂又不断研制新材料、开发新品种，不仅垄断了日本的尿布市场，还远销世界70多个国家和地区，成为闻名于世的"尿布大王"。

采用集中性市场营销策略，能集中优势力量，有利于产品适销对路，降低成本，提高企业和产品的知名度。但采用这种策略也有较大的经营风险，因为它的目标市场范围小，品种单一。如果目标市场的消费者的需求和爱好发生变化，企业就可能因应变不及时而陷入困境。同时，当强有力的竞争者打入目标市场时，企业就要受到严重影响。因此，许多中小企业为了分散风险仍会选择一定数量的细分市场作为自己的目标市场。

以上三种目标市场的营销策略各有利弊。企业在选择目标市场进行营销时，必须考虑自身面临的各种因素和条件，如企业规模和原料的供应、产品类似性、市场类似性、产品寿命周期、竞争的目标市场等。

选择适合企业的目标市场营销策略是一个复杂多变的工作。企业内部条件和外部环境在不断发展变化，经营者要不断通过市场调查和市场预测，掌握和分析市场变化趋势与竞争对手的条件，扬长避短，发挥优势，把握时机，采取灵活的适应市场态势的策略来争取较大的利益。

三、影响企业选择目标市场营销策略的因素

上述三种选择目标市场的营销策略各有利弊，企业在进行决策时要具体分析产品状况、市场状况和企业本身的特点。影响企业选择目标市场营销策略的因素主要有企业的资源特点、产品的特点、市场的特点和竞争对手的策略四类。

1. 企业的资源特点

资源雄厚的企业，如果拥有大规模的生产能力、广泛的分销渠道、产品标准化程度很高、好的内在质量和品牌信誉等，可以考虑实行无差别性市场营销策略；如果企业拥有雄厚的设计能力和优秀的管理素质，则可以考虑施行差别性市场营销策略；而对实力较弱的中小企业来说，适于集中力量进行集中性市场营销策略。企业初次进入市场时，往往采用集中性市场营销策略，在积累了一定的成功经验后再采用差别性市场营销策略或无差别性市场营销策略，以扩大市场份额。

2. 产品的特点

产品的同质性表明了产品在性能、特点等方面的差异性的大小,是企业选择目标市场时不可不考虑的因素之一。一般对于同质性高的产品(如食盐等),企业宜施行无差别性市场营销策略;对于同质性低或异质性产品,企业采用差别性市场营销策略或集中性市场营销策略是恰当的选择。

此外,产品因所处的生命周期的阶段不同而表现出的不同特点亦不容忽视。产品处于导入期和成长初期,消费者刚刚接触新产品,对它的了解还停留在较粗浅的层次,竞争尚不激烈,企业这时的营销重点是挖掘市场对产品的基本需求,往往采用无差别性市场营销策略。等产品进入成长后期和成熟期时,消费者已经熟悉产品的特性,需求向深层次发展,表现出多样性和不同的个性,竞争空前得激烈,企业应适时地转变为差别性市场营销策略或集中性市场营销策略。

3. 市场的特点

供与求是市场中的两大基本力量,它们的变化趋势往往是决定市场发展方向的根本原因。当供不应求时,企业重在扩大供给,无暇考虑需求差异,所以采用无差别性市场营销策略;当供过于求时,企业为刺激需求、扩大市场份额殚精竭虑,采用差别性市场营销策略或集中性市场营销策略。

从市场需求的角度来看,如果消费者对某产品的需求偏好、购买行为相似,则称之为同质市场,可采用无差别性市场营销策略;反之,为异质市场,采用差别性市场营销策略和集中性市场营销策略更合适。

4. 竞争对手的策略

企业可与竞争对手选择不同的目标市场策略。如竞争者采用无差别性市场营销策略时,本企业可选用差别性市场营销策略或集中性市场营销策略更容易发挥优势。

企业的目标市场策略应慎重选择,一旦确定,应该有相对的稳定性,不能朝令夕改。但灵活性也不容忽视,没有永远正确的策略,企业一定要密切注意市场需求的变化和竞争动态。

理论注释 2 市场定位

一、什么是市场定位

市场定位(Marketing Positioning)是在 20 世纪 70 年代由美国营销学家艾·里斯和杰克·特劳特提出的,其含义是指企业根据竞争者现有产品在市场上所处的位置,针对顾客对该类产品某些特征或属性的重视程度,为本企业产品塑造与众不同的,给人印象鲜明的形象,并将这种形象生动地传递给顾客,从而使该产品在市场上确定适当的位置。

市场定位并不是你对一件产品本身做些什么,而是你在潜在消费者的心目中做些什么。市场定位的实质是使本企业与其他的企业严格区分开来,使顾客明显感觉和认识到这种差别,从而在顾客的心目中占有特殊的位置。

市场定位可分为对现有产品的再定位和对潜在产品的预定位。对现有产品的再定位可能导致产品名称、价格和包装的改变,但是这些外表变化的目的是为了保证产品在潜在消费者的心目中留下值得购买的形象。对潜在产品的预定位,要求营销者必须从零开始,使产品的特色确实符合所选择的目标市场。企业在进行市场定位时,一方面要了解竞争对手的产品具有何种特色,另一方面要研究消费者对该产品的各种属性的重视程度,然后根据这两方面进行分析,再选定本企业产品的特色和独特形象。

二、市场定位的内容

1. 产品定位

即针对消费者或用户对某种产品某种属性的重视程度,塑造产品或企业的鲜明个性或特色,树立产品在市场上一定的形象,从而使目标市场上的顾客了解和认识本企业的产品。

2. 企业定位

即企业通过其产品和品牌,基于顾客需求,将其企业独特的个性、文化和良好形象,塑造于消费者心中,并占据一定的位置。

3. 竞争定位

即确定企业相对于竞争者的市场位置。如七喜汽水在广告中称它是"非可乐"饮料,暗示其他的可乐饮料中含有咖啡因,对消费者的健康有害。

4. 消费者定位

即确定企业的目标顾客群。

三、市场定位的步骤

市场定位的关键是企业要设法在自己的产品上找出比竞争者的产品更具有竞争优势的特性。

竞争优势一般有两种基本类型:一是价格竞争优势,就是在同样的条件下比竞争者定出更低的价格,这就要求企业采取一切努力来降低单位成本;二是偏好竞争优势,即能提供确定的特色来满足顾客的特定偏好,这就要求企业采取一切努力在产品特色上下功夫。因此,企业进行市场定位的全过程可以通过以下三大步骤来完成。

1. 分析目标市场的现状,确认本企业潜在的竞争优势

这一步骤的中心任务是要回答以下三个问题:一是竞争对手的产品定位如何;二是目标市场上顾客欲望满足程度如何以及确实还需要什么;三是针对竞争者的市场定位和潜在顾客真正需要的利益要求,企业应该及能够做什么。要回答这三个问题,企业的市场营销人员必须通过一切调研手段,系统地设计、搜索、分析并报告有关上述问题的资料和研究结果。

通过回答上述三个问题,企业就可以从中把握和确定自己的潜在竞争优势在哪里。

2. 准确选择竞争优势,对目标市场初步定位

竞争优势表明企业能够胜过竞争对手的能力。这种能力既可以是现有的,也可以是潜在的。选择竞争优势实际上就是一个企业与竞争者各方面实力相比较的过程。比较的指标应是一个完整的体系,只有这样企业才能准确地选择相对竞争优势。通常的方法是分析、比较企业与竞争者在经营管理、技术开发、采购、生产、市场营销、财务和产品等方面究竟哪些是强项,哪些是弱项,借此选出最适合本企业的优势项目,以初步确定企业在目标市场上所处的位置。

3. 显示独特的竞争优势和重新定位

这一步骤的主要任务是企业要通过一系列的宣传促销活动,将自身独特的竞争优势准确地传播给潜在顾客,并在其心目中留下深刻印象。为此,企业首先应使潜在顾客了解、知道、熟悉、认同、喜欢和偏爱本企业的市场定位,在潜在顾客的心目中建立与该定位相一致的

形象。其次,企业通过各种努力强化潜在顾客的形象,保持潜在顾客的了解,稳定潜在顾客的态度和加深潜在顾客的感情来巩固与市场相一致的形象。最后,企业应注意潜在顾客对其市场定位理解出现的偏差或由于企业市场定位宣传上的失误而造成的潜在顾客模糊、混乱和误会,及时纠正与市场定位不一致的形象。企业的产品在市场上的定位即使很恰当,但在下列情况下,还应考虑重新定位。

(1) 竞争者推出的新产品定位于本企业产品的附近,侵占了本企业产品的部分市场,使本企业产品的市场占有率下降。

(2) 消费者的需求或偏好发生了变化,使本企业产品的销售量骤减。

重新定位是指企业为已在某市场销售的产品重新确定某种形象,以改变消费者原有的认识,争取有利的市场地位的活动。如某日化厂生产婴儿洗发剂,以强调该洗发剂不刺激眼睛来吸引有婴儿的家庭。但随着出生率的下降,销售量减少。为了增加销售量,该企业将产品重新定位,强调使用该洗发剂能使头发松软有光泽,以吸引更多、更广泛的购买者。重新定位对于企业适应市场环境、调整市场营销战略是必不可少的,可以视为企业的战略转移。重新定位可能导致产品的名称、价格、包装和品牌的更改,也可能导致产品的用途和功能的变动,因此企业必须考虑定位转移的成本和新定位的收益问题。

四、市场定位的策略

1. 避强定位策略

避强定位策略是指企业力图避免与实力最强或较强的其他企业直接发生竞争,以将自己的产品定位于另一市场区域内,使自己的产品在某些特征或属性方面与最强或较强的对手有比较显著的区别。

避强策略的优点是能使企业较快地在市场上站稳脚跟,并能在消费者或用户中树立形象,风险小。

避强策略的缺点是避强往往意味着企业必须放弃某个最佳的市场位置,很可能使企业处于最差的市场位置。

2. 迎头定位策略

迎头定位策略是指企业根据自身的实力,为了占据较佳的市场位置,不惜与市场上占支配地位的、实力最强或较强的竞争对手发生正面竞争,以使自己的产品进入与竞争对手相同的市场位置。

迎头定位策略的优点是竞争的过程往往相当惹人注目,甚至产生所谓的轰动效应,企业及其产品可以较快地为消费者或用户所了解,易于达到树立市场形象的目的。

迎头定位策略的缺点是具有较大的风险性。

3. 创新定位策略

创新定位是指企业寻找新的尚未被占领但有潜在市场需求的位置,填补市场上的空缺,生产市场上没有的且具备某种特色的产品。如日本索尼公司的索尼随身听等一批新产品填补了市场上迷你电子产品的空缺,并进行不断的创新,使得索尼公司即使在第二次世界大战时期也能迅速的发展,一跃成为世界级的跨国公司。采用这种定位方式时,企业应明确创新定位所需的产品在技术上、经济上是否可行,有无足够的市场容量,能否为企业带来合理而持续的盈利。

4. 重新定位策略

重新定位策略是指在选定了市场定位目标后,或由于定位不准确或虽然开始定位得当,但市场情况发生变化时;或遇到竞争者的定位与本企业的定位接近,侵占了本企业的部分市场;或由于某种原因消费者或用户的偏好发生变化,转移到竞争者方面时,就应考虑重新定位。重新定位是以退为进的策略,目的是为了实施更有效的定位。如万宝路香烟刚进入市场时以女性为目标市场,它推出的口号是"像5月的天气一样温和"。然而,尽管当时美国的吸烟人数年年都在上升,万宝路的销量却始终平平。后来,广告大师李奥·贝纳为其做广告策划,他将万宝路重新定位为男子汉香烟,并将它与最具男子汉气概的西部牛仔形象联系起来,树立了万宝路自由、野性与冒险的形象,从众多的香烟品牌中脱颖而出。自20世纪80年代中期到现在,万宝路一直居世界各品牌香烟销量首位,成为全球香烟市场的领导品牌。

市场定位是设计企业产品和企业形象的行为,以使企业明确在目标市场中相对于竞争对手自己的位置。企业在进行市场定位时应慎之又慎,要通过反复比较和调查研究,找出最合理的突破口,避免出现定位混乱、定位过度、定位过宽或定位过窄的情况。而一旦确立了理想的定位,企业必须通过一致的表现与沟通来维持此定位,并应经常加以监测以随时适应潜在顾客和竞争者策略的改变。

五、市场定位的形式

1. 产品差别化战略

即从产品质量、产品款式等方面实现差别。寻求产品特征是产品差别化战略经常使用的手段。

2. 服务差别化战略

即向目标市场提供与竞争者不同的优异服务。企业的竞争力越好地体现在对顾客的服务上,市场差别化就越容易实现。

3. 人员差别化战略

即通过聘用和培训比竞争者更为优秀的人员以获取差别优势。

4. 形象差异化战略

即在产品的核心部分与竞争者雷同的情况下塑造不同的产品形象以获取差别优势。

六、市场定位的原则

各个企业经营的产品不同,面对的顾客不同,所处的竞争环境不同,因而市场定位所依据的原则也不同。总体来讲,市场定位所依据的原则有以下四点。

1. 根据具体的产品特点定位

构成产品内在特色的许多因素都可以作为市场定位所依据的原则,如所含成分、材料、质量、价格等。七喜汽水的定位是"非可乐",强调它是不含咖啡因的饮料,与可乐类饮料不同。泰宁诺止痛药的定位是"非阿司匹林的止痛药",显示药物成分与以往的止痛药有本质的差异。一件仿皮皮衣与一件真正的水貂皮皮衣的市场定位自然不会一样,同样,不锈钢餐具若与纯银餐具的市场定位相同也是难以令人置信的。

2. 根据特定的使用场合及用途定位

为老产品找到一种新用途是为该产品创造新的市场定位的好方法。如小苏打曾一度被广泛地用作家庭的刷牙剂、除臭剂和烘焙配料,现在已有不少的新产品代替了小苏打的上述一些功能。小苏打可以定位为冰箱除臭剂,另外还有一家公司把它当作调味汁和肉卤的配料,更有一家公司发现它可以作为冬季流行性感冒患者的饮料。我国曾有一家生产曲奇饼干的厂家最初将其产品定位为家庭休闲食品,后来又发现不少的顾客购买是为了馈赠,又将其产品定位为礼品。

3. 根据顾客得到的利益定位

产品提供给顾客的利益是顾客最能切实体验到的,也可以用作定位的依据。

如1975年,美国美乐啤酒公司推出了一种低热量的"Lite"牌啤酒,将其定位为喝了不会发胖的啤酒,迎合了那些经常饮用啤酒而又担心发胖的人的需要。

4. 根据使用者类型定位

企业常常试图将其产品指向某一类特定的使用者,以便根据这些顾客的看法塑造恰当的形象。

如美国美乐啤酒公司曾将其原来唯一的品牌"高生"啤酒定位于"啤酒中的香槟",吸引了许多不常饮用啤酒的高收入妇女。后来发现,占30%的狂饮者大约消费了啤酒销量的80%,于是,该公司在广告中展示石油工人钻井成功后狂欢的镜头,还有年轻人在沙滩上冲刺后开怀畅饮的镜头,塑造了一个精力充沛的形象。该公司在广告中提出"有空就喝美乐",从而成功地占领啤酒狂饮者市场达10年之久。

事实上,许多企业进行市场定位所依据的原则往往不止一个,而是多个原则同时使用。因为要体现企业及其产品的形象,市场定位必须是多维度、多侧面的。

第四章 品牌营销策划篇

案例4.1

醉翁之意不在咖啡,而在情境体验[①]
——星巴克:为客人煮好每一杯咖啡

管理品牌是一项终生的事业。品牌其实是很脆弱的。你不得不承认,星巴克或任何一种品牌的成功不是一种一次性授予的封号和爵位,它必须以每一天的努力来保持和维护。

——星巴克创始人霍华德·舒尔茨

星巴克,一家1971年诞生于美国西雅图、靠咖啡豆起家的咖啡公司,于1985年正式成立。40多年的时间里,以"童话"般的奇迹让全球瞩目:1996年,星巴克开始向全球扩张,第一家海外店开在东京。从西雅图一条小小的"美人鱼"进化到今天遍布全球30多个国家和地区,连锁店达到2万多家的"绿巨人"。据说,星巴克每8个小时就会新开一家咖啡店。

鉴于星巴克独特的企业文化和企业理念,该公司连续多年被美国《财富》杂志评为"最受尊敬的企业"。作为一家跨国连锁企业,星巴克的国际市场拓展的成功历史也正是星巴克传奇演绎的历史,我们可以通过对星巴克品牌的解析来领略其传奇背后的秘诀。

一、人格谱:星巴克品牌文化追溯

"品牌本位论"认为:品牌不仅是产品的标识,而且有自己的内容,是其基本内容的标识,品牌是代表特定文化意义的符号。星巴克的"品牌人格谱"就是将星巴克文化从多个角度进行特定注释的"符号元素"集合。

1. 品牌定位

"**星巴克**"【思考:品牌的命名有两种方式,一种是意义式取名法,另一种是中性词取名法,星巴克属于哪种?这个名字带给消费者什么样的感受?】这个名字来自于美国作家赫尔曼·麦尔维尔的小说《白鲸》中一位处事极其冷静、极具性格魅力的大副。他的嗜好就是喝咖啡。赫尔曼·麦尔维尔在美国文学史和世界文学史上有很高的地位,但他的读者群并不算多,主要是受过良好教育、有较高文化品位的人士,没有一定文化教养的人是不可能去读《白鲸》这部书,更不要说去了解星巴克这个人物了。从"星巴克"这一品牌名称上,我们就可以清晰地明确其目标市场的定位:不是普通的大众,而是一群注重享受、休闲、崇尚知识、尊

---

① http://oxford.icxo.com/htmlnews/2005/11/16/719117_0.htm,有改动。

重人本位的富有小资情调的城市白领。

2. 品牌识别【星巴克的品牌徽标传播给消费者怎样的品牌感受?】

星巴克的绿色徽标是一个貌似美人鱼的双尾海神形象,这个徽标是1971年由西雅图年轻的设计师泰瑞·赫克勒从中世纪木刻的海神像中得到灵感而设计的。标识上的美人鱼像也传达了原始与现代的双重含义:她的脸很朴实,却用了现代抽象形式的包装;中间是黑白的,只在外面用一圈彩色包围。40年前星巴克创建这个徽标时只有一家咖啡店。如今,优美的"绿色美人鱼"竟然与麦当劳的"M"一道成了美国文化的象征。

3. 品牌诉求

顾客体验是星巴克品牌资产的核心诉求。就像麦当劳一直倡导销售欢乐一样,星巴克把典型美式文化逐步分解成可以体验的元素:视觉的温馨;听觉的随心所欲;嗅觉的咖啡香味等。试想,透过巨大的玻璃窗,看着人潮汹涌的街头,轻轻啜饮一口香浓的咖啡,这非常符合"雅皮"①的感觉体验,在忙碌的都市生活中何等令人向往!雅斯培·昆德在《公司宗教》一书中指出:"星巴克的成功在于,在消费者需求的中心由产品转向服务,再由服务转向体验的时代,星巴克成功地创立了一种以创造'**星巴克体验**'【从产品的品牌定位的角度看,星巴克属于哪种定位?】为特点的'咖啡宗教'。"

星巴克人认为:他们的产品不单是咖啡,咖啡只是一种载体。而正是通过咖啡这种载体,星巴克把一种独特的格调传送给顾客。咖啡的消费很大程度上是一种感性的文化层次上的消费,文化的沟通需要的就是咖啡店所营造的环境文化能够感染顾客,并形成良好的互动体验。

4. 品牌传播

星巴克的品牌传播并不是简单地模仿传统意义上的铺天盖地的广告和巨额促销,而是独辟蹊径,采用了一种卓尔不群的传播策略——口碑营销,以消费者口头传播的方式来推动星巴克目标顾客群的成长。

星巴克的创始人、咖啡大王霍华德·舒尔茨对此的解释是:星巴克的成功证明了一个耗资数百万的广告不是创立一个全国性品牌的先决条件,充足的财力并非创造名牌产品的唯一条件。你可以循序渐进,一次一个顾客、一次一家商店或一次一个市场来做。实际上,这或许是赢得顾客信任的最好方法,也是星巴克的独到之处。

星巴克通过一系列事件来塑造良好口碑,如在顾客发现东西丢失之前就把原物归还;门店的经理赢了彩票把奖金分给员工后照常上班;南加州的一位店长聘请了一位有听力障碍的人教会他如何点单并以此赢得了有听力障碍的人群,让他们感受到友好的气氛等。

5. 品牌联盟

星巴克提升品牌的另一个战略是采用品牌联盟迅速扩大品牌优势,在发展的过程中寻找能够提升自己品牌资产的战略伙伴,拓展销售渠道,与强势伙伴结盟,扩充营销网络。

巴诺书店是美国也是全球最大的连锁书店企业,也是同星巴克合作最为成功的公司之一。巴诺书店曾经发起一项活动,即把书店发展成为人们社会生活的中心,这与星巴克"第三生活空间"的概念不谋而合。1993年,巴诺书店开始与星巴克合作,让星巴克在书店里开设自己的零售业务,星巴克可以吸引人流小憩而不是急于购书,而书店的人流则增加了咖

---

① 雅皮指的是那些受过高等教育、住在大城市、有专业性工作而且生活很富裕的年轻人。

店的销售额。1996年,星巴克和百事可乐公司结盟为"北美咖啡伙伴",致力于开发咖啡新饮品,行销各地。星巴克借用了百事可乐公司100多万个零售网点,而百事可乐公司则利用了星巴克在咖啡界的商誉,提高了产品形象。

6. 品牌扩张【思考:星巴克如果用加盟连锁的方式进行品牌扩展是否也能取得今天的成绩?】

星巴克连锁式的扩张得益于星巴克给自己的品牌注入了价值观,并把企业文化变成消费者能够感受到的内容和形式。星巴克的品牌扩张,一直坚持直营路线:由星巴克总部进行直接管理,统一领导,目的是控制品质标准。这样每家海外连锁店都由总部统筹管理和训练员工,从而保证每家海外连锁店都是百分之百的美国星巴克血统。虽然初期投入的资本较大,但是员工的专业素质高,便于咖啡教育的推广,在同业中建立了最专业的形象,星巴克品牌的扩张也更加坚定有力。

二、关系构建:星巴克品牌资产积累

2001年年底,美国凯洛格管理学院的调查结果表明:成功的企业都用一种前后一致的、明确的多层面方式来定义和运用感情关系。星巴克崛起之谜在于添加在咖啡豆中的一种特殊的配料:人情味儿。星巴克自始至终都贯彻着这一核心价值观。这种核心价值观起源并围绕着人与人之间的"关系"的构建,以此来积累品牌资产。霍华德·舒尔茨相信,最强大最持久的品牌是在顾客和合伙人心中建立的。品牌说到底是一种企业内外(合伙人之间、合伙人与顾客之间)形成的一种精神联盟和一损俱损、一荣俱荣的利益共同体。

星巴克负责饮品的副总裁米歇尔·加斯说:"我们的文化以情感关系为导向,以信任为基础,我们所说的伙伴关系涵盖了这个词所有的层面。这种情感关系非常有价值,应该被视为一个公司的核心资产,即公司的客户、供货商、联盟伙伴和员工网络的价值。"从咖啡馆到咖啡王国,星巴克证明了与客户的良好关系和看得见的资产一样重要。

1. 客户资产

星巴克一个主要的竞争战略就是在咖啡店中同客户进行交流,特别重要的是咖啡生同客户之间的沟通。每一个咖啡生都要接受24小时的培训——客户服务、基本销售技巧、咖啡的基本知识、咖啡的制作技巧。咖啡生要能够预感客户的需求,在耐心解释咖啡的不同口感、香味的时候,大胆地进行眼神接触。星巴克也通过征求客户的意见,加强客户关系。每个星期总部的项目领导人都当众宣读客户意见反馈卡。

2. 员工资产

星巴克要打造的不仅是一家为顾客创造新体验的公司,更是一家高度重视员工情感与员工价值的公司。霍华德·舒尔茨将星巴克的成功在很大程度上归功于公司与员工之间的"伙伴关系"。他说:"如果说有一种令我在星巴克感到最自豪的成就,那就是我们在公司工作的员工中间建立起的这种信任和自信的关系。"

在星巴克,员工不叫员工,叫"合伙人"。1991年,星巴克开始实施"咖啡豆股票",这是面向全体员工的股票期权方案,其思路是:使每个员工都持股,都成为公司的合伙人,这样就把每个员工与公司的总体业绩联系起来,无论是CEO,还是任何一位合伙人,都采取同样的工作态度。20世纪90年代中期,星巴克的员工跳槽率仅为60%,远远低于快餐行业钟点工的140%~300%的跳槽率。

3. 供货商资产

星巴克的关系模式也从供应链上游延伸到供货商,包括咖啡种植园的农场、面包厂、纸杯加工厂等。星巴克对供应商的挑选、评估等程序相当严格,公司花费大量的人力、物力、财力来开发供应商,并力保与供应商保持长期、稳定的关系,这样一可以节约转换成本,二可以避免供应商调整给业务带来的冲击。星巴克的副总裁约翰·亚敏说:"失去一个供应商就像失去我们的员工——我们花了许多的时间和资金培训他们。"

三、多维创新:星巴克品牌活力之源

成功的营销需要创意和激情。在这个"眼球经济"时代,企业要想吸引更多人的注意,最重要的就是要产生创新,形成差异化,这样才能把消费者对产品的注意力转化为消费行为。星巴克为其品牌文化加注的策略创新,在发展中不断为其独有的"星巴克"品牌注入活力且历久弥新。

1. 服务创新

星巴克十分注重针对顾客的需求开发新的服务内容。总部设在西雅图的星巴克正在尝试各种经营思路以吸引人们步入店内,延长驻留时间。进入星巴克,顾客会感受到空中回旋的音乐在激荡着自己的心魄。店内经常播放一些爵士乐、美国乡村音乐以及钢琴独奏等,这些正好迎合了那些时尚、新潮、追求前卫的白领阶层。他们天天面临着巨大的生存压力,十分需要精神安慰,这些音乐正好起到了这种作用,让顾客在消费一种文化中催醒自己内心某种也许已经消失的怀旧情感。从2002年起,星巴克在北美和欧洲1200家连锁店里推出高速无线上网服务,携带便携式电脑的顾客可以一边惬意地喝着咖啡,一边在店里上网浏览页面、收发电子邮件以及下载信息。

2. 渠道创新

1998年,全美国通过超级市场销售出去的咖啡占当年总数销售额的一半。在超过2.6万家的食品杂货店中蕴藏着比星巴克零售连锁店和特种销售渠道更加广阔的市场。充分利用这个渠道可以为星巴克带来几百万的消费者,除此之外,将产品打入超级市场还能够节省运输费用、降低操作成本。星巴克的零售能力也将进一步强化,霍华德·舒尔茨等公司决策者认为,超级市场是继续开拓星巴克咖啡销售量的重要途径。尽管当初霍华德·舒尔茨因不忍新鲜咖啡豆变质走味而立下"拒绝进入超级市场"的规矩,但环境的变化不断要求星巴克修改行事原则。1997年,霍华德·舒尔茨和他的高级管理层下令进军超级市场。尽管风险和困难重重——毕竟超级市场并不是公司能够控制的销售场所。然而,令霍华德·舒尔茨担忧的情况并没有发生,相反,当初的决策却产生了良好的效果。

3. 消费教育

星巴克在向亚洲国家扩张的过程中不得不面对的问题是:在一个习惯喝茶的国度里推广和普及喝咖啡,必然会遇到消费者情绪上的抵触。星巴克为此首先着力推广"消费教育"。

星巴克各分店每周必须为顾客开设一次咖啡讲座,主要内容是咖啡的相关知识、如何自己泡制、器具的使用等。讲座的形式十分灵活,一般选在顾客较多时,时间控制在30分钟左右。不少的顾客纷纷提问,由讲解员释疑,气氛都很活跃。而上海星巴克正计划并实施一项名叫"咖啡教室"的服务,其内容是:如果三四个人一起去喝咖啡,星巴克就为他们配备一名专门服务的咖啡师。咖啡师当然可要可不要,但这样服务的结果是:结伴前往星巴克的顾

客人数正在呈现上升趋势。

4．神秘顾客

对星巴克而言，口碑就是最好的广告。为了实现这种口碑的效应，就要服务好每一位客人。星巴克的标准是：煮好每一杯咖啡，把握好每一个细节。你可能今天面对的是第100位客人，可对客人来说，喝到的却是第一杯咖啡，他对星巴克的认识就是从这杯咖啡开始的。

如何检验"为客人煮好每一杯咖啡"呢？星巴克建立了一系列的考评机制，其中尤以"神秘顾客"最有特色。就是除了通常的理论知识考察和实际操作考察外，他们委托某个具有考察能力的公司，秘密派人扮作顾客来到星巴克各咖啡分店进行消费，其间对员工的服务、技能、环境氛围等进行全方位考察，然后结合业绩进行综合考核，这样才决定某家分店的服务质量如何、某个店员能否升迁等。

案例点评

星巴克创造的品牌神话既是个传奇但又真实可见，要想复制这样的传奇说难也难，说不难也不难。我们从四个方面去探究星巴克成功的秘诀。

其一，完美的情境体验。星巴克的品牌定位堪称情境体验的经典案例。通过情境，星巴克尽力营造一种温馨的如家庭般和谐的氛围。在环境布置上，星巴克给自己的定位是第三空间，即在你的办公室和家庭之外，我给你另外一个享受生活的地方、一个舒服的社交聚会场所。无论是起居室风格的装修，还是仔细挑选的装饰物和灯具，煮咖啡时发出的"嘶嘶"声，将咖啡粉末从过滤器敲击下来时发出的"啪啪"声，用金属勺子铲出咖啡豆时发出的"沙沙"声，都是顾客熟悉的、感到舒服的声音，都烘托出一种"星巴克特有的情景体验"。这种情景体验是独有的，星巴克把这种情境体验发挥到了极致。

其二，视员工为合伙人。星巴克把每一个员工当作生意伙伴，而不是雇员，为每个员工提供股票期权、良好的福利以及职业发展前景，让每个员工把星巴克看作是自己的生意，这就极大地调动了员工工作的积极性和动力。比照餐饮业超高的人员流动性，60%的员工跳槽率说明员工对星巴克的品牌忠诚度较高。而这种良好的员工体验又会推动良好的顾客体验，让顾客体会更细致周到的服务。

其三，执着的创新精神。我们看到星巴克不断地推出各种创新方式来吸引顾客走进咖啡店。服务创新、渠道创新、消费教育等这些都是星巴克不同于一般咖啡店的创新之处。虽然星巴克因为创新也走过弯路，如星巴克为了吸引更多的消费者走进店内，曾经开过"咖啡与茶"的咖啡茶馆，茶馆不仅提供咖啡、茶，还提供啤酒、葡萄酒等饮品，但事实证明这种想讨好两种不同消费人群的做法是不可取的，星巴克最终关闭了这家店。但是星巴克执着的创新精神是其不停求变的动力，也是其能够不断推出新产品与新服务的动力，这种创新让星巴克会不断引领消费者的文化消费。

其四，雅皮的精神家园。喝咖啡这件事对于很多人来说本身就是一件很时尚的事，坐在咖啡店里喝着地道的咖啡、听着爵士乐、上着网、聊着天就更透着小资情调与文艺气息。如果说喝茶是我们中国人传统的饮食文化，那么喝咖啡就是西方人最典型的饮食文化与传统。这种异域的饮食文化通过星巴克的独特改造以及人性化处理，让全世界的年轻人感受到了咖啡的文化内涵和独特魅力。星巴克通过快速的品牌扩张与标准化的运营管理让美国咖啡文化风靡全球。从星巴克的品牌定位中就能看出,星巴克要影响的是都市白领以上的阶层,即使你再有钱,如果不能享受这种咖啡文化也不是星巴克想要影响的消费者。所以,来星巴克的人更"雅皮"。从这点来看,星巴克已经成为"雅皮"的精神家园,这也正是星巴克的品牌内核。

案例讨论题

1. 星巴克提供的仅仅是咖啡吗?它提供的核心是什么?
2. 星巴克的品牌定位和品牌核心文化之间的必然联系是什么?
3. 透过星巴克的案例,怎样理解品牌即人,品牌的人格化?
4. 品牌的良好体验在于每一个消费者的每一次品牌接触,星巴克是怎样做到"为客人煮好每一杯咖啡"的?
5. 怎样理解建立"以客户为中心的利益相关体"是强化品牌核心价值的主要手段?

理论注释1 创造品牌核心价值的七种要素

什么是品牌核心价值?

在"以客户为中心的利益相关体"心目中建立的区别于竞争品牌的价值认同是品牌资产的核心元素和高度浓缩。

创造品牌核心价值的七种要素包括:(1)简洁;(2)耐心;(3)关联性;(4)可接触性;(5)人性化;(6)无处不在;(7)创新。

如何创造一个品牌,我们需要仔细思考品牌的内在价值以及这种内在价值和消费者之间的联系。

一、简洁

有很多情况让我们不得不思考:如果以近乎赠品的价格销售则很难盈利;距离顾客越近的商店价格越贵;世界容不下太多的网站;技术因简洁而得以生存。

简洁作为最后的发现,对于重要的技术人员以及依赖技术人员的风险资本家而言最难以把握。因为他们开发了该技术,并清楚该技术是如何运转的。因此,他们想当然地认为:人们怎么可能不明白技术原理呢;谁会不明白变形标识符是什么呢;谁会不关注像标识符这么重要的东西呢?

二、耐心

品牌发展过程中第二个普遍的失误是能在网络时代轻易创建新品牌的想法。许多花费了很多钱才建立起来的品牌一直在说服自己,认为自己能够在几个月的时间内成为排行第一的品牌。那么,什么是发展品牌的最佳速度?创建一个品牌需要多长的时间?

答案取决于你想要创建什么样的品牌。如果你想要创建一个伟大的品牌,请牢记:伟大的目标需要时间,很多事情往往欲速则不达。品牌也没有什么不同,过快、过猛地促进品牌发展必然导致最终的失败。

三、关联性

人类的天性就是寻找志趣相投的人。同理,人类喜欢参观那些曾经激励过自己的地方,喜欢听使自己愉悦的音乐。同样,人类还渴望独一无二的事物、稀罕的发现以及能够带来欢乐的古怪精灵。人类自己都不能解释为什么会这样。

由于有了网络,寻找与自己价值观相一致的人和事物就变得很容易。网络上有"凯旋"(Triumph)摩托车狂热爱好者的聚会场所,也有古怪家具收藏者或18世纪贴身内衣收藏者的聚会场所。当个人的需要超过传统的大型贸易所能承受的范围时,关联性问题就变得尖锐起来。古老的"一对多"营销模式被网络永久地改变了。如果你能归纳出自己想要得到的东西,就会有机会找到它们。

四、可接触性

对任何企业而言,最大的烦恼就是销售中断。现在,需求、商品以及购物之间的距离将大幅度缩小。很多企业的品牌早已实现了纵向的联合。这些企业将零售平台、强大的直邮目录和网络平台连接起来,只要消费者在他们的目录中找到自己想要购买的商品,就可以迅速地购买这些商品。

职员少且资源匮乏的800电话服务已不再是可以接受的解决方案。顾客希望直接与企业取得联系,而且希望直接与一个对商品了如指掌的人通话。如果花费大量的金钱来吸引潜在顾客的注意力,企业必须在交易中建立一套完整的机制或者至少要告诉顾客一个拥有他们需要的商品的经过授权的零售商。企业在供应链条的每一点上都要紧紧地跟踪商品。

五、人性化

今天是一个对大企业存在广泛不信任的年代。人们信任熟人,逐渐认识某人,意味着逐渐认识他们的行为、态度和价值观,逐渐熟悉一种品牌也是如此。品牌要尽可能传递自己的价值观。既然所有的企业都是由人组成的,那么为什么他们中的大多数令人感到毫无生气?下面是一些为企业的品牌增添人性特征的捷径。

1. 自嘲

企业不要害怕对自己和自己的产品开玩笑,要看到它微不足道的一面。

2. 真诚的同情心

企业要有一颗仁爱之心。这并不是指为慈善机构捐款,而是企业要真正关心顾客及他们居住的社区。当然,关心雇员也同样重要。

3. 有所代表

企业的品牌必须能代表某个群体的需要。但是,企业不可能为所有的人做所有的事情,也不可能取悦所有的人,只要能确保朋友远远多于敌人就不错了。

4. 倾听和观察

企业一定要牢记:保持沉默,你将学到更多的东西。

5. 承认自己的错误

人无完人,企业也是如此。犯了错误,企业就要尽快地坦白承认。

6. 找到自己的灵魂

企业的灵魂存在于各种企业文化之中。一旦企业有了自己的灵魂,就一定要保护好它。

7. 成为更富人情味的老板

企业要关心自己的员工,让他们有"家"的感觉。

六、无处不在

品牌无处不在并不意味着采取过火的、令人不愉快的宣传方式,即在1000家不同的网站上打出自己的品牌标志或在30分钟的电视节目中播放4次同样的商业广告。不管怎说，这种行为都会让企业为自己的品牌带来负面效应。

品牌的无处不在是建立在以下原则上的，即除了网络电视或直邮外，还有很多方式能对品牌形象产生潜在的积极影响。较好的品牌只选择真正与它们有关的那些节目或场合，然后与满意的发展商建立联系。

七、创新

"创意经济"认为不断创新与开发新产品、新服务和收益渠道比简简单单地运行现行的理念或商业模式更有价值。

那么，应该怎样去实现这些呢？最好的方法就是和你所尊敬的创意人员在一起，能尽自己所能来帮助他们发挥自己的潜能。如果一家企业真的出众，那么它将形成一种文化氛围。在这里，创新不是孤立事件，也不是特例，而是一个正在发展的过程和规则。

理论注释2 创建强势品牌的七大黄金法则

黄金法则之一：提炼个性鲜明并对消费者有很强感染力的核心价值，以水滴石穿的定力维护品牌核心价值

品牌核心价值是品牌资产的主体部分，它让消费者明确、清晰地识别并记住品牌的利益点与个性，是驱动消费者认同、喜欢乃至爱上一个品牌的主要力量。核心价值是品牌的终极追求，是一个品牌营销传播活动的原点，即企业的一切价值活动（直接展现在消费者面前的是营销传播活动）都要围绕品牌核心价值展开，是对品牌核心价值的体现与演绎，并丰满和强化品牌核心价值。品牌管理的中心工作就是清晰地规划勾勒出品牌的核心价值，并且在以后的十年、二十年，乃至上百年的品牌建设过程中，始终不渝地要坚持这个核心价值。久而久之，核心价值就会在消费者的大脑中烙下深深的烙印，并成为品牌对消费者最有感染力的内涵。

定位并全力维护和宣扬品牌核心价值已成为许多国际一流品牌的共识，是创造百年金字招牌的秘诀。品牌之王宝洁公司对品牌核心价值的构造与经营可谓处心积虑。宝洁公司一旦通过消费者研究，对品牌的核心价值进行了严格定位，就绝不轻易更改，一切广告与营销传播活动都是以核心价值为原点进行演绎。如舒肤佳的核心价值是"有效去除细菌，保持家人健康"，多年来电视广告换了几个，但广告主题除了"除菌"还是"除菌"。宝洁公司的许多广告，就其原创性而言往往是平淡无奇的，大多是比较性广告，可其强劲的销售促进力却令人称奇！奥秘就在于其对品牌核心价值的精确定位和持之以恒的坚持。

劳斯莱斯是"皇家贵族的坐骑"，宝马则是"驾驶的乐趣"，沃尔沃定位于"安全"，万宝路是"勇敢、冒险、激情、进取的男子汉形象"……以上就是这些金字招牌的核心价值定位。品牌核心价值一旦确定便被咬住不放，持之以恒地贯彻下去，企业的所有营销策略都要围绕核心价值而展开，几亿、几十亿的广告费是对品牌核心价值的演绎，尽管广告不停地换，但换的只是表现形式。

反观我们国内的很多品牌几乎不存在对品牌核心价值的定位，营销战略经常受到战术目标的左右而偏离对品牌核心价值的追求，广告十分随意，诉求主题月月新、年年变，成了信天游。尽管大量的营销广告投入多少也能促进产品销售，但几年下来却发现品牌资产、整体价值感与品牌威望并没有得到提升。

黄金法则之二：完成品牌核心价值提炼后，作为品牌战略管理者的一项最重要的工作就是规划品牌识别，使核心价值统帅营销传播活动并具有可操作性

提炼个性鲜明、高度差异并对消费者极具感染力的品牌核心价值，意味着企业向战略品牌管理迈出了成功的第一步。但光有品牌核心价值，过于抽象和模棱两可，要统帅并整合企业的营销传播行为缺乏可操作性，无法规范企业的营销传播活动。再说一个品牌被消费者认同，也不可能仅仅依靠核心价值，还要有企业理念、技术形象、产品特点、品牌气质、亲和力等丰满的品牌联想。因此，完成品牌核心价值提炼后，作为品牌战略管理者的一项最重要的工作就是规划以品牌核心价值为中心的品牌识别。

品牌识别是指通过对产品、企业、人、符号等营销传播活动具体如何体现核心价值进行界定从而发展出区别于竞争者的品牌联想。品牌识别体现品牌战略管理者期望要发展的品牌联想及品牌代表的方向，界定了品牌要如何进行调整与提升。品牌识别有效地传达给消费者后就形成了实态的品牌联想。一个强势品牌必然有鲜明、丰满的品牌识别。

科学完整地规划品牌识别后，核心价值就能有效落实，并与日常的营销传播活动（价值活动）有效对接，使企业的营销传播活动有了标准与方向。品牌识别担当全面统帅与指导品牌建设的职责，除了众所周知的产品、企业、符号等识别外，责任、成长性、地位、品牌与消费者的关系等都能成为打造品牌竞争力的识别内容。如金娃凭借非凡的社会营销理念与责任感打造品牌的感染力与崇高性，锐步为第三世界的制鞋工人提供劳动安全保护与福利而获得公众的尊重，雅芳以"女性的朋友"作为自己与消费者的关系而备受女性拥戴。

黄金法则之三：用以核心价值为中心的品牌识别系统去统帅企业的一切营销传播活动，让每一分营销传播费用都为品牌做加法，从而大大降低营销成本

提炼规划好以核心价值为中心的品牌识别系统后，就要以品牌识别去统帅企业的一切营销传播活动。由于广告传播对品牌的推动作用十分明显，不少人误以为只要广告栩栩如生、贴切到位地传达出品牌核心价值，品牌核心价值就能水到渠成地烙在消费者的脑海里，从而建立起丰厚的品牌资产。从此，坐在这座金山里优哉游哉吃它几辈子。

品牌核心价值是品牌向消费者承诺的功能性、情感性及自我表现型利益，如果仅仅在传播上得到体现，营销策略（如产品功能、包装、分销）未能有效体现品牌核心价值或干脆背道而驰，消费者就会一头雾水，大脑中无法建立起清晰的品牌形象乃至根本不信任品牌核心价值。我们不难发现，没有一台宝马车的外观会像奔驰的外观那样庄重、威严，相反每台宝马车的造型看上去都十分轻盈而富于灵性，那是宝马的品牌管理者十分睿智地把"驾驶的乐趣、潇洒、激情、活力"的品牌核心价值贯穿到产品的工业设计。可见，在产品功能、包装与外观、零售终端分销策略、广告传播等所有向消费者传达品牌信息的机会都要体现出品牌核心价值，即用品牌核心价值去统帅企业的一切营销传播活动，才能使消费者深刻记住并由衷地认同品牌核心价值。

企业不折不扣地在任何一次营销活动和广告活动都体现、演绎出品牌核心价值，即从原料采购、产品研发、包装设计、电视报纸电台广告、海报挂旗等POP广告，促销品，新闻炒作，软文宣传，通路策略，终端生动化，街头促销到售后服务甚至每一次接受媒体采访、与客户沟通等任何与公众、消费者沟通的机会，都要演绎出品牌核心价值，从而使消费者在任何一次接触品牌时都能感受到核心价值的信息，这就意味着每一分的营销传播费用都在加深消费者大脑中对核心价值的记忆与认同，都在为品牌做加法。

而国内的许多品牌没有做到以核心价值为灵魂统帅企业的一切营销传播活动,典型的是只让品牌核心价值体现到传播中,没有贯彻到营销活动中。这种营销与非整合的传播造成了品牌资产的严重浪费,有的企业因此而自食苦果。如有种白酒品牌在传播中以达官贵人在豪华场所喝酒的场景来塑造其名贵形象,但包装十分低劣粗糙,价格不到15元一瓶,几乎是画虎不成反类犬。此时如果这个品牌塑造的是一位平凡人虽没有惊天动地的大事业,但很有家庭责任感,流着汗水默默辛苦的工作,获取一份不高的薪水抚育家人,我想妻子们肯定会为这样的传播形象所感动从而主动为老公购买这一品牌的酒(品牌核心价值与价格十分匹配)。

黄金法则之四:深度沟通——把品牌核心价值刻在消费者的心灵深处

以前中国市场的竞争是轻量级的,矮子当中挑大个。企业敢投广告把知名度提上去,品牌就具有了初步的可信度与安全感,就能把竞争品牌打压下去。竞争稍微激烈一点的市场也停留在靠广告为主来演绎品牌核心价值,由于广告无法给予消费者真实体验品牌核心价值的机会,所以,消费者对品牌核心价值记忆不深或缺少内心的由衷认同也就很自然了。但大家都没有个性鲜明的品牌核心价值去打动消费者或消费者对各个品牌的核心价值记忆不深刻、没有由衷的认同,所以,只要广告肤浅地演绎品牌核心价值也照样能超过竞争对手,往往一不小心也实现几十亿元的销售额和上亿元的利润。于是,不少的企业便陶醉在这种成功中,并仍然沿袭造就这些辉煌的经验(如非深度沟通也照样实现几十亿元的销售额),这意味着灾难不会再遥远。靠广告为主的浅层沟通就能创造名牌并大获其利的时代即将成为过去。

随着竞争的加剧,能否把个性鲜明的品牌核心价值刻在消费者内心深处是胜败的关键,即"心战为上,兵战为下"。在中国不少的品牌已通过广告完成了品牌初级资产建设(如品牌知名度很高)的今天,要把创造更深度的沟通让消费者真真切切地体验核心价值和抢占消费者心智作为品牌建设的重中之重。

无数强势大品牌的成功案例表明,要让消费者刻骨铭心地记住品牌核心价值并发自肺腑地认同,必须通过深度沟通让消费者真切地感受品牌的核心价值。如伊卡璐为进一步获取更大的市场份额,宣传战略除有大量的广告支持外,还创造性地定期邀请世界级的美发师来中国做巡回表演,将世界新的美发潮流带到中国。在上海及北京的主要商店,伊卡璐设立一个流动的美发屋,为消费者提供免费的染发服务,这些美发屋在商场一般停留两至三个星期。伊卡璐以自己拥有的染发、美发、护发等系列产品,为中国的消费者提供前所未有的专业服务来让消费者真切地感受到伊卡璐的价值观与承诺,而不是单纯地用电视画面描述来吸引消费者。

但也有不少品牌的核心价值光靠产品明显而易识别的利益点与消费者使用产品是无法体验得到的。如杉杉应该说规划了很有个性与感召力的品牌核心价值,杉杉的广告语"立马沧海,挑战未来的魅力男人"寓意着"成熟、睿智、胸怀宽广、积极进取、有魅力"的男人,但杉杉主要通过电视广告或店头展示来演绎这一形象,手段比较单一,且没有创造深度沟通的机会让消费者体验杉杉的品牌精神,显得十分单薄和苍白无力。如果杉杉能通过"立马沧海,挑战未来的魅力男人"的征文、赞助中国十大杰出青年评选、科技精英与商界精英评选、新锐人物评选、新世纪创新与进取精神研讨会等一系列与杉杉品牌精神一脉相承的公关活动与事件行销,那么其品牌核心价值就不会流于口头与形式,就会在每一项活动中润物细无声地流进消费者的内心深处,公众在关注与参与这些活动的过程中就能真切地感受杉杉清晰、丰满和极具感召力的品牌精神,杉杉的品牌核心价值就会展现出很高的商业价值。

面对竞争跃上新平台和入世后国际品牌虎狼环伺的新挑战,我们必须清醒地意识到,轻量级竞争的市场竞争环境将永远一去不复返,因此在品牌战略领域,许多过去成功的经验将成为束缚我们的桎梏。而留恋往日辉煌的情结又会使我们不由自主地拿起旧武器(如非深度沟通)冲锋陷阵。学会告别过去,才会有一片艳阳天,尽管这里面会有很多的无奈与凝重,但我们别无选择。

黄金法则之五:优选品牌化战略与品牌架构

品牌战略管理很重要的一项工作是规划科学合理的品牌化战略与品牌架构。在单一产品的格局下,营销传播活动都是围绕提升同一个品牌的资产而进行的,而产品种类增加后就面临着很多的难题,究竟是进行品牌延伸新产品沿用原有品牌,还是采用一个新品牌呢?若新产品采用新品牌,那么原有品牌与新品牌之间的关系该如何协调,企业总品牌与各产品品牌之间的关系又该如何协调?品牌化战略与品牌架构优选战略就是要解决这些问题。

这是在理论上非常复杂,在实际操作过程中又具有很大难度的课题。同时对大企业而言,有关品牌化战略与品牌架构的一项小小决策都会在标的达到几亿乃至上百亿的企业经营的每一环节中以乘数效应的形式加以放大,从而对企业效益产生难以估量的影响。品牌化战略与品牌架构的决策水平高,让企业多盈利几千万、上亿是很平常的事情,决策水平低导致企业损失几千万、上亿也是常有的事。如雀巢公司灵活地运用联合品牌战略,既有效地利用了"雀巢"这一可以信赖的总品牌获得消费者的初步信任,又用"宝路""美禄""美极"等品牌来张扬产品个性,节省了不少的广告费;雀巢公司曾大力推广矿物质水的独立品牌"飘蓝",但发现"飘蓝"推广起来很吃力、成本居高不下,再加上矿物质水单用"雀巢"这个品牌消费者也能接受,于是就果断地砍掉"飘蓝"。2001年下半年市场上见不到"飘蓝"矿物质水了,如果雀巢公司不科学地分析市场与消费者像愣头青一样还继续推"飘蓝",也许几千万、上亿的费用就白白地流走了。

而国内不少的企业就是因为没有科学地把握品牌化战略与品牌架构,在发展新产品时,在这一问题上决策失误而翻了船,不仅未能成功地开拓新产品市场,而且连累了老产品的销售。

黄金法则之六:进行理性的品牌延伸扩张,充分利用品牌资源获取更大的利润

创建强势大品牌的最终目的是为了持续获取较好的销量与利润。由于无形资产的重复利用是不用成本的,只要有科学的态度与高超的智慧来规划品牌延伸战略,企业就能通过理性的品牌延伸与扩张充分利用品牌资源这一无形资产,实现跨越式发展。因此,品牌战略管理的重要内容之一就是对品牌延伸的下述各个环节进行科学性和前瞻性规划:

(1) 提炼具有包容力的品牌核心价值,预埋品牌延伸的管线;
(2) 如何抓住时机进行品牌延伸扩张;
(3) 如何有效回避品牌延伸的风险;
(4) 延伸产品如何强化品牌的核心价值与品牌联想并提升品牌资产;
(5) 品牌延伸中如何成功地推广新产品。

黄金法则之七:科学地管理各项品牌资产,累积丰厚的品牌资产

企业应创建具有鲜明的核心价值与个性、丰富的品牌联想、高品牌知名度、高溢价能力、高品牌忠诚度和高价值感的强势大品牌,累积丰厚的品牌资产。首先,企业要完整地理解品牌资产的构成,透彻地理解品牌资产各项指标(如知名度、品质认可度、品牌联想、溢价能力、品牌忠诚度)的内涵及相互之间的关系。在此基础上,结合企业的实际,制定品牌建设所要达到的品牌资产目标,使企业的品牌创建工作有一个明确的方向,做到有的放矢并减少不必要的浪费。

其次,在品牌宪法的原则下,企业围绕品牌资产建设目标,创造性地策划低成本提升品牌资产的营销传播策略。

同时,企业要不断地检核品牌资产提升目标的完成情况,调整下一步的品牌资产建设目标与策略。

艾维斯租车:史上最牛品牌定位"老二宣言"[①]

在产品同质化的时代,企业要想让消费者记住自己的产品非常不容易。尤其在市场格局已经确定的背景下,行业中的老大风头太盛,市场地位坚不可摧,无论销量、知名度、市场占有率都遥遥领先,在这种情形下,企业的品牌要想立足就应该和行业第一名进行关联,通过比附定位,借力打力,搭名牌的便车,让消费者在记住自己的品牌同时产生正面联想。

比附定位即通过与竞争品牌的比较来确定自身市场地位的一种定位策略。比附定位的实质是一种借势定位。比附定位的目的是通过品牌竞争提升自身品牌的价值与知名度。企业可以通过各种方法和同行中的知名品牌建立一种内在联系,使自己的品牌迅速进入消费者的心智,占领一个牢固的位置,借名牌之光使自己的品牌生辉。

20 世纪 60 年代,美国 DDB 广告公司为美国艾维斯租车公司(以下简称艾维斯)创作的"老二宣言"便是运用比附定位取得成功的经典。因为艾维斯巧妙地与市场领导建立了联系,艾维斯的市场份额大幅上升了 28%,大大拉开了与行业中排行老三的国民租车公司的差距。

甘居"老二",就是明确承认在行业中自己不是第一品牌,只不过是第二品牌而已。这种策略会使人们对企业产生一种谦虚诚恳的印象,相信企业所说是真实可靠的,同时迎合了人们同情弱者的心理,这样较容易使消费者记住这个通常难以进入人们心志的序位。

艾维斯从 1952 年成立至 1962 年一直亏损,到 1962 年年底亏损已达 125 万美元。面对这种非常不利的局面,艾维斯不得不重新展开广告定位以扭转亏损。

艾维斯聘请美国 DDB 广告公司作了详尽的市场调查,公司发现行业中规模最大的赫兹租车公司占据整个行业 25% 的市场份额。于是,艾维斯打出了这样的口号:"我们是第二,因为我们第二,所以我们更努力!"

艾维斯真的是第二吗?当然不是,一家连续亏损 10 年之久的公司怎么可能是行业的第二,但既然行业中没有哪家公司承认自己是第二,那艾维斯就先说自己是"老二",先抢占这

[①] 李光斗:《美国艾维斯汽车租赁的"老二宣言"》,2007 年 9 月 28 日《中国证券报》,有改动。

个在消费者心中的位置,让消费者认为在美国的租车行业中,赫兹第一,艾维斯第二。

艾维斯"老二"形象的推出极大地吸引了广大的消费者,艾维斯在广告宣传中诚恳、自谦的精神打动了消费者的内心。同时,公司内部统一了认识,大家更加努力工作。于是,自称"老二",结果艾维斯真的成了行业中的第二品牌,还曾经一度直逼老大的位置,让赫兹租车公司紧张了好一阵子。

在国内品牌中,比附定位运用得最好的当属蒙牛。当蒙牛刚刚创办之时,面对强大的竞争对手——伊利,行业排名远在千名之外的蒙牛喊出了争做"乳业第二品牌"的豪言,而短短几年后,蒙牛真的成为"乳业老二"。蒙牛的策略与艾维斯有异曲同工之妙:自己不是"第二",却自称"第二",而结果,真的成为"第二"。可见,在面对消费者的传播过程中,品牌真正是第几名并不重要,要让消费者认为你就是真的"老二"才是关键。

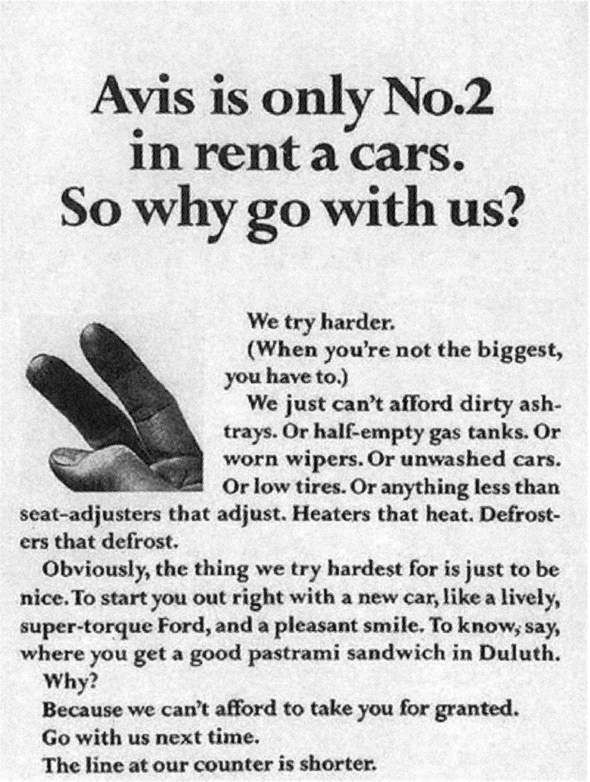

图 4-1 艾维斯租车的平面广告

图 4-1 这条平面广告和我们通常看到的广告不太一样,它的标题是:艾维斯在租车业只排名第二,那为什么要选择我们呢?刚一上来,一个大胆的疑问句让所有的消费者眼前一亮,是啊,消费者为什么要选择一个不是最好的品牌呢?这种反向的、直接的表白在一般广告中是看不到的,它让消费者立刻产生了一种品牌的亲民性,一个敢于表达自己不是最好的品牌至少说明了该品牌在面对消费者时的真诚态度。

接下来这句是核心,也最点题:"我们更努力。"它毫不隐讳地说:当你不是最大的品牌时,你不得不这么做。下面的文案中都是在解释该品牌如何更努力的事实。广告文案中说道:我们不会提供肮脏的烟灰缸或者半箱油、用旧的轮胎、没洗干净的车、低胎压的车。我们的座位调节装置、加热器、除霜器都工作正常。很明显,我们在竭尽全力做到最好。用一辆新车来开启你的旅程。就像一辆充满活力的、拥有超级扭矩的福特,还有一个令人愉悦的微笑。就像你知道在德卢斯在哪里能买到一份又好又热的熏牛肉三明治。为什么?因为我们不敢怠慢你。下次租我们的车吧。在我们的柜台排队的时间更短。

通过上述很多的细节来表达该品牌在很多方面做出的努力,消费者看到这样处处为自己着想的公司当然会很动心。租车行业拼的就是服务,不仅要拥有良好的设备还要有好的服务态度,最重要的是要想顾客所想,为顾客提供更加超值的、超出顾客想象的服务。能够做到这些的品牌一定是好品牌,只要广告中的承诺真能兑现,这样的谦逊与低调就能成就品牌在消费者心中的口碑。

除了以上这个经典的平面广告文案之外,DDB广告公司又给艾维斯做个两个版本的广告文案,我们来看看这两个版本的广告文案和第一个版本的广告文案有何不同。

第二版广告文案:

当你仅处在第二位时,你倍加努力,否则……

小鱼不得不在所有的时间里放弃休息,因为大鱼永远不会停止搜寻。艾维斯知道所有小鱼的困窘。当我们只在租车行业中排第二位时,如果我们不加倍努力就会被其他的公司吞掉。在租出我们的车以前,我们总要检查每辆车的油箱是否加满,电池是否充足,还有防雨刷……这样,我们租出去的车每辆都是充满活力、崭新的超级福特。因为我们不是大鱼,在我们的营业点上你永远不会受到任何怠慢,因为我们没有那么多的顾客。

第三版广告文案:

"老二"主义,艾维斯的宣言

我们在租车行业,面对世界强人只能做个"老二"。最重要的是,我们必须学会如何生存。在挣扎中我们也明白在这个世界里做"老大"和"老二"有什么基本不同。做"老大"的态度是"不要做错事,不要犯错,那就对了。"做"老二"的态度却是"做对事情,寻找新方法,比别人更努力。""老二"主义是艾维斯的信条,它很管用。艾维斯的顾客租到的车子都是干净、崭新的。雨刷完好,烟盒干净,油箱加满,而且艾维斯各处的服务小姐个个笑容可掬。结果,艾维斯由亏转赢。艾维斯并没有发明"老二"主义,任何人都可以采用它。全世界的"老二"们,奋起吧!

案例点评

艾维斯的案例是永恒的经典。之所以这么说,是因为它是世界上第一个运用"老二"定位取得巨大成功的现代商业案例。试想,在艾尔·里斯和杰克·特劳特还没有推出世界上最伟大的品牌定位专著《定位》时,艾维斯就成功地运用了比附定位,使自己从一家连续10年亏损的企业成为一家盈利的企业,更为重要的是,它超乎想象地成为了这个行业中真正的"老二",没有什么比这个更具有典型意义的了。之后所有的关于"老二"的广告营销策略都是在模仿它、学习它,艾维斯真正做到了"我们一直被模仿,从未被超越"。另外,能够做到这点也得益于高超的广告文案写作技巧。艾维斯的广告文案表达得如此真诚,诚实明白地告诉消费者企业的不足,用最老实的态度在表述一个企业的经营理念:让顾客超级满意,永远不怠慢顾客。这是一个多么了不起的承诺。所以,一个好的定位能够改变一家企业的命运,一个好的创意能够让一家企业起死回生,艾维斯的案例的意义就在于此。

案例讨论题

1. 艾维斯的"老二"定位为什么能产生这么好的效果?这种"老二"定位是否适合很多的企业?
2. 如果你是艾维斯的竞争对手,面对如此成功的定位,应该如何定位自己的品牌?
3. 企业在品牌定位的过程中应该考虑哪些因素?
4. 请列举一个你熟悉的品牌,说说它的品牌定位过程是怎样的?

理论注释 品牌定位

一、什么是品牌定位

品牌定位(Brand Positioning)是指企业在市场定位和产品定位的基础上,对特定的品牌在文化取向及个性差异上的商业性决策,它是建立一个与目标市场有关的品牌形象的过程和结果。换言之,即品牌定位是指为某个特定品牌确定一个适当的市场位置,使商品在消费者的心中占领一个特殊的位置。

品牌定位是品牌经营的首要任务,是品牌建设的基础,是品牌经营成功的前提。品牌定位在品牌经营和市场营销中有着不可估量的作用。品牌定位是品牌与这一品牌所对应的目标消费者群建立了一种内在的联系。

品牌定位是市场定位的核心和集中表现。企业一旦选定了目标市场,就要设计并塑造自己相应的产品品牌及企业形象,以争取目标消费者的认同。由于市场定位的最终目标是为了实现产品销售,而品牌是企业传播产品相关信息的基础,品牌还是消费者选购产品的主要依据,因此品牌成为产品与消费者连接的桥梁,品牌定位也就成为市场定位的核心和集中表现。

二、品牌定位的目的

品牌定位的目的就是将产品转化为品牌,以利于潜在顾客的正确认识。成功的品牌都有一个特征,就是以一种始终如一的形式将品牌的功能与消费者的心理需要连接起来,通过这种方式将品牌定位信息准确地传达给消费者。因此,企业最初可能有多种品牌定位,但最终是要建立对目标人群最有吸引力的竞争优势,并通过一定的手段将这种竞争优势传达给消费者并转化为消费者的心理认识。

做品牌必须挖掘消费者感兴趣的某一点,当消费者产生这一方面的需求时,首先就会想到它的品牌定位,就是为自己的品牌在市场上树立一个明确的,有别于竞争对手的,符合消费者需要的形象,其目的是在潜在顾客的心中占领一个有利的位置。

良好的品牌定位是品牌经营成功的前提,为企业进占市场、拓展市场起到导航作用。如果企业不能有效地对品牌进行定位,以树立独特的消费者可认同的品牌个性与形象,必然会使产品淹没在众多产品质量、性能及服务雷同的商品中。品牌定位是品牌传播的客观基础,品牌传播依赖于品牌定位,没有品牌整体形象的预先设计(即品牌定位),那么,品牌传播就难免盲从而缺乏一致性。总之,经过多种品牌运营手段的整合运用,品牌定位所确定的品牌整体形象会驻留在消费者的心中,这是品牌经营的直接结果,也是品牌经营的直接目的。如果没有正确的品牌定位,无论企业的产品质量再高,性能再好,无论怎样使尽促销手段也不能成功。可以说,今后的商战将是定位战,品牌制胜将是定位的胜利。

三、如何进行品牌定位

品牌必须将自己定位于满足消费者需求的立场上,最终借助传播让品牌在消费者的心中获得一个有利的位置。要达到这一目的,首先必须考虑目标消费者的需要。借助于消费者行为调查,可以了解目标对象的生活形态或心理层面的情况。这一切都是为了找到切中消费者需要的品牌利益点。而思考的焦点要从产品属性转向消费者利益。消费者利益的定位是站在消费者的立场上来看的,它是消费者期望从品牌中得到什么样的价值满足。所以,用于定位的利益点选择除了产品利益外,还有心理、象征意义上的利益,这使得产品转化为品牌。因此,定位与品牌化其实是一体两面,如果说品牌就是消费者认知,那么定位就是企业将品牌提供给消费者的过程。

消费者有不同的类型、不同的消费层次、不同的消费习惯和不同的偏好,企业的品牌定位要从主客观条件和因素出发,寻找适合竞争目标要求的目标消费者。企业要根据市场细分中的特定细分市场,满足特定消费者的特定需要,找准市场空隙,细化品牌定位。消费者的需求也是不断变化的,企业还可以根据时代的进步和新产品发展的趋势,引导目标消费者产生新的需求,形成新的品牌定位。品牌定位一定要摸准顾客的心,唤起他们内心的需要,这是品牌定位的重点。因此,品牌定位的关键是要抓住消费者的心。如何做到这一点呢?自然是必须带给消费者以实际的利益,满足他们某种切实的需要。但做到这一点并不意味着企业的品牌就能受到青睐,因为市场上还有许许多多的企业在生产同样的产品,也能给顾客带来同样的利益。现在的市场已经找不到可能独步天下的产品,企业的品牌要脱颖而出,还必须尽力塑造差异,只有与众不同的特点才容易吸引人的注意力。所以,企业的品牌要想取得强有力的市场地位,它应该具有一个或几个特征,看上去好像是市场上"唯一"的。这种差异可以表现在许多方面,如质量、价格、技术、包装、售后服务等,甚至还可以是脱离产品本身的某种想象出来的概念。如万宝路所体现出来的自由、奔放、豪爽、原野、力量的男子汉形象与香烟本身没有任何关系,而是人为渲染出来的一种抽象概念。因此,一个品牌要让消费者接受,完全不必把它塑造成全能形象,只要有一方面胜出就已具有优势,国外许多的知名品牌往往也只靠某一方面的优势而成为名牌。如在汽车市场上,沃尔沃强调它的"安全与耐用",菲亚特诉说"精力充沛",奔驰宣称"高贵、王者、显赫、至尊",绅宝则诉说"飞行科技",宝马却津津乐道它的"驾驶乐趣"。这些品牌都拥有了自己的一方沃土,不断成长。因此,想要尽可能地满足消费者的所有愿望是愚蠢的,每一个品牌必须挖掘消费者感兴趣的某一点,而一旦消费者产生这一方面的需求,首先就会立即想到它。

市场实践证明,任何一个品牌都不可能为全体顾客服务,细分市场并正确定位是品牌赢得竞争的必然选择。只有品牌定位明确、个性鲜明,才会有明确的目标消费层。唯有明确的定位,消费者才会感到商品有特色,有别于同类产品,形成稳定的消费群体。而且,唯有定位明确的品牌才会形成一定的品位,成为某一层次消费者文化品位的象征,从而得到消费者的认可,让消费者得到情感和理性的满足感。企业要想在竞争中脱颖而出,唯一的选择就是差异化,而定位正是使战略达到差异化最有效的手段之一。企业如果不懂得定位,必将湮没在茫茫的市场中。

长期以来,可口可乐和百事可乐是饮料市场无可争议的顶尖品牌,在消费者心中的地位不可动摇,许多的新品牌无数次进攻,均以失败而告终。然而,七喜却以"非可乐"的定位,成为除可乐饮料之外的另一种饮料选择,不仅避免了与两种可乐的正面竞争,还巧妙地从另一个角度与两种品牌挂上了钩,使自己提升至和他们并列的地位,稳坐市场交椅。由此可以看出,七喜的成功主要是"定位"的成功。品牌定位对于一个品牌的成功起着十分重要的作用。

四、品牌定位的过程

品牌定位和市场定位密切相关,品牌定位是市场定位的核心,是市场定位的扩展的延伸,是实现市场定位的手段。因此,品牌定位的过程也就是市场定位的过程,其核心是STP,即市场细分(Segmenting)、选择目标市场(Targeting)和品牌的具体定位(Positioning),它们之间的关系如图4-2所示。

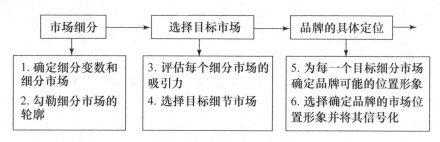

图4-2 品牌定位过程

(一)市场细分

市场细分理论是在20世纪50年代由美国营销专家温德尔·斯密提出的,有人称之为营销学中继"消费者为中心观念"之后的又一次革命。市场细分是指企业根据自己的条件和营销意图把消费者按不同的标准分为一个个较小的、有着某些相似特点的子市场的做法。企业进行市场细分是因为在现代市场条件下,消费者的需求是多样化的,而且人数众多,分布广泛,任何企业都不可能以自己有限的资源满足市场上所有消费者的各种要求。通过市场细分,企业向市场上的特定消费群提供自己具有优势的产品或服务已是现代营销最基本的前提。

1. 市场细分的依据

消费者人数众多且需要各异,但企业可以根据需要按照一定的标准进行区分,从而确定自己的目标人群。市场细分的主要依据主要有地理标准、人口标准、心理标准和行为标准,根据这些标准进行的市场细分分别是地理细分、人口细分、心理细分和行为细分。

(1)地理细分

地理细分就是将市场分为不同的地理单位。地理细分是企业经常采用的一种细分标准。一方面,由于不同地区的消费者有着不同的生活习惯、生活方式、宗教信仰、风俗习惯等偏好,因而需求也是不同的。如欧洲和亚洲的消费者由于肤质、生活条件的不同,对护肤品和化妆品的需求有很大的差别,因此,当羽西在中国打出"特别为东方女性研制的化妆品"口号时,得到了中国女性的青睐。另一方面,现代企业尤其是规模庞大的跨国企业在进行跨国或跨区域营销时,地理的差异对营销的成败更显得至关重要。正所谓"橘生淮南则为橘,生于淮北则为枳。"同时,小规模的企业为了集中资源占领市场也往往对一片小的区域再进行细分。

如美国雷诺公司将芝加哥分成以下三个小型市场。

第一,北岸地区市场。该地区的居民大多受过良好的教育,关心身体健康,因此公司就推销焦油含量低的香烟品牌。

第二,东南部地区市场。该地区是蓝领工人居住区,他们的收入低并且保守,因此公司就在此推销价格低廉的云丝顿香烟。

第三,南部地区市场。该地区是黑人居住区,因此公司就大量利用黑人报刊和宣传栏促销薄荷量高的沙龙牌香烟。

(2) 人口细分

人口细分是根据消费者的年龄、性别、家庭规模、家庭生命周期、收入、职业、受教育程度、宗教信仰、种族以及国籍等因素将市场分为若干群体。

由于消费者的需求结构与偏好、产品品牌的使用率与人口密切相关,同时人口因素比其他的因素更易于量化,因此,人口细分是细分市场中使用最广泛的一种细分。

年龄、性别、收入是人口细分最常用的指标。消费者的需求购买量的大小随着年龄的增长而改变。青年人市场和中老年人市场有明显的不同:青年人花钱大方,追求时尚和新潮刺激;而中老年人的要求则相对保守稳健,更追求实用、功效,讲究物美价廉。因此,企业在提供产品或服务、制定营销策略时相对这两个市场应有不同的考虑。

性别细分在服装、化妆品、香烟、杂志中使用得较为广泛。男性市场和女性市场的需求特点有很大的不同,如女士香烟和男士香烟的诉求点截然不同。万宝路男士香烟强调男性的健壮、潇洒一如西部牛仔,而库尔女士香烟则突出女性的神秘、优雅。

根据收入可以把市场分为高收入阶层、白领阶层、工薪阶层、低收入阶层等。高收入阶层和白领阶层更关注商品的质量、品牌、服务以及产品附加值等因素,而低收入阶层则更关心价格和实用性。如轿车企业和房地产公司针对不同的收入人群提供不同的产品和服务。

当然,许多企业在进行人口细分时往往不仅仅依照一个因素,而是使用两个或两个以上因素的组合。

(3) 心理细分

心理细分是根据消费者所处的社会阶层、生活方式及个性特征对市场加以细分,在同一地理细分市场中的人可能显示出迥然不同的心理特征。如美国的一家制药公司就以此将消费者分为现实主义者、相信权威者、持怀疑态度者、多愁善感者等四种类型。

在进行心理细分时主要考虑的因素如下。

① 社会阶层

由于不同的社会阶层所处的社会环境、成长背景不同,因而兴趣偏好不同,对产品或服务的需求也不尽相同。美国营销专家菲利普·科特勒将美国划分为七个阶层:上上层,即继承大笔财产,具有显赫家庭背景的社会名流;上下层,即在职业中或生意中具有超凡活力而获得较高收入或财富的人;中上层,即对其"事业前途"极为关注且获得专门职业者、独立企业家和公司经理等职业的人;中间层,即中等收入的白领和蓝领工人;劳动阶层,即中等收入的蓝领工人和那些过着劳动阶层生活方式而不论他们的收入有多高、学校背景及职业怎样的人;下上层,即工资低,生活水平刚处于贫困线上,追求财富但无技能的人;下下层,即贫困潦倒,常常失业,长期靠公众或慈善机构救济的人。

② 生活方式

人们所消费的商品往往反映了他们的生活方式,因此,品牌经营者可以据此进行市场细分。如大众汽车公司将消费者划分为"循规蹈矩的公民"和"汽车爱好者";而一家女性时装公司则根据生活方式的不同将年轻女性分为"纯朴女性"、"时装女郎"和"男性式女士"三大类,并提供不同品牌的时装,很受市场欢迎。

③ 个性

个性是一个人心理特征的集中反映,个性不同的消费者往往有不同的兴趣偏好。在选择品牌时,消费者会在理性上考虑产品的实用功能,同时在感性上评估不同品牌表现出的个性。当品牌个性和自身评估相吻合时,他们就会选择该品牌,20世纪50年代,福特汽车公司在促销福特和雪佛莱汽车时就强调个性的差异。

(4) 行为细分

行为细分是根据消费者对品牌的了解、认知、使用情况及其反应对市场进行细分。这方面的细分因素主要有以下六项。

① 时机:即顾客想出需要,购买品牌或使用品牌的时机,如结婚、升学、节日等。

② 购买频率:是经常购买还是偶尔购买。

③ 购买利益:产品是否价格便宜、方便实用、新潮时尚、值得炫耀等。

④ 使用者状况:曾使用过,未曾使用过,初次使用,潜在使用者。

⑤ 品牌了解:不了解,听说过,有兴趣,希望买,准备买等。

⑥ 态度:热情,肯定,漠不关心,否定,敌视。

2. 市场细分的要求

企业根据所提供产品或服务的特点选择一定的细分标准,并按此细分标准进行调查和分析,最终要对感兴趣的细分市场进行描述和概括。有时候企业分别使用上述四种细分标准无法概括出细分市场时,就必须考虑综合使用上述四个标准,资料越详细越有利于目标市场的选择。企业最终概括出来的细分市场至少应符合以下要求。

(1) 细分后的市场必须是具体、明确的,不能似是而非或泛泛而谈,否则就失去了意义。

(2) 细分后的市场必须是有潜力的市场,而且有进入的可能性,这样对企业才具有意义,如果市场潜力很小或者进入的成本太高,企业就没有必要考虑这样的市场。

3. 市场细分的"六步细分法"

(1) 由决策层通过头脑风暴法从地理、人口、心理特征、购买行为特征等方面大概估计潜在顾客的需求。

(2) 分析潜在顾客的不同需求,初步形成若干消费需求相近的细分市场。

(3) 剔除初步形成的几个细分市场之间的共同特征,以它们之间的差异作为市场细分的基础。

(4) 为细分市场暂时定名。

(5) 进一步认识细分市场的特点,以便进行细分或合并。

(6) 衡量各细分市场的规模,估计可能的获利水平。

"六步细分法"概括了市场细分的一般程序,企业在实际操作时应根据现实条件灵活运用。

(二) 选择目标市场

企业在市场细分的基础上要对细分出来的子市场进行评估以确定品牌应定位的目标市场。确定目标市场的程序是:对细分市场进行评估,以确定目标市场和选择进入细分市场的方式。

1. 对细分市场进行评估，以确定目标市场

企业评估细分市场的核心是确定细分市场的实际容量，评估时应考虑三个方面的因素，细分市场的规模、细分市场的内部结构吸引力和企业的资源条件。

潜在的细分市场要具有适度的需求规模和规律性的发展趋势。潜在的需求规模是由潜在顾客的数量、购买能力、需求弹性等因素决定的，一般来说，潜在的需求规模越大，细分市场的实际容量也越小。但是，对企业而言，市场容量并非越大越好，"适度"的含义是个相对概念。对小企业而言，市场规模越大需要投入的资源越多，而且对大企业的吸引力也就越大，竞争也就越激烈，因此，选择不被大企业看重的较小细分市场反而是上策。

细分市场内部结构吸引力取决于该细分市场潜在的竞争力，竞争者越多，竞争越激烈，该细分市场的吸引力就越小。有五种力量决定了细分市场的竞争状况，即同行业的竞争品牌、潜在的新参加的竞争品牌、替代品牌、品牌产品购买者和供应商，这五种力量从供给方面决定细分市场的潜在需求规模，从而影响市场实际容量。如果细分市场的竞争品牌众多且实力强大，或者进入壁垒、退出壁垒较高且已存在替代品牌，则该市场就会失去吸引力。中小企业要进入这样一个市场，成功的可能性很小；如果该细分市场中购买者的议价能力很强或者原材料和设备供应商的议价能力很强，则该细分市场的吸引也会大大下降。

决定细分市场实际容量的最后一个因素是企业的资源条件，也是关键性的一个因素。企业的品牌经营是一个系统工程，有长期目标和短期目标，企业行为是计划的战略行为，每一步发展都是为了实现其长远目标服务，进入一个细分市场只是企业品牌发展的一步。因此，虽然某些细分市场具有较大的吸引力，有理想的需求规模，但如果和企业的长期发展不一致，企业也应放弃进入。而且，即使和企业的目标相符，但企业的技术资源、财力、人力资源有限，不能保证进入该细分市场的成功，则企业也应果断舍弃。

因此，对细分市场的评估应从上述三个方面综合考虑，全面权衡，这样评估出来的细分市场对企业才有意义。

2. 选择进入细分市场的方式

通过评估，品牌经营者会发现一个或几个值得进入的细分市场，这也就是品牌经营者所选择的细分市场，下面要考虑的就是进入细分市场的方式，即企业如何进入的问题，本章提供以下五种进入方式以供参考。

（1）集中进入方式

即企业集中所有的力量在一个细分市场上进行品牌经营，满足该市场的需求，在该品牌获得成功后再进行品牌延伸。这是中小企业在资源有限的情况下进入市场的常见方式。许多保健品企业在进入市场时常采用一个主打品牌进行集中营销的策略。如太太集团以"太太口服液"针对年轻女性养颜补血的心理进入市场获得了成功，后又推出了"静心口服液"进入中年女性市场，也同样取得了成功。集中进入的方式有利于节约成本，以有限的投入突出品牌形象，但风险也比较大。

（2）有选择的专门化

即品牌经营者选择若干个细分市场，在几个细分市场上同时进行品牌营销，这些市场之

间或许很少或根本没有联系,但企业在每个市场上都能获利。如宝洁公司在洗发水市场、牙膏市场、洗衣粉市场上同时开展营销活动且都取得了成功。这种进入方式有利于分散风险,企业即使在某一市场失利也不会全盘皆输。

(3) 专门化进入

即品牌经营者集中资源生产一种产品提供给各类顾客或者专门满足某个顾客群的各种需要服务。如只生产太阳能热水器的企业想供给所有的消费者或者为大学实验室提供所需要的一系列产品,包括烧瓶、试剂、显微镜、紫光灯等。

(4) 无差异进入

品牌经营者对各细分市场之间的差异忽略不计,只注重各细分市场之间的共同特征,推出一个品牌,采用一种营销组合来满足整个市场上大多数消费者的需求。企业实施无差异进入往往采用大规模配销和轰炸式广告的办法,以达到快速树立品牌形象的效果。如20年代美国福特汽车公司推出福特牌T型轿车时宣称:本公司的产品可以满足所有顾客的要求,只要他想要辆黑色T型轿车。

无差异进入的策略能降低企业的生产经营成本和广告费用,不需要进行细分市场的调研和评估。但是风险也比较大,毕竟在现代要求日益多样化、个性化的社会,以一种产品、一个品牌满足大部分需求的可能性很小。

(5) 差异进入

即品牌经营者以多个细分市场为目标市场,分别设计不同的产品,提供不同的营销组合以满足各细分市场不同的需求,这是大企业经常采用的进入方式。如海尔集团仅冰箱一种产品就区分出"大王子""双王子""小王子""海尔大地风"等几个设计、型号各异的品牌,以满足家庭、宾馆、餐厅、农村地区等不同细分市场对冰箱的需求。

企业采用差异进入,由于针对特定目标市场的需求,因而成功的概率更高,能取得更大的市场占有率,但其营销成本也比无差异进入要高。

以上五种市场进入方式各有优缺点,企业在选择时应考虑自身的资源条件,结合产品的特点,选择最适宜的方式进入。

(三) 品牌的具体定位

选择细分市场和进入细分市场的过程同时也是品牌定位的过程。正如我们前面所讲,品牌定位的核心是展示其竞争优势,是通过一定的策略把竞争优势传达给消费者。因此,对品牌经营者而言在确定目标后最重要的是选择正确的品牌定位策略,建立其所希望的对该目标市场内大多数消费者有吸引力的竞争优势。

案例 4.3

"加多宝"借势中国好声音 完成品牌完美转身[①]

有人说:"2012年的夏天是属于"加多宝"的中国好声音的夏天。"近几年异军突起的浙江卫视与灿星制作公司几乎同时看中了源自荷兰的《The Voice》,希望引进该节目的版权实

---

① http://www.cb.com.cn/info/2012_1014/419030.html,有改动。

现本土化运作。最终双方一拍即合,以200万元的版权费拿到了《The Voice》在中国的3年版权。这是《中国好声音》能够在中国市场落地生根和茁壮成长的先决条件。

但是,该项目的成功也离不了投资方的保驾护航。"正宗好凉茶正宗好声音欢迎收看由凉茶领导品牌加多宝为您冠名的加多宝凉茶中国好声音"浙江卫视知名主持人华少的这一分钟"贯口",以47秒说完350个字的广告词,不仅引发了公众挑战最快语速的热潮,也使得广告词中提到的"加多宝",更加地让人耳熟能详。

2012年9月30日《中国好声音》第一季年度总决赛更是吸引8万人到场观看,收视率高达6%,在国人传统的中秋月圆之夜为大家奉献了年度最好听的声音。毫无疑问,开启了一场全民共享的音乐盛宴的《中国好声音》无疑是2012年夏天娱乐节目最大的赢家。而作为独家冠名商的加多宝集团通过这样一档原版引进的听觉栏目,也在2012年的营销较量中拔得头筹,迅速实现了品牌的完美转身。

一、天造地设　正宗好凉茶配正宗好声音

"合作之初,《中国好声音》是一个全新的东西,肯定是有风险的。但是通过与浙江卫视的沟通,加上他们之前运作一些电视节目的经验,我们还是比较乐观的。当然,企业有时候要敢于冒一些风险。"谈及最初的合作,加多宝集团品牌管理部副总经理王月贵说。而对于合作的初衷,王月贵直言不讳,"加多宝"瞄准的是"正宗"。

"'加多宝'凉茶与《中国好声音》共同具有原汁原味、正宗的品牌内涵,这是'加多宝'凉茶与中国版《The Voice》的结合点。"他表示,虽然"加多宝"不再使用原来的商标,但依然拥有王泽邦先生的祖传秘方,同时拥有独创的凉茶浓缩汁技术和精益求精的生产工艺,更名后的"加多宝"凉茶仅仅只改变了产品名称,原有的配方、工艺、口感都不改变。

《中国好声音》秉承了《The Voice》正版的原汁原味,严格按照节目版权手册制作节目,并接受版权方派专家现场监制。自《中国好声音》开播以来,收视率节节攀升。首期节目收视率超过1.5%,第二期节目的收视率达到2.8%,已经位列同时段节目榜首。

此后收视率节节攀升,第三期节目更是以3.093%创下收视新高,均遥遥领先于其他的节目,位列同时段第一,总决赛收视率更是超过6%,于是出现了文章开始时华少"贯口"流行的一幕。而"加多宝"也收获其希望的果实。营销专家穆兆曦在评说《中国好声音》的成功营销时表示,从长期ROI(Return On Investment,投资回报率)来看,加多宝集团的这一投资超值。

因为从5月加多宝集团输掉"王老吉"品牌归属权官司后,需要在短时间内快速建立"加多宝"品牌的知名度和提及率,这一抢眼球的节目正好给了加多宝集团充分曝光的时间,从而使"加多宝"品牌强势露出,知名度飞升。

二、强强联手　打造2012年中国第一正宗好声音

除了正宗,《中国好声音》的成功还有一个重要原因——实力。浙江卫视的平台及灿星制作公司的实力自然毋庸置疑。就节目本身而言,《中国好声音》第一季力邀刘欢、那英、杨坤、庾澄庆四大明星导师现场助阵,评委阵容空前。在操作模式上,《中国好声音》一改以往选秀的通病,采用背对选手的模式,全凭声音(实力)来决定选手的去留,真正为大众带来正统音乐的巨大魅力。

据悉,加多宝集团这次在合作中并不乐享于其"项目投资人"的地位,而更是很好地诠释了"项目合伙人"的身份。王月贵说,从开始的权益谈判到后期的利用线下终端、网络做推广,加多宝集团实际上是一个参与者、一个合伙人。作为国内顶级饮料品牌,加多宝集团拥有无可比拟的终端推广能力和各种资源的整合能力。电视+微博+网络推广+终端推广,各方资源充分整合,从而成就了《中国好声音》完整、立体式的推广模式,其成效也是显而易见的。他介绍,从《中国好声音》开播以来,加多宝集团便充分调动自身的渠道资源,先后在西安、武汉、广州、北京等地,与浙江卫视一起开展了10余场推介会活动,并利用自身的资源将《中国好声音》的宣传海报贴到了终端销售渠道,同时利用电视、平面、网络以及微博等媒体手段,不断强化《中国好声音》的传播。王月贵还强调,加多宝集团一贯的做事风格是:做一件事时,并不是眼瞅着对方在做,而是与其一起做。在投资合作中,也并不是把钱扔给对方就不管了。浙江卫视是一家媒体,线上是其强项,但线下则是加多宝集团的强项。而只有把双方的强项结合起来,影响才会最大程度地得以发挥。这种从上而下的执行,也促成了"正宗好凉茶、中国好声音"。

三、借力《中国好声音》 "加多宝"领跑凉茶市场

"加多宝"与《中国好声音》的捆绑合作,在这个夏末对外展现出一个双方都收益不菲的成功营销案例。难怪王月贵自豪地表示,伴随着节目的火爆,"加多宝"的正宗诉求与品牌内涵也得到了充分的传递,更进一步实现了"加多宝"品牌与消费者的沟通与互动。事实上,快消品用娱乐营销的方式提升品牌知名度是一种惯用的模式。在2012年夏天,"加多宝"无疑创造了又一个品牌成长的奇迹。

但结果也恰恰证明了王月贵的说法。一份来自第三方的数据显示,更名后的"加多宝"凉茶品牌知晓率高达99.6%;品牌第一提及率达47.9%,为凉茶品牌最高;在选择和推荐方面,46.2%的人会向亲友推荐,占据了绝对领先优势。销量也是大幅攀升,整个2012年上半年同比增长已超过50%,在广东、浙江等凉茶重点销售区,同比增长甚至超过了70%。

当对手还在为自己庆祝时,"加多宝"已经将其甩在后面,用事实告诉大家,在市场中,实力决定一切,"加多宝"才是凉茶市场的真正领导者。

案例点评

作者首先声明只从品牌营销的角度出发进行点评,对"加多宝"和"王老吉"哪家的凉茶更正宗的问题不做任何判断。

2012年最火的电视节目当属《中国好声音》,2012年最好的品牌营销当属"加多宝"。当人们还在谈论"王老吉"与"加多宝"的商标之争会出现双输的结果时,"加多宝"早已布局并实施了2012年品牌更名后的推广计划。而当很多的营销专家并不看好"加多宝"的前途时,正是"加多宝"冠名的《中国好声音》节目让其从一个默默无闻的品牌迅速成为一个家喻户晓的品牌。现在我们可以说"加多宝"真是太有眼光了,搭上了《中国好声音》这艘火箭,但不可否认,没有"加多宝"的深度营销与宣传,也不会有《中国好声音》的大火。当"加多宝"一掷6000万冠名赞助《中国好声音》这个在中国从未播出过的节目时,"加多宝"其实也是在赌一把。也许加多宝集团的老板想到了成功的

可能性,但能火爆到这种程度也是他始料未及的。

从营销效果上,"加多宝"堪比当年赞助《超级女声》的"蒙牛"酸酸乳,甚至取得的成功超越了"蒙牛",因为"加多宝"是在品牌名从"王老吉"被迫更名为"加多宝"这一前提下展开的营销,难度超过了"蒙牛"。从家喻户晓到从未听说再到尽人皆知,加多宝集团用大半年的时间完成了品牌过山车一样的大起大落、大落大起,创造出中国营销史上难得的经典案例。当中国"好舌头"华少每次在节目中反复读出"正宗好凉茶、正宗好声音"时,传递给观众心理上的暗示是:"加多宝"才是凉茶中的正宗品牌。再加上"加多宝"地毯式的广告轰炸、各种公关传播活动密集的传播、"王老吉"广告的滞后等因素,让消费者一下就记住了"加多宝"凉茶品牌。而消费者是很容易遗忘的,当年天天看着"怕上火喝王老吉"广告的消费者在"加多宝"强大的广告攻势下,心理防线被轻易攻破了。说句公道话,"加多宝"能够战胜"王老吉",功劳在于加多宝集团强大的营销团队和营销基因;而"王老吉"没能把商标优势变成营销优势的根本原因还是在于国有企业僵化的机制与内耗。"王老吉"虽然赢了官司但是丢了市场,"加多宝"虽然输了官司但是赚了销量和人气。从表象上看,这是民营企业战胜了国有企业;从本质上说,这是市场经济战胜了计划经济。商场如战场,当民营企业和国有企业站在同一起跑线上比赛时,民营企业敏锐的市场嗅觉、优秀的营销意识和强烈的危机意识使得国有企业像个没有一点战斗经验的新兵蛋子一样不知所措。谁输谁赢,高下立判。如果颁发2012年最佳营销奖,获奖者非"加多宝"莫属。

案例讨论题

1. "加多宝"营销成功最重要的原因是什么?

2. 更名后的"加多宝"只用了不到一年的时间品牌知晓率就接近100%,成为凉茶第一品牌的这一事实说明了什么?

3. 从"加多宝"借力《中国好声音》完成品牌逆转的案例中,你认为企业在做品牌营销时应该注意什么?

理论注释 品牌资产

一、什么叫品牌资产

品牌资产(Brand Equity)是20世纪80年代在营销研究和实践领域新出现的一个重要概念。20世纪90年代以后,特别是大卫·艾克的著作《管理品牌资产》于1991年出版之后,品牌资产就成为营销研究的热点问题。

品牌资产与品牌、品牌名称和标志相联系,能够增加或减少企业所销售产品或服务的价值的一系列资产与负债。它主要包括五个方面,即品牌忠诚度、品牌认知度、品牌感知质量、品牌联想、其他专有资产(如商标、专利、渠道关系等),这些资产通过多种方式向消费者和企业提供价值。

所谓品牌资产,就是消费者关于品牌的知识。它是有关品牌的所有营销活动给消费者造成的心理事实,这个定义表明品牌资产具有以下四个特点。

第一,品牌资产是无形的。

第二,品牌资产以品牌名字为核心。

第三,品牌资产会影响消费者的行为,包括购买行为以及对营销活动的反应。

第四,品牌资产依附于消费者,而非依附于产品。

从这个定义我们可以进一步做出以下四个推断:

(1) 品牌资产因市场而变化;

(2) 品牌资产有正资产,也有负资产;

(3) 品牌资产的维持或提升需要营销宣传或营销活动的支持;

(4) 品牌资产会因消费者的品牌经验而变化。

二、品牌资产的构成

(1) 品牌资产是由品牌名字与产品类别、产品评价和关联物的联想构成的。

(2) 品牌名字与产品类别的联想比较具体,是其他联想建立的基础。

(3) 在品牌名字与关联物的联想中,关联物可以分为三类,即有利的、不利的和中性的。

(4) 在品牌名字与关联物的联想中也可以将关联物分为独特的或共同的。如洁白就是许多的牙膏品牌共享的关联物,如高露洁——洁白,佳洁士——洁白。独特联想是指一个品牌所独有的联想,如动感地带——周杰伦、耐克——唰唰声、茅台酒——国酒。

(5) 品牌资产与产品类别等概念之间的联想是双向联想关系,而且这种双向联想关系常常是不对称的。

(6) 品牌名字与各种概念的联想有强度之别。强势品牌与某些重要概念的联想强度一般要大于弱势品牌与这些概念的联想强度。

三、品牌资产的形成

从品牌资产的定义以及模型我们可以看出,品牌资产是以品牌名字为核心的联想网络,也即消费者心中品牌的意义。那么,品牌的意义从何而来呢?品牌的意义首先来自品牌名字的字义,并在品牌名字词义的基础上,通过营销活动和产品购买、使用这两种途径学习积累而成。

1. 品牌命名是品牌资产形成的前提

品牌资产是以品牌名字为核心的联想网络,因此一种产品在没有名字之前,就没有什么品牌资产可言。另外,给一个品牌起什么样的名字还会影响品牌知识的发展。所以,品牌命名是品牌资产形成的前提。

2. 营销和传播活动是品牌资产形成的保障

给产品起一个合适的名字对品牌资产的建设固然重要,但是,没有相应的营销传播活动,品牌一样建立不起来,品牌资产也无法形成。在各种营销活动中,广告是最为重要的活动之一,它与营销活动占据企业营销预算的绝大部分。利用广告来加强消费者的品牌意识,提高品牌知名度,这是广告主投资广告的目的之一。除了广告之外,其他的营销活动(如产品展示)也有助于提高品牌知名度。

3. 消费者的产品经验是品牌资产形成的关键

消费者的产品经验对品牌资产形成的重要性体现在以下两个方面。

第一,产品经验会强化或修正基于营销传播建立起来的联想。

第二,产品经验导致一些联想的形成。

案例 4.4

吉利与沃尔沃品牌联姻[①]

历时一年的"苦恋",吉利终于如愿以偿,2010年3月28日,吉利以18亿美元收购沃尔沃,获得沃尔沃100%的股权以及相关资产。

对这场中国汽车行业最大的海外并购,业内大多持肯定态度,认为吉利作了一次赚钱的买卖。但吉利收购一个亏损的汽车企业,能否完美地将其整合,能否保证未来的产业业绩……可以说,吉利的前路依旧坎坷,成功才刚刚起步,一切尚需时间检验。

一、吉利或圆自主品牌豪华梦

翻翻中国自主品牌轿车的制造历史,自主品牌厂家在豪华轿车领域一直乏善可陈。特别是吉利在中国本土的美誉度尚远远不及其知名度,在中国消费者的眼中"吉利"是一个低端品牌,甚至其所推出的自有品牌"豪车"一直都是网友的笑料。

而与沃尔沃联姻,沃尔沃的高端技术开始用在低端的吉利汽车上,这可以使吉利在短时间内提高汽车质量,提高其国内市场和全球市场的竞争力。这样的技术嫁接将大大促进中国汽车产业的升级转型,使中国从汽车消费的大国迅速成长为日韩那样的拥有独立知识产权的汽车产业强国。

二、并购容易整合难

大规模跨国并购必然造成沉重的债务负担,而吉利并不以资金充裕闻名。

过去4年间,沃尔沃累计耗费的现金在200亿美元以上,其中每年有10多亿美元的亏损。过去20年,在沃尔沃的身上,福特虽然拿走了一些技术,但也耗费了太多的财力、物力和精力。据统计,2010年第四季度,沃尔沃单季亏损就达到3.16亿美元。在此情势下,福特明哲保身,虽然不是全身而退,但风险至少成功地控制下来了。

如今,这个风险转嫁到吉利的身上了。如今的吉利面临着吸收车型、整合产业等问题。特别是汽车产业属于资金、技术、人才密集型,吉利能否完美地吸收沃尔沃还需要时间来考验。

三、劳资关系会否成绊脚石

在收购沃尔沃的过程中,沃尔沃工会曾明确表示,不支持吉利收购。但就在签约的前一天却表示支持收购计划,原因就是"最关键的问题已经得到答复"。

可以说,吉利成功收购沃尔沃,沃尔沃工会的态度占了很大的原因。收购之后,如何处理劳资关系,处理与工会的关系,则成为了吉利要着重解决的问题之一。

吉利此前没有明确表示不会裁员,"希望"保留经销商及管理团队。但从工会的态度可

[①] 王越:《吉利并购沃尔沃:成功才刚刚起步》,2011年8月4日《中国经营报》。

以看出吉利已经做出了相关的承诺。然而,瑞典和比利时的高工资和高福利,吉利怎么解决高成本问题?劳资关系对吉利也是很大的挑战。

四、如何运营是关键

对于吉利而言,收购成功只是开始,之后的经营成功才是更难的考验。

中国企业海外并购案中失败很多,历史上,戴姆勒与克莱斯勒的联姻、上汽对双龙的收购等案例都做出了证明。此次吉利收购沃尔沃是一个好开头,但今后能否消化此次收购所付出的成本和代价,未来的产业并购绩效是否能得到保障?

虽然沃尔沃有巨大的亏损,但沃尔沃短期恢复盈利并不困难,难在如何保证沃尔沃成长为一个具有持续营利能力的豪华车制造商。

作为一个豪华车制造商,沃尔沃目前的规模太小,奔驰、宝马的年销量都早已超越100万辆,奥迪2010年销量也达到95万辆,相比之下,沃尔沃一年三四十万辆的销售规模,要实现持续的盈利是不太可能的。能不能帮助沃尔沃最终达成60万辆以上的年销售规模,这成为衡量吉利运营下的沃尔沃是否取得最终成功的一项硬指标。

五、成功才刚刚起步

吉利成功收购沃尔沃,这一"不对称收购",对中国自主品牌汽车具有里程碑式的意义。可以说,吉利只是完成了万里长征的一小部分。

如今,摆在吉利的董事长李书福面前的是如何转化企业文化和管理模式。沃尔沃作为福特旗下在全球汽车市场上具有很高声望的知名企业,如何完全吸收至关重要。

据媒体报道,为了实现沃尔沃收购尽快盈利,李书福已经提前设计了一个5年规划。相信已经有所准备的李书福,只要用心、耐心、科学地挖掘,终归会有所收获。

案例点评

当吉利这个"乡下小伙子"娶了沃尔沃这个"洋媳妇"后,吉利与沃尔沃的联姻无异于像当年联想收购IBM电脑业务一样具有爆炸性与轰动性,甚至前者造成的话题性与影响力远远超过了后者。很多的媒体、业内人士和普通大众都觉得不可思议。很多人都再次用蛇吞象来形容这一收购案例。而吉利的董事长李书福说收购沃尔沃后,吉利和沃尔沃是兄弟关系。当初联想收购IBM电脑业务很多人也不看好,可事实证明联想的收购案例是成功的,如果没有2004年联想收购IBM电脑业务,联想国际化的路线就不可能走得这么快这么顺。柳传志甚至说,如果当初不收购IBM电脑业务,联想今天能否还在IT行业都很难说。那么,吉利能像联想这么幸运吗?成功的品牌联合应该具备以下三大关键要素。

第一,双赢互利。

吉利收购沃尔沃后,吉利获得的利益有:吉利拥有沃尔沃关键技术和知识产权;吉利已经让自己获得了一个更大的全球市场和全球舞台;收购沃尔沃100%股权后,吉利在技术上领先其他的国产品牌,国产沃尔沃轿车,降低售价,增大利润,消化知识产权,移植到吉利的车型上。而沃尔沃被吉利收购后获得的利益有:沃尔沃将被允许利用并使用吉利在中国的渠道;允许沃尔沃在中国境内购买零部件;保留管理团队的独立性,保留现有生产研发设备和能力,保留现有工会合同,保留现有经销商体系和网络。我们看到,吉利与沃尔沃的联姻并不是只有某一方占了便宜,而是双赢。

第二,品牌增值。

吉利与沃尔沃联姻后,吉利可以提高自身的品牌影响力与品牌形象,借此机会由中低端品牌向中高端品牌过渡与进化。目前,吉利旗下三大品牌——"全球鹰"、"帝豪"和"英伦"由于可以享受到沃尔沃的技术而提升了品牌在消费者心中的定位。沃尔沃将继续维护和强化世界级品牌的传统地位,继续发扬在安全性和环境技术方面的全球声誉,重新焕发沃尔沃豪华品牌的定位与自信。

第三,促进销售。

吉利与沃尔沃的联姻算是最深度的品牌联合。从长远看,吉利旗下品牌的销量都将得到增加,而且随着品牌影响力与美誉度的提升,产品将会越来越好卖。2012年吉利汽车全年完成销售量483 483辆,完成了年初制定的46万辆的目标。而这一数据也比2011年的421 385辆增长了约15%。

案例讨论题

1. 吉利与沃尔沃联姻很多人并不看好,你认为吉利与沃尔沃要想实现真正的双赢,未来还需要做哪些努力?

2. 像这种深度品牌联合失败的案例比较多,企业在品牌联合之前应注意哪些风险?

3. 吉利和沃尔沃成立合资公司后会面临经营成本提高等问题,吉利应如何提高沃尔沃轿车在中国市场的竞争力?

4. 虽然沃尔沃2011年在全球市场的销量增长了20.3%,销售了近45万辆,但是豪华品牌三巨头中宝马2011年在全球销售了167万辆,奔驰2011年在全球销售了126万辆,奥迪2011年在全球销售了130万辆,面对如此巨大的差距,沃尔沃应如何迎头赶上?

理论注释 品牌联合

一、什么是品牌联合

品牌联合(Brand Alliance)是指分属不同企业的两个或更多品牌的短期或长期的联系或组合。从直观上看,品牌联合主要表现为在单一的产品或服务中使用了多个品牌名称或标识等,如由索尼公司和爱立信公司联合生产的手机使用"Sony Ericsson"作为品牌名称;联想公司的个人电脑上印有"Intel Inside"的标识等。品牌联合是一种重要的品牌资产利用方式,对于品牌联合的发起方来说,实施品牌联合的主要动机是希望借助其他品牌所拥有的品牌资产来影响消费者对新产品的态度,进而增加购买意愿,并借以改善本品牌的品牌形象或强化某种品牌特征。

品牌联合很早就被应用于商业实践中。早在1961年,美国著名的食品企业贝蒂妙厨公司(美国通用磨坊食品公司)和新奇士公司就曾成功地执行了一项品牌联合。而福特汽车和凡世通轮胎的合作则可追溯到1908年。20世纪80年代以来,品牌联合在管理实践中得到了越来越广泛的应用。麦肯锡咨询公司的一项研究表明,全球范围内实施品牌联合的品牌数量正以年均40的速度递增。Nutra Sweet、Microsoft、Intel等品牌都曾通过品牌联合取得了巨大成功。

品牌联合在实践中的迅猛发展使得针对这一问题的研究具有重要的现实意义。自20世纪90年代初,Norris和Rao等引入该研究主题之后,品牌联合的相关研究在学术界受到了越来越多的关注。究竟哪些品牌联合更容易成功,品牌联合对参与联合的品牌具有什么样的影响,参与联合的品牌在联合中各自扮演了何种角色等一系列问题引起了学术界的广泛兴趣。消费者行为学中的大量研究表明,态度可以很好地预测行为,因而,实证研究中常常使用某种因素对消费者态度变化的影响来预测该因素在影响消费者行为方面的有效性。与此类似,品牌联合的相关研究也都利用品牌联合对消费者态度的影响来对其有效性进行评估。在梳理文献的基础上,这里从影响消费者对品牌联合态度评价的因素、品牌联合对参与联合的品牌具有哪些反馈影响以及参与联合的品牌对联合的相对贡献三个方面对相关研究进行了总结,并就进一步研究的方向进行了展望,以期推动国内对品牌联合的研究和运用。

二、影响消费者对品牌联合态度评价的因素

就影响消费者对品牌联合态度评价的因素,现有研究着重从以下方面对可能的影响因素进行了检验。

1. 合伙品牌所拥有的品牌资产

一些学者研究了合伙品牌的声誉、知名度及质量等因素对品牌联合的影响,这些因素都可以归结为合伙品牌所拥有的品牌资产,因此,这里将这些研究归为一类。

Simonin等研究了消费者先前对合伙品牌的态度以及其对品牌联合的态度之间的关系,提出品牌联合充当了一种线索,通过该线索消费者记忆中与合伙品牌及其联想有关的信息变得更为显著,从而使消费者能够自动地从记忆中提取与合伙品牌相关的评价。因此,消费者先前对每一个合伙品牌的态度会直接影响消费者对品牌联合的评价。实证检验发现,合伙品牌在联合之前越受欢迎,消费者对品牌联合的评价就越高,从而证实了消费者对合伙品牌的态度与对品牌联合的态度之间存在正相关性。

信息经济学的信号理论认为,当产品质量不容易被观察时,消费者需要借助一些质量信号来做出判断。品牌就是一种重要的质量信号,品牌声誉则是影响一个品牌作为质量信号能力的主要因素之一。Rao等将信号理论应用到品牌联合的研究上,指出当使用品牌联合的产品的质量不易被观察时,合伙品牌的声誉会影响消费者对品牌联合的评价。为了检验上述观点,Rao将同一品牌与具有不同声誉水平的合伙品牌的联合进行了比较检验,结果发现同具有更高声誉水平的合伙品牌进行联合后,消费者对产品质量的整体感知更高,但是同时也发现合伙品牌声誉的影响受到产品质量的可观察性的调节,只有当产品质量不容易被观察时,合伙品牌声誉的影响才是显著的。

Mccarthy等从主导品牌质量水平的角度检验了合伙品牌的品牌资产与消费者对品牌联合的评价之间的关系。他们认为,在品牌联合中,修饰品牌可以改善消费者对产品的质量感知,但是其改善产品质量感知的能力会随着主导品牌感知质量的增加而减弱,因为,主导品牌感知质量越高,其自身传递质量信息的能力就越强,修饰品牌所提供的额外的质量信息所起的作用就越有限。当将同一修饰品牌分别与高质量和中等质量的主导品牌进行联合的情况进行比较,发现当主导品牌具有中等质量时,修饰品牌的影响是显著的;而当主导品牌具有高质量时,这种影响则是不显著的,从而支持了其推断。

2. 品牌联合的匹配性

Rao 和 Mccarhy 等的研究很好地证明了选择一个拥有强大品牌资产的合伙品牌对于品牌联合成功的重要性。前者甚至提出,只要品牌联合中的一个合伙品牌拥有较高信誉,不管与其他的合伙品牌是否匹配,品牌联合都可以取得成功。但是 Park 等并不认同这一观点,其认为仅仅选择具有较高信誉的合伙品牌还不够,匹配性也是影响消费者对品牌联合评价的一个重要因素。

按照 Park 等的理解,品牌联合的匹配性是指参与联合的合伙品牌之间在产品层面上的互补。即合伙品牌之间要具有一套共同的相关属性,不同的品牌在相关属性的显著性上有所不同,在某一属性上更显著的合伙品牌在该属性上的表现也更好。在上述概念的基础上,Park 等认为品牌联合只有具备良好的匹配性,合伙品牌才能够最大化地向其传递信息。通过实验,Park 等对比了一个知名的主导品牌分别与具有低知名度、高匹配性的修饰品牌的联合,以及与具有高知名度、低匹配性的修饰品牌的联合的情形,结果显示在两种联合中,与前者进行联合更受欢迎。

Park 等对匹配性的理解主要集中在产品层面。Simonin 等对匹配性的概念作了进一步的拓展,认为除了产品层面上要匹配之外,在品牌层面是否匹配也很重要。其提出产品匹配性是指不考虑品牌的情况时,品牌联合中提到的产品类别之间的相关性,这种观点与 Park 等对匹配性的理解基本一致;品牌匹配性则是合伙品牌之间在品牌形象上的一致性。Simonin 等采用实证研究对两种匹配性的影响分别进行了检验,结果表明产品匹配性和品牌匹配性都与消费者对品牌联合的态度存在着较强的正相关性,这一结果既验证了 Park 等的研究,又进一步证实了品牌匹配性对于消费者对品牌联合评价所具有的重要影响。

3. 产品涉入度

Hillyer 等认为消费者对品牌联合的评估和选择本质上依赖于消费者处理修饰品牌相关信息的程度。因此,究竟是以高匹配性还是以高品牌资产作为选择合伙品牌的主要标准取决于消费者的产品涉入度。Hillyer 等提出当购买任务比较简单时,信息处理过程相应也比较简单,消费者不需要付出太多的认知努力,修饰品牌所提供的信息只需具有易接受性就足以影响消费者对品牌联合的选择和评价。对于这种品牌联合情形,选择一个知名的品牌作为合伙品牌,而不需要考虑合伙品牌之间的匹配性就可以保证品牌联合取得成功。而当购买任务相对复杂时,消费者完成购买需要付出大量的认知努力,修饰品牌所提供的信息不仅需要具有易接受性,还要具有诊断性。这时,仅仅选择一个高知名度的品牌不足以提供诊断性信息,这时合伙品牌之间具有匹配性就是必不可少的了。Hillyer 等的观点强调了产品涉入度在消费者对品牌联合评价中的调节作用,但是遗憾的是其没有对假设进行实证检验。

4. 合伙品牌的数量

大部分品牌联合研究主要针对两个品牌的联合情形,增加合伙品牌的数量是否会改善消费者对品牌联合的评价呢?按照 Rao 等的观点,参与联合的合伙品牌越多,为品牌联合提供的信誉担保也越多,消费者对品牌联合的评价应当会随之提高。但是 Voss 等的研究并没有找到支持上述观点的证据,其比较了 2 个品牌的联合与 3 个品牌的联合两种情况,发现消费者对品牌联合的质量感知并没有随合伙品牌数量的增加而变化。这一结果显然与 Rao 等的观点相悖。Voss 等对此进行了解释,其认为根据信号理论,品牌信号有两种作用途径:一种是像 Rao 等所提出的那样充当保证金;另一种是充当风险指示器。作为风险指示器,品牌信号可以帮助消费者减少购买风险,但是一旦风险被降到很低的程度,任何进一步的信号将不再起作用,因此,并非合伙品牌越多,消费者对品牌联合的评价越高。

5．产品试用

产品试用也可能会影响消费者对品牌联合的评价。Washburn等指出对信息经济学中所提出的搜索、体验和信任三类产品属性,试用具有不同的影响。对于搜索属性来说,由于与其相关的信息比较容易获得,消费者在试用之前就可对与该类属性相关的声明做出评价;对于信任属性来说,要对与其相关的信息做出评价需要具备一定的专长,而由于缺少相应的专长,消费者对与该类属性相关的声明即使在试用后也很难进行验证,因此,试用不会影响消费者对于这两种属性相关的声明的评价。而体验属性只有通过使用才能够得到检验,试用之前消费者对与体验属性相关的声明会更加怀疑,因此,试用会影响消费者对体验属性的评价。Washburn等的实证研究印证了上述观点,并且还发现合伙品牌的品牌资产对试用前后消费者的态度变化具有调节作用,同一品牌与低资产品牌的联合比与高资产品牌的联合对消费者态度的改善效果更大。

6．品牌联合的延伸形式

消费者对品牌联合的评价和品牌联合采用何种延伸方式引进新产品也有关系。Desai等研究发现用品牌联合进行产品线延伸还是品牌延伸,消费者的评价会有所不同。Desai等对主导品牌与外部修饰品牌进行联合和主导品牌利用本企业自有品牌来修饰两种不同的情形进行了对比,结果显示,线延伸时,同企业外部的品牌联合更容易被消费者所接受,但是在线延伸之后再要进行品牌延伸时,品牌联合的效果则因延伸的类型不同而异。当新产品只是对该产品类别中已有的产品属性或特征加以改善时,利用企业自有品牌更为有效;而当新产品为该产品类别添加了一种全新的产品属性或特征时,使用外部品牌则更为有效。

三、品牌联合的反馈效应

品牌联合对参与联合的品牌具有哪些反馈作用是品牌联合研究的另一个重要方面。对该问题的研究,既有助于了解品牌联合在改善合伙品牌的品牌资产方面的潜力,也可以帮助合伙品牌对实施品牌联合所存在的风险进行有效的评估。现有研究主要围绕以下三个方面展开。

1．消费者对品牌联合的态度与对合伙品牌的态度之间的关系

信息整合理论认为当出现与特定事物有关的新信息之后,人们会利用自身对该事物的已有信念或态度来对新信息进行整合,并因此形成对该事物的新的态度或信念。Simonin等根据这一理论提出品牌联合的建立为合伙品牌提供了新的信息,当消费者处理与品牌联合相关的信息时,对每个合伙品牌的态度都可能因此而发生变化,因而,品牌联合具有调整对合伙品牌后续态度的潜力。Simonin等的实证研究证实了消费者对品牌联合的态度与对合伙品牌的态度之间具有正相关性。Lafferty等在对事件与品牌的联合的研究中也得出了类似的结论,其发现如果消费者对该品牌联合的态度是积极的,联合后消费者对品牌所赞助的活动以及对该品牌的态度都会得到强化。

2．影响品牌联合对合伙品牌反馈效应的因素

对于不同的合伙品牌而言,在品牌联合中受到的反馈影响是不同的。Park等认为品牌联合对合伙品牌的反馈影响与合伙品牌的相对地位有关。其提出由于主导品牌与品牌联合高度相关,因此,品牌联合对主导品牌的影响更大,当品牌联合在属性显著性以及表现水平

上和主导品牌不同时,主导品牌的属性特征会通过一种相容性过程朝着品牌联合的上述特征的方向变化;而修饰品牌只是调整了品牌联合的某些特征,与主导品牌相比,其与品牌联合的相关性更低,因此,品牌联合对修饰品牌的影响更小。Park等的实证研究支持了这一推断,其发现当修饰品牌在属性显著性和表现水平上与主导品牌高度互补时,进行品牌联合后,主导品牌在修饰品牌更强的属性上得到了明显的改善,而修饰品牌受到的反馈影响却不明显。

Simonin等也认为品牌联合对合伙品牌的反馈影响是不对称的,但是与Park等的观点不同,其认为这种不对称性是以合伙品牌的知名度为基础的。Simonin等指出品牌联合为消费者提供了调整对合伙品牌的态度或信念的信息。低知名度合伙品牌现有的联想网络相对较小,消费者对其的品牌态度尚未形成或很弱,因此,品牌联合所提供的信息在改变消费者对低知名度的合伙品牌的态度方面的潜力更大。相反,高知名度的品牌已经拥有了广泛的联想网络和强烈的情感,消费者对其品牌态度将不容易改变,因此,品牌联合所提供的信息对消费者态度的影响更小,有关实证研究支持了这一论断。另外,Vaidyanathan等对全国性品牌与不知名的私有标签的品牌联合进行的研究也发现,品牌联合后消费者对全国性品牌的态度和质量感知并没有发生变化。这也从某种程度上表明消费者对品牌联合中具有高知名度的品牌的态度更不容易改变,再一次证实了Simonin等的论断。

3. 合伙品牌间的相互作用

除了对参与联合的合伙品牌的直接作用之外,品牌联合还通过创造一种使原本不相关的品牌变得更为相关的情境而引起合伙品牌之间的相互作用,这是品牌联合反馈作用的另一个重要方面。Levin等发现品牌联合会使消费者对高质量合伙品牌的情感向低质量合伙品牌转移。Levin等进一步检验了由品牌联合所引发的合伙品牌之间的相互作用后发现,品牌联合会使合伙品牌间产生吸收效应。也就是说,消费者会通过对一个合伙品牌的感知来推断另一合伙品牌所缺失的信息,并提升消费者对合伙品牌之间质量相似性的预期。这种吸收效应受合伙品牌的相对模糊性以及合伙品牌之间结合的紧密程度两种因素的影响,当消费者对合伙品牌中一方的印象越具体而对另一方的印象越模糊时,吸收效应就越强;同时,合伙品牌在品牌联合中结合得越紧密,吸收效应也越强。在这两种情形下,消费者对合伙品牌之间质量相似性的预期都会显著增强。

四、影响合伙品牌对品牌联合的相对贡献的因素

在消费者对品牌联合的态度的形成过程中,不同的合伙品牌扮演的作用是不同的。对该问题的研究,一方面可以帮助合伙品牌准确地评估各自在品牌联合中的价值,从而确定更合理的合作条件;另一方面也可以帮助企业弄清在广告和包装等销售促进策略中对合伙品牌的哪一方面进行更有利于产品的推广。针对这一问题的研究发现以下两种因素会影响合伙品牌的相对贡献大小。

1. 合伙品牌的相对地位

Park等根据复合概念理论提出,合伙品牌对品牌联合贡献的相对大小取决于合伙品牌的相对地位。其指出进行品牌联合的两个合伙品牌构成了一个名词-名词型的复合概念。而根据复合概念理论,在复合概念中存在一种优势效应,即复合概念的属性信息的形成更多地是以占优势的概念为基础的。由于在品牌联合中,产品主要是以主导品牌被识别的,因此,Park等认为产品属性信息的形成将更多地以主导品牌为基础,因而,主导品牌比修饰品

牌的贡献更大。通过实证研究发现,对于相同的产品属性,当该属性以主导品牌为基础形成时比在该属性以修饰品牌为基础形成时,对相应的实施品牌联合的产品的特征具有更大的影响,从而支持了Park等的假设。

2. 合伙品牌的相对知名度

与Park等不同,Simonin等认为合伙品牌对品牌联合的相对贡献取决于合伙品牌的相对知名度。根据态度可达性理论,Simonin等指出消费者会根据参与联合的合伙品牌来形成对品牌联合的态度。合伙品牌的知名度越高,所提供的信息就越显著,越容易被消费者所接受,消费者也越容易以对该合伙品牌的态度所暗示的方向来处理信息,因而,知名度较高的合伙品牌对品牌联合的贡献也较高。而当合伙品牌的知名度相似时,它们对品牌联合的贡献也基本一致。通过实证研究,这些假设也得到了很好的证明。

虽然Park等和Simonin等的研究都发现了支持其假设的证据,但是这两项研究在结论上存在着明显分歧。如对于汽车品牌与芯片品牌的联合来说,根据Park等的结论,由于最终产品(汽车)主要是以汽车品牌被识别的,因而,不管汽车品牌和芯片品牌的知名度如何,汽车品牌都会对品牌联合的态度形成更大的影响。但是,根据Simonin等的结论,只有当高知名度的汽车品牌与低知名度的芯片品牌进行联合时,汽车品牌对品牌联合的贡献才更大;而低知名度的汽车品牌与高知名度的芯片品牌联合时,情况则恰恰相反。

第五章 产品策划篇

华龙方便面产品组合策略分析[①]

一、关于产品组合的知识

产品组合是指一个企业生产或经营的全部产品线（Product Line）、产品项目的组合方式，包括广度、长度、深度和密度四个变数。

1. 产品组合的广度

产品组合的广度是指一个企业所拥有的产品线的数量。企业拥有较多的产品线，说明产品组合的广度较宽。

2. 产品组合的长度

产品组合的长度是指企业所拥有的产品品种的平均数，即全部品种数除以全部产品线数所得的商。

3. 产品组合的深度

产品组合的深度是指每个品种的花色、规格有多少。

4. 产品组合的密度

产品组合的密度是指各产品线的产品在最终使用、生产条件、分销等方面的相关程度。

企业的产品组合策略应该遵循三个基本原则，即有利于促进销售、有利于竞争和有利于增加企业的总利润。

二、从以上三个基本原则看"华龙"方便面的高中低三个层次的产品组合策略

2003年，在中国内地市场上，位于河北省邢台市隆尧县的华龙集团（以下简称华龙）以超过60亿包的方便面产销量排在方便面行业第二位，仅次于"康师傅"，同时与"康师傅"和"统一"形成了三足鼎立的市场格局。"华龙"真正地由一个地方方便面品牌转变为全国性品牌。

作为一个地方性品牌，"华龙"方便面为什么能够在"康师傅"和"统一"这两个巨头面前取得全国产销量第二的成绩，从而成为中国国内方便面行业又一股强大的势力呢？

从市场角度而言，华龙的成功与它的市场定位、通路策略、产品策略、品牌战略和广告策略等都不无关系，而产品策略中的产品市场定位和产品组合的作用更是居功至伟。下面我

[①] http://www.emkt.com.cn/article/176/17621.html，有改动。

们就来分析华龙是如何运用产品组合策略的。

(一)发展初期的产品市场定位:针对农村市场的高中低产品组合

在20世纪90年代初期,大的方便面厂家将其目标市场大多定位于中国的城市市场。如"康师傅"和"统一"的销售主要依靠城市市场的消费来实现。而广大的农村市场则仅仅属于一些质量不稳定、无品牌可言的地方小型方便面生产厂家,并且销量极小。中国的农村方便面市场仍然蕴藏巨大的市场潜力。

1994年,华龙在创业之初便把产品准确定位在8亿农民和3亿工薪阶层的消费群上。同时,华龙依托当地优质的小麦和廉价的劳动力资源,将一袋方便面的零售价定在0.60元以下,比一般名牌低0.80元左右,售价低廉。

2000年以前,主推的大众面如"108""甲一麦""华龙小仔";中档面有"小康家庭""大众三代";高档面有"红红红""煮着吃"。

凭借此正确的目标市场定位策略,华龙一下在北方广大的农村打开市场。

2002年,从销量上看,华龙地市级以上经销商(含地市级)的销售量只占总销售量的27%,县城乡镇占73%,农村市场支撑了华龙的发展。

(二)发展中期的区域产品策略:针对不同区域市场高中低的产品组合

作为一个后起挑战者,华龙推行区域营销策略。它创建了一条研究区域市场、了解区域文化、推行区域营销、运作区域品牌、创作区域广告的思路,在当地市场不断获得消费者的青睐。华龙从2001年开始推行区域品牌战略,针对不同地域的消费者推出不同口味和不同品牌的系列新品。

如表5-1所示,华龙针对不同的市场采取的区域产品策略【点评:这样的产品策略是在充分认识和分析不同地域文化背景下的成功策划与定位,对于其他的谋求做全国品牌的企业有着非常好的启示】。

表5-1 华龙针对不同市场采取的区域产品策略

地域	主推产品	广告诉求	系列	规格	价位	定位
河南	六丁目	不跪(贵)	六丁目 六丁目108 六丁目120 超级六丁目	分为红烧牛肉、麻辣牛肉等14种规格	低价位	目前市场上最低价位、最实惠产品
山东	金华龙	山东人都认同"实在"的价值观	金华龙 金华龙108 金华龙120	分为红烧牛肉、麻辣牛肉等12种规格	低价位 中价位 高价位	低档面 中档面 高档面
东北	东三福	核心诉求是"咱东北人的福面"	东三福 东三福120 东三福130	红烧牛肉等6种口味、5种规格	高价位 中价位 低价位	高档面 中档面 低档面
东北	可劲造	大家都来可劲造,你说香不香	可劲造	红烧牛肉等3种口味、3种规格	高价位	继"东三福130"之后的又一高档面
全国	今麦郎	有弹性的方便面,向"康师傅"和"统一"等强势品牌挑战,分割高端市场	煮弹面 泡弹面 碗面 桶面	红烧牛肉等4种口味、16种规格	高价位	高档面系列,以城乡消费者为主

另外,华龙还有以下系列产品:

(1) 定位在小康家庭的最高档产品"小康130"系列;
(2) 面饼为圆形的"以圆面"系列;
(3) 适合少年儿童的"A小孩-干脆面"系列;
(4) 为感谢消费者推出的"甲一麦"系列;
(5) 为尊重少数民族推出的"清真"系列;
(6) 回报农民兄弟的"农家兄弟"系列;
(7) 适合中老年人的"煮着吃"系列。

以上系列产品都有3个以上的口味和6种以上的规格。

(三)"华龙"方便面组合策略分析

华龙目前拥有方便面、调味品、饼业、面粉、彩页和纸品等六大产品线,也就是其产品组合的长度为6。方便面是华龙的主要产品线,在这里,我们也主要研究方便面的产品组合。

1."华龙"方便面丰富的产品组合

"华龙"方便面的产品组合非常丰富,其产品线的长度、深度和密度都达到了比较合理的水平。它共有17种产品系列,十几种产品口味,上百种产品规格。合理的产品组合使华龙充分利用现有资源,发掘现有生产潜力,更广泛地满足了市场的各种需求,占有了更宽的市场面。华龙丰富的产品组合有力地推动了产品的销售,有力地促进了"华龙"方便面成为方便面行业第二的地位的形成。

2."华龙"方便面在产品组合上的成功经验

(1)阶段产品策略

根据企业不同的发展阶段,华龙适时地推出适合市场的产品。

在发展初期,华龙将目标市场定位于河北省及周边几个省的农村市场。由于农村市场本身受经济发展水平的制约,不可能接受高价位的产品,华龙非常清楚这一点,一开始就推出适合农村市场的"大众面"系列,该系列产品由于超低的价位一下子为华龙打开了进入农村市场的门槛,随后"大众面"系列红遍大江南北,抢占了大部分低端市场。

在企业发展几年后,华龙积聚了更大的资本和更足的市场经验,又推出了面向全国其他市场的"大众面"的中高档系列,如中档的"小康家庭""大众三代",高档的"红红红"等。华龙由此打开了过大的北方农村市场。

这是华龙根据市场发展需要和企业自身状况推出的又一阶段性产品策略,同样取得了成功。

从2000年开始,华龙的发展更为迅速,它也开始逐渐丰富自己的产品系列,面向全国不同的市场又开发出了十几个产品品种,几十种产品规格。2001年,华龙的销售额猛增到19亿元。这个时候,华龙主要抢占的仍然是中低档面市场。

从2002年起,华龙开始走高档面路线,开发出第一个高档面品牌——"今麦郎"。华龙开始大力开发城市市场中的中高价位市场,此举在北京、上海等大城市大获成功。

(2)区域产品策略

从2001年华龙开始推行区域品牌战略,针对不同地域的消费者推出不同口味和不同品牌的系列新品。

华龙的产品策略和品牌战略是：不同的区域推广不同的产品；少做全国品牌，多做区域品牌。

作为一个后起挑战者，华龙在开始时选择了在中低端大众市场，考虑中国市场营销环境的差异性很大，地域不同，则市场不同、文化不同、价值观不同、生活形态也大不同。

因此，华龙想最大限度地挖掘区域市场，制定了区域产品策略，因地制宜，各个击破，最大程度地分割当地市场。如华龙针对中原大省河南开发出"六丁目"，针对东三省有"东三福"，针对山东省有"金华龙"等，与此同时还创作出区域广告诉求（参见表5-1）。

华龙推行区域产品策略，实际上创建了一条研究区域市场、了解区域文化、推行区域营销、运作区域品牌、创作区域广告的思路。

之后华龙又开始推行区域品牌战略，针对不同地域的消费者推出不同口味和不同品牌的系列新品，如针对少数民族的"清真"系列，针对东三省的"可劲造"系列等产品。

（3）市场细分的产品策略

市场细分是企业常用的一种市场方法。通过市场细分，企业可以确定顾客群对产品差异或对市场营销组合变量的不同反应，其最终目的是确定为企业提供最大潜在利润的消费群体，从而推出相应的产品。华龙就是进行市场细分的高手，并且取得了巨大成功。

华龙根据行政区划推出不同的产品，如在河南推出"六丁目"，在山东推出"金华龙"，在东北推出"可劲造"。

华龙根据地理属性推出不同档次的产品，如在城市和农村推出的产品有别。

华龙根据经济发达程度推出不同的产品，如在经济发达的北京推广其目前最高档的"今麦郎"桶面、碗面。

华龙根据年龄因素推出适合少年儿童的"A小孩-干脆面"系列，适合中老年人的"煮着吃"系列。

华龙为感谢消费者推出了"甲一麦"系列，为回报农民兄弟推出了"农家兄弟"系列。

华龙十分注重市场细分，且不仅依靠一种模式。它尝试各种不同的细分变量或变量组合，找到了同对手竞争、扩大消费群体、促进销售的新渠道。

（4）高中低的产品组合策略

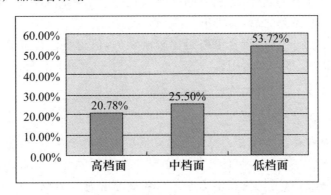

图5-1　2002年"华龙"方便面销量比例数据

从图5-1可以看出，"华龙"方便面的产品组合是一个高中低相结合的产品组合形式，而低档面仍占据着其市场销量的大部分份额。

① 全国市场整体上的高中低档产品组合策略，既有低档的"大众面"系列，又有中档的

"甲一麦",也有高档的"今麦郎"。

② 不同区域的高中低档产品策略。如在方便面竞争非常激烈的河南市场华龙一直主推的就是超低价位的"六丁目"系列。"六丁目"系列的主打口号就是"不脆(贵)"。这是华龙为了和河南市场众多的方便面竞争而开发出来的一种产品,它的零售价只有0.40元/包(给经销商0.24元/包)。同时,华龙将工厂设在河南许昌,因此让河南很多的方便面品牌日子非常难过。

而在全国其他市场,如在东北继"东三福"之后华龙投放中档的"可劲造"系列,在大城市投放"今麦郎"系列。

③ 同一区域的高中低档面组合,开发不同消费层次的市场。如在东北、山东等地华龙都推出高中低三个不同档次、三种不同价位(参见表5-1)的产品,以满足不同消费者对产品的需要。

(5) 创新产品策略

每一个产品都有其生命发展的周期。华龙是一个新产品开发的专家,它十分注重开发新的产品和发展新的产品系列,以此来满足市场不断变化发展的需要。

华龙在产品规格和口味上不断进行创新。从50克一直到130克,华龙在10年的时间里总共开发了几十种产品规格,开发出了如翡翠鲜虾、香辣牛肉、烤肉味道等10余种新型口味。

华龙在产品形状和包装上进行大胆创新,如推出面饼为圆形的"以圆面"系列,"弹得好,弹得妙,弹得味道呱呱叫"弹面系列,包装上体现新潮、时尚的"A小孩-干脆面"系列等。

产品概念上的创新,如华龙创造出适合中老年人的"煮着吃"的概念,煮着吃就是非油炸方便面,只能煮着吃,非常适合中老年人的需要。

(6) 产品延伸策略

产品延伸策略是华龙重要的产品策略。每一个系列产品都有其跟进的"后代"产品。如华龙在推出"六丁目"之后,又推出六丁目108、六丁目120、超级六丁目;在推出"金华龙"之后,又推出金华龙108、金华龙120;在推出"东三福"之后,又推出东三福120、东三福130。

华龙不仅有产品本身的延伸,而且有同一市场也注意对产品品牌进行的延伸。如华龙在东三省推出"东三福"系列之后,又推出"可劲造"系列。

总之,"华龙"方便面的产品组合策略是比较成功的,值得我们认真分析和思考,有些方面也许还可以值得借鉴、推广和运用。

案例点评

华龙的产品策略和品牌战略是:不同的区域推广不同的产品;少做全国品牌,多做区域品牌。这样明晰的产品发展和品牌发展思路注定了华龙的另类与低调,但这并不妨碍华龙取得产品销量上的增长,也不能掩盖华龙非凡的经营睿智与全局观。在中国企业做食品行业确实有着太多的选择与可能,既可以选择走"海底捞"火锅式的南北通吃,也可以选择"俏江南"式的高端路线,但是有多少品牌会像华龙一样真正关注与贴近农村市场与城镇市场呢?

华龙在市场定位、产品组合、产品策略和广告策略方面确实有值得称道的地方。

第一，市场定位准确。华龙起家在河北邢台，它非常明白以自己的资金、品牌、规模都无法抗争像"康师傅"和"统一"这样的巨无霸，那就放下身段主攻农村市场，先占领农村市场，等把农村市场做稳固了，然后再农村包围城市。也就是华龙先推出低端产品攻占各个区域市场，满足农村与工薪阶层的需求，等具备了充足的实力后再推出中高端产品竞争全国市场，实践证明这招非常有效。

第二，产品组合全面。从适合小孩吃的干脆面到适合老年人吃的煮弹面，从专为少数民族设计的"清真"系列到为农民推出的"农民兄弟"系列，华龙根据不同年龄段的不同特点，根据不同区域人群在饮食上的不同喜好，设计出了几乎能够满足所有人群的不同产品，这就极大地扩大了产品的销量。

第三，产品策略精准。华龙针对不同市场采取的区域产品策略是非常明智的，这样的产品策略是在充分认识和分析不同地域文化背景下的成功策划与定位，对于其他谋求做全国品牌的企业有着非常好的启示。华龙在河南推出"六丁目"，在山东推出"金华龙"，在东北推出"东三福"与"可劲造"，在全国推出"今麦郎"，用不同的品牌占领不同的市场，决不让自己的产品在相同的市场自相残杀，这样不仅扩大了华龙的总体销售额，同时保住了不同区域的市场份额。

第四，广告诉求到位。听听华龙那些颇具地方文化色彩的产品名字，你就知道这是针对性非常强的广告创意。从名称上就要让不同地区的消费者从心理上产生亲切感和亲近感，消费者心理的认同度高了，产品自然好卖。

最后说说全国品牌"今麦郎"。如今这个品牌已经是尽人皆知，成为华龙在全国市场和"康师傅"与"统一"一决高下的高端产品。很多人只知道"今麦郎"，其实华龙在方便面市场的谋篇布局和精耕细作让这个名不见经传的品牌脱颖而出，让我们不得不说："没有差的产业，只有差的企业"。

案例讨论题

1. 产品组合对于企业占据市场份额有哪些帮助？
2. 华龙的产品组合策略是怎样的？
3. 华龙在产品组合的布局中应该怎样考虑区域市场的不同？
4. 为什么华龙不主推全国品牌？这样做的利与弊是什么？

理论注释 产品组合策略

所谓产品组合，是指一个企业生产或经营的全部产品线、产品项目的组合方式，包括广度、长度、深度和密度四个变数。

如在美国宝洁公司的众多产品线中有一条牙膏产品线生产格利、克雷丝、登奎尔3种品牌的牙膏，所以该产品线有3个产品项目。其中，克雷丝牙膏有3种规格和2种配方，则克雷丝牙膏的深度就是6。如果我们能计算每一个产品项目的品种数目，就可以计算出该产品组合的平均深度。

企业在进行产品组合时涉及三个层次的问题需要做出抉择，即：

(1) 是否增加、修改或剔除产品项目；

(2) 是否扩展、填充和删除产品线；

(3) 哪些产品线需要增设、加强、简化或淘汰，以此来确定最佳的产品组合。

以上三个层次问题的抉择应该遵循既有利于促进销售又有利于增加企业的总利润这个基本原则。

产品组合的四个因素和促进销售、增加利润都有密切的关系。一般来说，拓宽、增加产品线有利于发挥企业的潜力，开拓新的市场；延长或加深产品线可以适合更多的特殊需要；加强产品线之间的一致性，可以增强企业的市场地位，发挥和提高企业在有关专业上的能力。

一、产品组合的策略

企业根据以上产品线分析，针对市场的变化，调整现有的产品结构，从而寻求和保持产品结构最优化，这就是产品组合策略，其中包括以下策略：

(1) 产品线扩散策略，包括向下策略、向上策略、双向策略和产品线填补策略；

(2) 产品线削减策略；

(3) 产品线现代化策略，在迅速变化的高技术时代，产品现代化是必不可少的。

二、产品组合策略的类型

企业在调整产品组合时可以针对具体情况选用以下产品组合策略。

1. 扩大产品组合策略

扩大产品组合策略是指企业开拓产品组合的广度和加强产品组合的深度。开拓产品组合的广度是指企业增添一条或几条产品线，扩展产品的经营范围。加强产品组合的深度是指企业在原有的产品线内增加新的产品项目。

扩大产品组合的具体方式有：

(1) 在维持原产品品质和价格的前提下，增加同一产品的规格、型号和款式；

(2) 增加不同品质和不同价格的同一种产品；

(3) 增加与原产品相类似的产品；

(4) 增加与原产品毫不相关的产品。

扩大产品组合的优点包括：

(1) 满足不同偏好的消费者多方面的需求，提高产品的市场占有率；

(2) 充分利用企业信誉和商标知名度，完善产品系列，扩大经营规模；

(3) 充分利用企业资源和剩余生产能力，提高经济效益；

(4) 减小市场需求变动性的影响，分散市场风险，降低损失程度。

2. 缩减产品组合策略

缩减产品组合策略是指企业削减产品线或产品项目，特别是要取消那些获利小的产品，以便集中力量经营获利大的产品线或产品项目。

缩减产品组合的方式有：

(1) 减少产品线的数量，实现专业化生产经营；

(2) 保留原产品线削减产品项目，停止生产某类产品，外购同类产品继续销售。

缩减产品组合的优点包括：

(1) 集中资源和技术力量改进保留产品的品质，提高产品商标的知名度；

(2) 生产经营专业化，提高生产效率，降低生产成本；

(3) 有利于企业向市场的纵深发展，寻求合适的目标市场；

(4) 减少资金占用,加速资金周转。

3. 高档产品策略

高档产品策略就是企业在原有的产品线内增加高档次、高价格的产品项目。实行高档产品策略主要有这样一些益处:

(1) 高档产品的生产经营容易为企业带来丰厚的利润;

(2) 可以提高企业现有产品的声望,提高企业产品的市场地位;

(3) 有利于带动企业生产技术水平和管理水平的提高。

采用高档产品策略的企业也要承担一定的风险。因为,企业惯以生产廉价产品的形象在消费者心目中不可能立即转变,使得高档产品不容易很快打开销路,从而影响新产品项目研制费用的迅速回收。

4. 低档产品策略

低档产品策略就是企业在原有的产品线中增加低档次、低价格的产品项目。实行低档产品策略的好处是:

(1) 借高档名牌产品的声誉,吸引消费水平较低的顾客慕名购买该产品线中的低档廉价产品;

(2) 充分利用企业现有的生产能力,补充产品项目空白,形成产品系列;

(3) 增加销售总额,扩大市场占有率。

与高档产品策略一样,低档产品策略的实行能够迅速为企业寻求新的市场机会,同时也会带来一定的风险。如果处理不当,可能会影响企业原有产品的市场声誉和名牌产品的市场形象。此外,这一策略的实施需要有一套相应的营销系统和促销手段与其配合,这些必然会加大企业营销费用的支出。

三、产品组合的动态平衡

由于市场需求和竞争形势的变化,产品组合中的每个项目必然会在变化的市场环境下发生分化,一部分产品获得较快的成长,一部分产品继续取得较高的利润,另有一部分产品则趋于衰落。企业如果不重视新产品的开发和衰退产品的剔除,则必将逐渐出现不健全的、不平衡的产品组合。

为此,企业需要经常分析产品组合中各产品项目或产品线的销售成长率、利润率和市场占有率,判断各产品项目或产品线销售成长上的潜力或发展趋势,以确定企业资金的运用方向,做出开发新产品和剔除衰退产品的决策,以调整其产品组合。

所以,所谓产品组合的动态平衡,是指企业根据市场环境和资源条件变动的前景,适时增加应开发的新产品和淘汰应退出的衰退产品,从而随着时间的推移,企业仍能维持住最大利润的产品组合。可见,及时调整产品组合是企业保持产品组合动态平衡的条件。动态平衡的产品组合亦称最佳产品组合。

产品组合的动态平衡实际上是产品组合动态优化的问题,企业只能通过不断地开发新产品和淘汰衰退产品来实现。产品组合动态平衡的形成需要综合性地研究企业资源和市场环境可能发生的变化,各产品项目或产品线的成长率、利润率、市场占有率将会发生的变化以及这些变化对企业总利润率所起的影响。对一个产品项目或产品线众多的企业来说这是一个非常复杂的问题,目前系统分析方法和电子计算机的应用已为解决产品组合最佳化问题提供了良好的前景。

"快书包"新产品推广策略①

龙之媒广告书店是一家拥有15年历史的广告书店,一家号称在中国没有一家出版社是它的竞争对手的专业书店,为什么要开创新品牌"快书包"网上书店(以下简称"快书包")呢?在中国的广告界,不知道徐智明的人不多,他是中华人民共和国成立以来第一个开设广告书店的人。1995年,当徐智明发现很难买到自己需要的广告书的时候,他萌发了自己开设一家广告书店的想法,而这一开就是15年。不夸张地说,龙之媒广告书店见证了广告行业的发展变迁,也为很多的业内人士提供了非常多、非常专业的广告书籍。但是当卓越网和当当网这样的巨型网上书店成为人们购买图书的便利选择后,龙之媒广告书店这种小众的、市场细分窄的专业书店也不得不面临着利润下降甚至亏损的局面。龙之媒广告书店在几个一线城市的分店相继宣布关闭,徐智明不得不求变以应对图书电子商务对于龙之媒的冲击。下面我们分别从市场定位、产品策略、推广策略、发展瓶颈等几方面分析"快书包"的新产品推广策略。

一、市场定位:网上"7-11"

一本关于便利店"7-11"的《巷口商学院》给了徐智明很大的启发。一个"7-11"便利店只有1000多种商品,而大超市有几十万种,尽管便利店的品种并不丰富却很齐全,能够满足消费者的日常需求,便捷的购物体验也能带来相应的溢价——相对超市,商品在便利店的售价更高。老徐坚信每一种电子商务在线下都有相对应的零售形式。"如果把当当、卓越看作'西单图书大厦+沃尔玛','快书包'便是'网络7-11','7-11'模式提供便利、便捷体验的商业逻辑已经得到线下印证,但能否搬上网络却尚未可知",老徐坦承。

二、产品策略:畅销精品

所谓精品图书,便是选择畅销图书,舍弃长尾市场。老徐说,目前当当网大概有50万种书目,卓越网大概在30万册,而京东网也会在20万~30万册的量级。这里面便有着许多销量不过几百本的图书。他表示,国内销量超过10万册的图书大约200种,而销量在3万~5万册的也就1000种左右,"快书包"只做销量超过3万册以上的这1000本图书。所以,"快书包"提供的图书有三大类:一是诸如《新华字典》、美食烹饪之类的工具书;一类是韩寒、郭敬明这些"80后"作家的畅销书;最后便是他们认为值得向城市白领推荐的诸如《读库》《佛祖在一号线》等书。

传统书店与当当网等电子商务的区别在于实体销售中货架总是有限,电子商务却可以

---

① 江红:《快书包,靠微博生财》,载《中国新闻周刊》2011年第8期。
　谢璞:《快书包,唯快不破》,载《21世纪商业评论》2011年第2期。
　王腾:《徐智明:唯快不破?》,载《首席财务官》2012年第3期。

无限延长货架。任何硬币总有它的两面,长尾市场在能够满足各种品类需求的同时,也让"轻公司"变得肉身沉重,进而牺牲了效率与速度。即当卓越网、当当网成就极大,满足各类消费者需求的同时,却忽视了他们对于便捷服务的购物体验。与当当网、卓越网1~2天甚至更长的送货时间相比较,"快书包"1小时的送货时间给消费者带来的体验可谓"惊人"。

三、推广策略:微博运营

"快书包"的推广和传播,重点走的是网络渠道,特别是微博。"主要是在豆瓣、开心、微博、百度、谷歌等网站,目前效果最好的是微博,超过40%的流量是从微博上来的,来自微博私信订单每天有300单,占总订单的3%~5%。"徐智明说,单纯把微博作为营销工具是不全面的,一定要重视它的服务和沟通功能,服务和沟通重于营销。对于微博运营,"快书包"的做法是:及时发现每一条谈论"快书包"的微博,工作时间争取5分钟内回复,不管是询问、好评、建议、投诉等,尽量做到条条有回复。而多数的投诉都要尽量由客服总监、副总来处理。徐智明认为微博的服务功能大于营销,"快书包"的微博工作不仅重视营销,更要重视服务,要照顾好每一位顾客。

徐智明在新浪微博上开通了"快书包"官方微博,随后包括他自己在内的17名公司高管集体开微博,开始大规模宣传"快书包"品牌。这样的推广很快获得了用户的积极反馈。2010年10月,有位用户在微博上发言询问"快书包"能否把一本书送到他当时所在的咖啡馆里。

"我们按照他的要求做了,那件事促成了我们开始在微博客上接受订单。"徐智明表示。如今,来自新浪微博的订单量占到了书店订单总量的40%。而一年来的数据变化显示,"快书包"北京店上线第一天,订单大约每天20~30单,准点率达95%以上,目前总订单已经稳定在每天300单左右,其中通过微博私信完成的订单数量占比也能达到3%~5%。同时有30多个媒体通过微博完成了对"快书包"及他本人的专访。

徐智明相信,利用微博宣传"快书包",定会为它的未来发展做出有价值的贡献。

四、发展瓶颈:缺乏核心竞争力

2010年6月,当徐智明开设"快书包"网上书店时,他的全部经营理念都围绕着一个字——"快"。"快书包"从诞生之日起即与国内领先的网上书店当当网和全球最大的网上零售商亚马逊网展开了竞争,承诺在开通服务的城市,将顾客下单的图书在一小时之内送到用户的家中或办公室里。

"快书包"的营利模式并不复杂,"网上买书由于已经被当当网和卓越网挤得利润很薄,单纯卖书是不可能挣钱的,当我们把客户定位为城市商务人士,在分析客户需求之后认为他们不仅是有读书的要求,同时还有其他的用品要求,所以我就开始有了这个'网上便利店'的想法,品种少而精,配送快,充分满足商务人士的需求。"徐智明说,而所谓一小时送货的服务也并不是不可能完成的任务:以北京为例,"快书包"在北京市中心拥有30多个10平方米左右的小库房,分别辐射划出的30多片区域,基本保证配送员骑电动车15分钟之内能到达的路程(半径2.5公里覆盖范围内)。每个库房有2~4个配送员,这些配送员都是"快书包"自己的员工,因而更易管理,可以保证服务质量。接到订单后,配送员根据划分的区域就近配送。限定配送范围、直送方式以及分散小库房的布局,使"快书包"能够实现一小时内快速送货。

成立两年多,"快书包"的触角已经从北京和上海延伸至西安、成都、长沙和杭州,接下来即将开通深圳、广州、南京和武汉。徐智明说,"快书包"2012年的目标是覆盖11~12个城市。除了占领市场之外,徐智明更希望通过规模的扩大分摊采购成本和管理成本。

"很多企业可以采取开源节流的方式从各个方面运用财务手段来节约开支,可是在我们这个经营模式下,成本支出非常固定,也就是说只有增加营业收入这一手段。"对于无法向其他的大多数企业一样"开源节流",徐智明有些苦恼。徐智明介绍,"快书包"的财务一直外包,虽然财务外包能完成一部分基本功能,但是与业务不匹配、经常出现沟通滞后的问题越来越明显。"例如进了一批货,在财务上讲应是增加库存,增加应付,但由于外包财务公司的原则是'见发票记账',所以就造成了时间差,达不到我希望财务能够对业务层面准确及时反应的要求。"徐智明表示这样下来,所开展业务的城市越多,这种滞后所带来的风险越大。

案例点评

当书店这种传统微利生意遇到电子商务后出现了可怕的后果:一个个著名的品牌书店都被无情地摧毁了。风入松、第三极、光合作用等这些特点鲜明的书店都不可避免的或衰退或消亡。而龙之媒广告书店这家曾经在图书细分市场做得最成功的书店也未能扛住当当网、卓越网、京东网等网上书店带来的巨大的经营压力。

"快书包"是创新的产物,当然这里面有无奈被动的一面。如果龙之媒广告书店的日子很好过,徐智明也不会想到要做"快书包"。这就是电子商务对传统经营模式带来的冲击和挑战。徐智明把龙之媒广告书店比喻成小作坊,而"快书包"就是他要突破小作坊变成现代商业模式下的网络企业。

"快书包"最大的创新是:一小时送达。而卓越网和当当网最快只能做到当天下单,第二天送到。在这样一个快节奏高效率的社会,快就是生产力,快就是竞争优势。对于产品组合的选择,"快书包"也作了细致的限定,做什么不做什么,一切要根据"快书包"的承诺所做决定。因为"快书包"也出现过所卖产品太畅销、订单太多而无法按时配送的情况,这对于"快书包"这样的中小企业来说,口碑意味着生死。因此,大热大卖的产品不适合"快书包"。所以,"快书包"又作了一次产品细分,还是像龙之媒一样只做能驾驭的品类,只不过这次是搬到了网上。在传播营销方面,"快书包"有很大的亮点,就是企业高层统统通过微博做客服,这样的服务水平和服务规模是其他的大型企业想都不敢想的。这也是龙之媒带给很多中小企业最大的启示,那就是:当你面对强大的竞争对手时,不能硬碰硬,而要找到大企业的弊端,充分施展自己灵活的经营作风不断创新,这样才能在惨烈的竞争中获得一席之地。

但是"快书包"有一个致命的软肋,那就是商业模式极其容易被复制。快,当当网和卓越网也能做到,只是不屑或者觉得成本太高。而一旦当当网、卓越网想快的话,完全能直接与"快书包"竞争。这也是"快书包"难以说服VC融资的很重要的一点——缺乏核心竞争力。而"快书包"在向各地城市的不断扩张中,其经营成本不断增加,而这块成本是无法缩减的。经营风险带来的财务压力很可能会阻止"快书包"快速扩张,而没有规模就无法实现营业额的快速增长。企业难以完成估值的快速增长,未来的上市之路也会变得前途未卜。

案例讨论题

1. "快书包"的"一小时送达"是建立在区域辐射、多点配送的基础上的,在面向全国不同城市推广"一小时送达"这一优势时会面临哪些问题?
2. 在面对当当网、卓越网、京东网这样的电子商务巨头时,"快书包"除了"快"的优势,还应该创造哪些竞争优势?
3. "快书包"实际上是在旧的市场格局中发现并满足了消费者未被满足的需求。这种"快"思路能带给企业怎样的思考?

理论注释 1 新产品进入市场策略

一、进入市场的规模

新产品进入市场时有两种规模可供选择:一是针对目标细分市场全面投放新产品;一是针对目标细分市场采用某种顺序进行滚动式投放。目标细分市场可以是一个,也可以是多个。一般来说,一个细分市场还被划分为多个亚市场,以便更好地进行资源配置。

典型的细分市场包括那些以新产品的采用范畴、地理区域、分销渠道、销售队伍、广告媒介以及某些其他有用的变量界定的市场细分。该目标细分市场可以通过这些市场中的任何一个达到,市场进入的方法可以是顺序式的滚动或是全面铺开式的市场投放。

对于时装等依靠人们口头宣传或示范的影响而取得成功的新产品,企业采用滚动式的市场进入,将初期重点集中在追赶潮流的这一群人的身上,会以较小的成本取得更大的收益。因为这一部分客户会因为自己的满意而影响身边的朋友,或通过他的示范作用带动许多的潜在顾客。对于啤酒、烟草等产品,按地理位置划分的细分市场可能是市场进入的最佳基础,由于这些产品在各地都有竞争者,因此全面铺开式的市场投放可能是不太现实的。实际上,很多的啤酒企业首先是进入地理上接近的细分市场,然后才扩展到地区、全国,并最终扩展到全球的。

至于洗发水、洗面奶等日用品,企业可以通过不同分销渠道的细分市场滚动式进行。如某新型洗发水,可以先在高价的百货商店、精品专卖店销售,然后可以在杂货店滚动销售,最后滚动到其他的杂货铺和折扣商店销售。

当然,对于大部分的新产品,针对目标细分市场进行全面铺开式的投放也是可行的,但如果不是拥有强大实力的企业采用这种方式则可能带来不必要的麻烦。通过滚动式进入,企业可以在存在高风险和对市场反应不能确定的情况下取得较好的效果。因为,企业从第一个细分市场学习到的经验可以为第二个细分市场的进入服务,并调整既定的市场投放营销计划。因此,经过足够的学习之后,企业进入某些细分市场甚至不需要市场调研。

二、进入市场的反应强度

所谓进入市场的反应强度,是指新产品的投放对所有利益相关者的感染强度。使市场产生反应的是新产品与顾客产生交流的要素或符号,如产品的特性、价格、促销、展示等。对于一个企业而言,最关心的可能是新产品的投放产生多大的反映较为合适。

进入市场的反应强度有着两个极限,即最高和最低。通常,企业可能希望自己的新产品在投放之后产生最高的反应强度。的确,由于高强度的反应会加快新产品在消费者中的扩散,同时也为企业带来宣传费用的减少。一般来说,要想获得较高的反应强度,要求企业的销售宣传计划做到以下几点：目标针对有关利益相关者的细分市场；具有很大的强度和冲击力；时机掌握正确，长到足以产生效果，又不至于会受挫；向利益相关者传递一种协调一致的，然而又使企业有别于竞争对手的信息。

但是，前面提到的"利益相关者"不只是指消费者，还包括竞争对手及其他。过高的反应强度，一方面会使消费者产生对新产品的过高期望或其他负面影响，另一方面也会过早地引起竞争对手的警觉。

低强度反应的进入是基于这样的考虑而采取的，即企业为了同时向多个目标细分市场进行一种或多种新产品的投放，而不暴露自己的总体战略，并尽量不引起竞争对手的注意。对于一些高敏感度的市场，采用低强度反应的进入可能是合适的，如银行、保险公司的新业务开展。

新产品的进入可以在最高市场反应强度和最低市场反应强度之间选择一个合适的。之所以要考虑市场进入的反应强度，主要的原因或许是要决定这个合适的强度，就必须事先仔细规定清楚新产品的市场投放目标。通常，新产品的目的、目标、上马与否所用的市场投放指标，往往是在毫不顾及利益相关者所产生的效果是否与市场投放计划相符的情况下就轻易做出的。通过确定反应强度，企业可以认识到可能推迟新产品接受的主要市场摩擦的来源，并且还可能需要有更具体的评价市场对于新产品反应的模型和方法，在新产品的市场推广中根据产品的不同性质做出慎重的决策。

三、新产品的试销

（一）试销的意义

新产品市场试销的目的是对新产品正式上市前所做的最后一次测试，且该次测试的评价者是消费者的货币选票。尽管从新产品构思到新产品实体开发的每一个阶段，企业的开发部门都对新产品进行了相应的评估、判断和预测，但这种评价和预测在很大程度上带有新产品开发人员的主观色彩。最终投放到市场上的新产品能否得到目标市场消费者的青睐，企业对此没有把握，通过市场试销将新产品投放到有代表性地区的小范围的目标市场进行测试，企业才能真正了解该新产品的市场前景。

市场试销是对新产品的全面检验，可以为新产品是否全面上市提供全面、系统的决策依据，也为新产品的改进和市场营销策略的完善提供启示，有许多的新产品是通过试销改进后才取得成功的。如某企业对一种能掩饰疤痕的化妆品进行试销，结果发现许多妇女用来掩饰脸上的雀斑，由此扩大了该新产品的市场范围。但试销也会使企业的成本增加，如跨克麦片公司进行的两次市场测试分别花费了100万美元。由于新产品试销一般要花费一年以上的时间，这会给竞争者提供可乘之机，如科洛格公司在对通用食品公司的一种新产品的试销结果有了充分认识后，率先在全国范围内推出这种新产品，从而赢得了该新产品的大部分市场。而且试销成功并不一定意味着市场销售就一定成功，原因在于消费者偏好的易变性、竞争者的加入及其他环境因素的变化都会影响新产品的销售。

（二）是否试销

新产品试销的首要问题是决定是否试销。并非所有的新产品都要经过试销，企业可以根据新产品的特点及试销带给新产品的利弊比较来决定。下列新产品通常要经过试销。

1. 高投入的新产品

高投入的新产品的市场风险很大，不经试销直接上市，如果失败了，其损失是巨大的。

试销是减少该类新产品失败风险的有效手段,且相对于高昂的开发费用,试销费用所占的比重是极小的。

2. 全新的新产品

由于我们缺乏有关全新产品的消费者、市场方面的信息,也没有价格、销售渠道、促销等方面的经验,因此,对全新的新产品进行试销是必要的。

此外,某些新产品采用跟以往完全不同的包装、分销渠道、销售方法等手段,也需要试销,对某些改良的新产品进行试销也是值得的。总之,新产品的创新程度越高,越值得试销。

典型无须试销的新产品如下。

1. 时效性极强的新产品

时效性极强的新产品在时间上不允许试销,如新款时装等。

2. 投入不大的新产品

对于投入不大的新产品也可以直接上市,即便失败了损失也不太大,还可以避免试销带来的负面效应。

3. 模仿型新产品

其他企业的该类新产品已经上市,本企业紧跟模仿,此时应尽快向市场推出新产品,而无须试销。

(三) 新产品试销技术

新产品试销技术与新产品销售技术相比有其特殊性。借助于某些试销技术,企业希望在控制试销时间、试销成本和尽量避免竞争者获得有关新产品的信息的前提下,测试消费者对新产品的反应。消费品与工业品的市场试销技术有所不同。

1. 消费品市场试销

试销是企业为了得到新产品的市场信息,为新产品的上市提供决策依据。在消费品的试销中,应主要收集四个变量值:试用、首次重购、采用和购买频率。消费品市场试销的主要测试方法如下。

(1) 销售波研究

采用销售波技术试销的基本过程是:首先免费将新产品提供给消费者使用,然后再以低价提供新产品或竞争者的产品给消费者,如此重复3~5次,在该过程中还可加入一些有关新产品的广告概念,企业对此过程进行严密监控,观察消费者在有竞争者产品和广告影响的前提下重复使用本企业新产品的情况,并分析不重复使用新产品的消费者是基于什么原因。销售波试销技术主要用于对新产品使用的测试,不能有效地说明不同的促销活动对新产品使用率的影响。

(2) 模拟测试

模拟测试也称实验室试销(Laboratory Test Market,LTM)。它是在类似的实验室环境中模拟全面的试销活动。实验室环境通常是选择某一商场或购物中心,随机选取在商场中购物或逛商场的30~40名消费者,首先征求他们对新产品的意见,既而向他们展示系列简短的各种产品广告,既有知名的广告,也有一些新广告,本企业新产品的广告也在其中,但不向消费者提示。然后,把他们引入一个简易的商店,在商店中陈列着本企业正在测试的新产品,并给每位被试者少量的钱,让他们去自由购买。企业可观察到消费者购买本企业新产品和竞争者产品的情况。之后把消费者召集起来,询问他们对新产品的反应(填表或访谈)。

在被试者离开前,送给那些没有购买测试新产品的被试者一个样品。几个星期后,再登门和电话询问被试者对新产品的使用情况、满意程度和重复购买的可能性,同时企业为他们购买任何产品提供可能。模拟测试可测量新产品的使用率、重复购买率、广告效果及竞争的把握,利用测试的数据可进行新产品的销售预测。美国的YS&W公司采用实验室试销对其200多种新产品进行预测,成功的概率为92%。该公司对每一种新产品的测试都要选择300个以上的被试者。其他一些企业也证明实验室测试是一种成功率很高的新产品试销技术。

(3) 控制测试

控制测试是企业雇请市场研究公司进行帮助,选定一定的零售商店,对新产品进行试销。具体做法是:市场研究公司按照企业的试销计划,对新产品在商店的试销进行全面控制,如货架的位置、新产品的陈列、广告及促销等活动都在控制之列,并根据货架的动态变化和消费者购买记录来观察新产品的销售状况,还可以随机抽取一些消费者进一步了解他们对新产品的印象。

控制测试的优点是在该技术中运用了真正的消费者购买行为,消费者在这类"市场"中可按正常的价格购买他们所要的真实产品,在这种情形下,收集购买和重复购买及消费者对产品的态度方面的数据的可靠性较高。据此企业能较客观地估计新产品的销售量,测试各种促销活动及广告对消费者购买行为的影响,而且这一切都不需要企业动用自己的销售队伍,也无须给零售商折扣。控制测试的缺点是把新产品暴露在竞争者的面前。

(4) 市场测试

新产品的市场测试即是一次小范围的销售。企业的市场测试计划包括以下方面:选择有代表性的市场;确定测试的期限;收集信息;对试销结果进行决策。

但是,在实际的新产品开发中,当新产品开发人员将新产品开发到试销阶段后,以此来决定其上市还是舍弃是一个十分艰难的抉择,须谨慎行事。有时企业不可过分依赖试销结果,须对试销结果进行全面、深入地分析,以免误舍。对于不理想的试销结果,企业可采用再次试销或改进新产品的方法。企业对新产品试销中问题的诊断至关重要。如潘佩尔斯牌尿布在最初的市场试销中完全失败,原因在于价格太高,每块10美分,比一块布质尿布加上洗的费用还要高。后经过加快组装作业线,简化包装,使用廉价原料,把价格降低到6美分。在此价格下再进行的试销,显示了一个巨大的潜在市场,到第四次试销,证明价格是合理的,潘佩尔斯牌尿布由此取得了骄人的业绩。

市场测试的好处是显而易见的:从市场测试中得到的信息对企业未来的销售量预测的准确度相对要高;可测试不同的营销计划对新产品商业化的可行性;从消费者的角度感受新产品缺陷等。市场测试的缺点也是很明显的:时间长;测试费用大;给竞争者可乘之机。有时富于进攻性的竞争者会采取措施扰乱测试市场,使测试结果不可靠。

2. 工业品市场测试

与消费品相比,工业品的新产品测试有其特殊性。消费品的市场试销方法一般不适用于工业品。如有些工业品的制造成本太高,不可能将其投放到市场中去观察它们的销售情况。工业品的用户不会去购买没有服务和零件保证的耐用商品。此外,市场研究公司也没有建立如同消费品测试那样的工业品测试系统,故而,新工业品的市场测试必须采用适合其产品和客户特点的方法来进行。

(1) 产品使用测试

工业品用户对产品的选择更加注重产品的性能、可靠性。要让客户相信新产品的实际功效,最好的办法是让客户使用产品。如中国的一家机床公司将出口到加拿大的某种新机床首先请用户试用,之后,公司根据用户的建议和要求对新机床进行改进,使用户很快接受了该新产品。企业可选择一定的客户,让他们在限定的时间内使用新产品,通过客户对新产品的使用来观察客户对新产品的满意或不满意之处,了解其愿意或不愿意购买的理由。

(2) 贸易展销会

在工业品的贸易展销会上介绍新产品,企业可以观察到大量的客户对新产品的兴趣,还可以进一步了解客户对新产品的特点、价格等的反应。遗憾的是,竞争者也获得了新产品的信息。当企业有充分的把握快速推出新产品时,竞争者的威胁会减弱。

四、早期进入市场策略

1. 早期进入市场策略分析

早期是指企业领先于其他的企业而率先在市场上推出自己的产品。这一时期往往对应着产品生命周期的第一阶段即投入期,市场存在高风险和不确定的因素。但早期进入市场能形成一种竞争优势,即能建立并提高该行业的进入壁垒,防止潜在的竞争者进入,从而在市场占据主导地位。早期企业在市场中赢得一定的忠实客户,通过这些客户又可能对其他潜在顾客产生有利的影响,从而有利于建立强大的市场地位。尤其是对于全新产品或技术更新迅速的产品,早期进入市场的产品往往会成为或被默认为该行业的标准。IBM公司是世界上最早生产和推出个人计算机的厂商,它的计算机产品被业界认为是"正宗的",而后来的康柏等公司生产的个人计算机都被称为"兼容机"。

不论新产品和它要满足的需要是否基于价格或技术等,早期进入者总是有机会建立进入壁垒。这些壁垒可以建立在规模经济,经济效应,进入后的营销计划修正,产品、生产与技术的继续改进等方面。

2. 早期进入市场的营销组合

但早期进入者也会面临一些问题。由于市场是新的,广告和推销的重点必然会放在介绍该产品的功能或该产品能满足的需要等方面,这对于后来者来说是一个相当大的"便宜",他们进入市场时可省下介绍产品方面的广告费用而直接进行市场占领。另外,市场的原始开拓可能会使早期进入者产生资金、人员等方面的缺乏。

那么,早期进入市场应该采取何种定价策略呢?撇脂和渗透是我们熟知的两种方案。一般来说,在产品成本以可变成本为主时,适于采用撇脂战略,如电子消费品和产业用品。这时,企业的分销网点应该受到限制,以保护高价格;在固定成本很高时,适于采用渗透战略,如果企业追求广阔的细分市场,则进行广泛的分销是很重要的,所以应在交易导向的促销上多花些费用。当然,由于营销费用高,利润较低,所以显得比较昂贵。

由于新产品的市场潜力是很大的,所以,对于早期进入者来说,没有太大的必要把主要精力放在阻止竞争对手的进入上,而把钱花在自身的产品开发和不断扩大的市场占有率上显得更为明智。或许通过发放许可证或其他手段来鼓励某些竞争者的进入可能是合适的,对于新兴阶段的一些特征,企业往往可以通过其他的企业拼命地出售行业产品并援助技术发展而受益。

五、同期进入市场策略

同期是指与其他的企业同时或在十分接近的时间里将新产品推向市场,在这段时间,是否能成为第一对于市场和其他利益相关者没有太大的差别,因为在消费者对一种新的品牌和产品没有形成偏好之前,先进入者没有来得及建立进入壁垒,稍后进入的企业与之前进入的企业是处于竞争平衡状态的。这里的企业往往是重要的竞争对手,而同期所指的时间长度也因不同的行业、不同的产品而不同。

在品牌繁殖明显的市场中,当主要竞争对手的产品信息比较容易得到时,企业采用同期进入市场策略是较好的,因为企业可以迅速针对竞争对手的举动采取防御或进攻的措施,以此削弱对方的开发可能造成的潜在优势,从而赢得更大的市场。在多元产品市场的情况下,同期进入可被用为一种进攻策略。反过来,如果企业知道竞争对手是稍后进入者,并且善于迅速仿效,则可因势利导地将竞争对手的注意力从比较重要的市场吸引到较小的市场去。

这一时期企业要重视市场的细分和定位,因为一旦细分市场把握不准,就可能失掉时机。

六、晚期进入市场策略

晚期是指在竞争对手进入市场后,企业再将自己的新产品推向市场。这意味着企业将推迟新产品的市场投放日期,以达到取得长期竞争优势的目的。当然,企业也有可能由于产品开发的时间比竞争对手晚而被迫晚于竞争对手推出自己的新产品。在这里,善于学习竞争对手的经验是很重要的。

1. 晚期进入优势

为什么要晚期进入市场呢?从早期进入策略中,我们分析了早期进入的两个缺点,即原始市场开拓的风险和成本大。如果企业的流动资金不是很充裕,则进行原始市场的开拓一旦失败就可能关系企业的生死。晚期进入一方面可以避免风险,另一方面可以学习竞争对手的经验,发现消费者的偏好,从而更好地改进新产品,找准目标市场,同时也节约了潜在成本。

除了善于学习,晚期进入策略的另一个需要注意的环节是企业要通过竞争对手的市场开拓和对消费者偏好的了解,既要发现自己的新产品的特点和可能的消费者,还要善于发现未被开拓的细分市场,记住,之所以采取晚期进入是为了取得长期竞争优势。

2. 晚期进入的目标

对于晚期进入者,有以下几种方案可供参考。

(1) 以扩大市场占有率为目标,轻视资本收益率。这是一种为了扩大市场占有率,企业可以采用扩大产品品种投资、增加产量投资和降低价格的策略。

(2) 以扩大市场占有率和收益率为目标。这种策略适用于存在未开发的细分市场的行业。

(3) 占领一定的市场,重视资本收益率。这是一种不以市场规模为目标,而是以开发和经营高价值和高档产品为方向,谋求提高企业收益的策略。

(4) 确保市场占有率,牺牲收益率。这里晚期进入者为了成为市场领导者或在早期进入者实行低价格策略以甩掉竞争者时适于采用的策略。但如果资金能力不足,不能进行这种竞争时,第三种策略会更为适合。

理论注释 ② 产品生命周期理论

一、产品生命周期理论简介

产品生命周期理论是美国哈佛大学教授雷蒙德·弗农于1966年在其《产品周期中的国际投资与国际贸易》一文中首次提出的。

产品生命周期(Product Life Cycle,PLC)是产品的市场寿命,即一种新产品从开始进入市场到被市场淘汰的整个过程。雷蒙德·费农认为:产品生命是指市场上的营销生命,产品和人的生命一样,要经历形成、成长、成熟、衰退这样的周期。就产品而言,也就是要经历一个开发、引进、成长、成熟、衰退的阶段。而这个周期在不同的技术水平的国家里,发生的时间和过程是不一样的,期间存在一个较大的差距和时差,正是这一时差表现为不同国家在技术上的差距,它反映了同一产品在不同国家市场上的竞争地位的差异,从而决定了国际贸易和国际投资的变化。为了便于区分,雷蒙德·费农把这些国家依次分成创新国(一般为最发达国家)、一般发达国家、发展中国家。

典型的产品生命周期一般可以分成四个阶段,即介绍期(或引入期)、成长期、成熟期和衰退期。

1. 第一阶段:介绍期(或引入期)

介绍期(或引入期)是指产品从设计投产直到投入市场进入测试的阶段。新产品投入市场便进入了介绍期。此时产品品种少,顾客对产品还不了解,除少数追求新奇的顾客外,几乎无人实际购买该产品。生产者为了扩大销路不得不投入大量的促销费用,对产品进行宣传推广。该阶段由于生产技术方面的限制,产品生产批量小,制造成本高,广告费用大,产品的销售价格偏高,销售量极为有限,企业通常不能获利,反而可能亏损。

2. 第二阶段:成长期

当产品进入介绍期(或引入期),销售取得成功之后,便进入了成长期。成长期是指产品通过试销效果良好,购买者逐渐接受该产品,产品在市场上站住脚并且打开了销路的阶段。这是需求增长阶段,需求量和销售额迅速上升。生产成本大幅度下降,利润迅速增长。与此同时,竞争者看到有利可图,将纷纷进入市场参与竞争,使同类产品的供给量增加,价格也随之下降,企业利润的增长速度逐步减慢,最后达到生命周期利润的最高点。

3. 第三阶段:成熟期

成熟期是指产品走入大批量生产并稳定地进入市场销售的阶段。经过成长期之后,随着购买产品的人数增多,市场需求趋于饱和。此时,产品普及并日趋标准化,成本低而产量大。销售增长速度缓慢直至转而下降,由于竞争的加剧,导致同类产品生产企业之间不得不在产品质量、花色、规格、包装、服务等方面加大投入,这在一定程度上增加了成本。

4. 第四阶段:衰退期

衰退期是指产品进入了淘汰的阶段。随着科技的发展以及消费者消费习惯的改变等原因,产品的销售量和利润持续下降,产品在市场上已经老化,不能适应市场需求,市场上已经有其他性能更好、价格更低的新产品,足以满足消费者的需求。此时,成本较高的企业就会由于无利可图而陆续停止生产,该类产品的生命周期也就陆续结束,以致最后完全撤出市场。

产品生命周期是一个很重要的概念,它和企业制定产品策略以及营销策略有着直接的联系。管理者要想使自己的产品有一个较长的销售周期,以便赚取足够的利润来补偿在推出该产品时所做出的一切努力和经受的一切风险,就必须认真研究和运用产品生命周期理论,此外,产品生命周期也是营销人员用来描述产品和市场运作方法的有力工具。但是,在开发市场营销战略的过程中,产品生命周期却显得有点力不从心,因为战略既是产品生命周期的原因又是结果,产品现状可以使人想到最好的营销战略,此外,在预测产品性能时产品生命周期的运用也受到限制。

二、产品生命周期曲线

产品生命周期曲线的特点：在开发期,该产品的销售额为零,企业投资不断增加；在引进期,销售缓慢,初期通常利润偏低或为负数；在成长期,销售快速增长,利润也显著增加；在成熟期,利润在达到顶点后逐渐走下坡路；在衰退期,产品的销售量显著衰退,利润也大幅度滑落(如图5-2所示)。

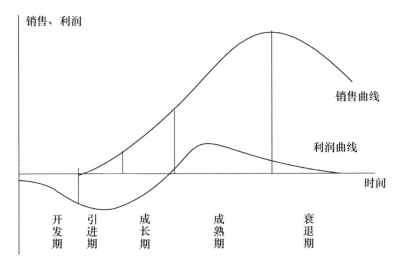

图 5-2　产品生命周期曲线

产品生命周期曲线的适用范围：该曲线适用于一般产品的生命周期的描述；不适用于风格型产品、时尚型产品、热潮型产品和扇贝型产品的生命周期的描述。

三、特殊的产品生命周期

特殊的产品生命周期包括风格型产品生命周期、时尚型产品生命周期、热潮型产品生命周期、扇贝型产品生命周期四种特殊的类型,它们的产品生命周期曲线并非通常的S型。

1. 风格

风格(Style)是一种在人类生活中特点突出的表现方式。风格一旦产生,可能会延续数代,根据人们对它的兴趣而呈现出一种循环再循环的模式,时而流行,时而又可能并不流行。

2. 时尚

时尚(Fashion)是指在某一领域里,目前为大家所接受且欢迎的风格。时尚型产品的生命周期特点是,刚上市时很少有人接纳(称之为独特阶段),但接纳人数随着时间慢慢增长(模仿阶段),终于被广泛接受(大量流行阶段),最后缓慢衰退(衰退阶段),消费者开始将注意力转向另一种更吸引他们的时尚。

3. 热潮

热潮(Fad)是一种来势汹汹且很快就吸引大众注意的时尚,俗称时髦。热潮型产品的生命周期往往快速成长又快速衰退,主要是因为它只是满足人类一时的好奇心或需求,所吸引的只限于少数寻求刺激、标新立异的人,通常无法满足更强烈的需求。

4. 扇贝

扇贝型产品的生命周期主要指产品生命周期不断地延伸再延伸,这往往是因为产品创新或不时发现新的用途。

以上四种特殊的产品生命周期如图 5-3 所示。

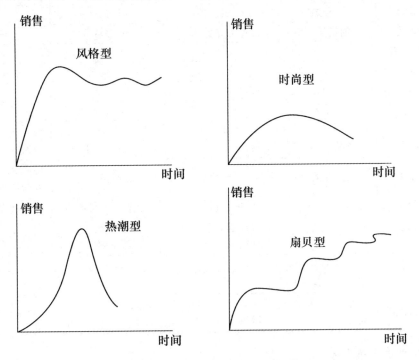

图 5-3 四种特殊产品的生命周期

四、产品生命周期的优点和缺点

产品生命周期的优点是:产品生命周期提供了一套适用的营销规划观点。它将产品分成不同的策略时期,营销人员可针对各个阶段不同的特点采取不同的营销组合策略。此外,产品生命周期只考虑销售和时间两个变数,简单易懂。

产品生命周期的缺点是:

(1) 产品生命周期各阶段的起止点划分标准不易确认。

(2) 并非所有的产品生命周期曲线都是标准的 S 型,还有很多特殊的产品生命周期曲线;

(3) 无法确定产品生命周期曲线到底适合单一产品项目层次还是一个产品集合层次;

(4) 该曲线只考虑销售和时间的关系,未涉及成本及价格等其他影响销售的变数;

(5) 易造成营销近视症,认为产品已到衰退期而过早将仍有市场价值的好产品剔除出了产品线;

(6) 产品衰退并不表示无法再生,若通过合适的改进策略,企业可能再创产品新的生命周期。

五、产品生命周期各阶段特征与策略

产品生命周期各阶段特征与策略参见表 5-2。

表 5-2 产品生命周期各阶段特征与策略

	阶段	导入期	成长期	成熟期	衰退期
特征	销售额	低	快速增长	缓慢增长	衰退
	利润	易变动	顶峰	下降	低或无
	现金流量	负数	适度	高	低
	顾客	创新使用者	大多数人	大多数人	落后者
	竞争者	稀少	渐多	最多	渐少
策略	策略重心	扩张市场	渗透市场	保持市场占有率	提高生产率
	营销支出	高	高(但百分比下降)	下降	低
	营销重点	产品知晓	品牌偏好	品牌忠诚度	选择性
	营销目的	提高产品知名度及产品试用	追求最大市场占有率	追求最大利润及保持市场占有率	减少支出及增加利润回收
	分销方式	选择性的分销	密集式	更加密集式	排除不合适、效率差的渠道
	价格	成本加成法策略	渗透性价格策略	竞争性价格策略	削价策略
	产品	以基本型为主	改进品,增加产品种类及服务保证	差异化、多样化的产品及品牌	剔除弱势产品项目
	广告	争取早期使用者,建立产品知名度	大量营销	建立品牌差异及利益	维持品牌忠诚度
	销售追踪	大量促销及产品试用	利用消费者需求增加	鼓励改变,采用企业品牌	将支出降至最低

1. 导入期的营销战略

商品的导入期一般是指从新产品试制成功到进入市场试销的阶段。在商品的导入期,一方面由于消费者对商品十分陌生,企业必须通过各种促销手段把商品引入市场,力争提高商品的市场知名度;另一方面,导入期的生产成本和销售成本相对较高,企业在给新产品定价时不得不考虑这个因素。所以,在导入期,企业营销的重点主要集中在促销和价格两方面,一般由以下四种可供选择的市场战略。

(1) 高价快速策略

高价快速策略的形式是:企业在采用高价格的同时,配合大量的宣传推销活动,把新产品推入市场。其目的在于企业想先声夺人,抢先占领市场,并希望在竞争者还没有大量出现之前就能收回成本,获得利润。适合采用高价快速策略的市场环境为:

① 必须有很大的潜在市场需求量;

② 这种商品的品质特别高,功效又比较特殊,很少有其他的商品可以替代,消费者一旦了解这种商品,常常愿意出高价购买;

③ 企业面临着潜在的竞争对手,想快速地建立良好的品牌形象。

(2) 选择渗透战略

选择渗透战略的形式是：企业在采用高价格的同时，只用很少的促销努力。高价格的目的在于企业能够及时收回投资，获取利润；低促销的方法可以减少销售成本。选择渗透策略主要适用于以下情况：

① 商品的市场比较固定、明确；

② 大部分的潜在顾客已经熟悉该产品，他们愿意出高价购买；

③ 商品的生产和经营必须有相当的难度和要求，普通企业无法参加竞争，或由于其他原因使潜在的竞争不迫切。

(3) 低价快速策略

低价快速策略的形式是：企业在采用低价格的同时做出巨大的促销努力。这种策略的特点是企业可以使商品迅速进入市场，有效地限制竞争对手的出现，为企业带来巨大的市场占有率。低价快速策略的适应性很广泛，适合采用该策略的市场环境是：

① 商品有很大的市场容量，企业可望在大量销售的同时逐步降低成本；

② 消费者对这种产品不太了解，对价格又十分敏感；

③ 潜在的竞争比较激烈。

(4) 缓慢渗透策略

缓慢渗透策略的形式是：企业在新产品进入市场时采取低价格，同时不做大的促销努力。低价格有助于市场快速地接受商品，低促销又能使企业减少费用开支、降低成本，以弥补低价格造成的低利润或亏损。适合采用缓慢渗透策略的市场环境是：

① 商品的市场容量大；

② 消费者对商品有所了解，同时对价格又十分敏感；

③ 存在某种程度的竞争。

2. 成长期的营销策略

商品的成长期是指新产品试销取得成功以后，转入成批生产和扩大市场销售额的阶段。在商品进入成长期以后，有越来越多的消费者开始接受并使用，企业的销售额直线上升，利润增加。在此情况下，竞争对手也会纷至沓来，威胁企业的市场地位。因此，在成长期，企业的营销重点应该放在保持并且扩大自己的市场份额，加速销售额的上升方面。另外，企业还必须注意成长速度的变化，一旦发现成长的速度由递增变为递减时，必须适时调整策略。这一阶段可以适用的具体策略有以下六种。

(1) 积极筹措和集中必要的人力、物力和财力，进行基本建设或者技术改造，以利于迅速增加或者扩大生产批量。

(2) 改进商品的质量，增加商品的新特色，在商标、包装、款式、规格和定价方面做出改进。

(3) 进一步开展市场细分，积极开拓新的市场，创造新的用户，以利于扩大销售。

(4) 努力疏通并增加新的流通渠道，扩大产品的销售面。

(5) 改变企业的促销重点，如在广告宣传上，从介绍产品转为树立形象，以利于进一步提高产品在社会上的声誉。

(6) 充分利用价格手段。在成长期，虽然市场需求量较大，但在适当时企业可以降低价格，以增加竞争力。当然，降价可能暂时减少企业的利润，但是随着市场份额的扩大，长期利润还可望增加。

3. 成熟期的营销策略

商品的成熟期是指商品进入大批量生产且在市场上处于竞争最激烈的阶段。通常这一阶段比前两个阶段持续的时间更长,大多数商品均处在该阶段,因此企业的管理层也大多数在处理成熟产品的问题。

在成熟期中,有的弱势产品企业应该放弃,以节省费用开发新产品;但同时也要注意原来的产品可能还有发展潜力,有的产品就是由于开发了新用途或者新功能而重新进入新的生命周期。因此,企业不应该忽略或者仅仅是消极地防卫产品的衰退。一种优越的攻击往往是最佳的防卫。企业应该有系统地考虑市场、产品及营销组合的修正策略。

(1) 市场修正策略

市场修正策略即企业通过努力开发新的市场,以此来保持和扩大自己的商品市场份额。

① 企业通过努力寻找市场中未被开发的部分,如使非使用者转变为使用者。

② 企业通过宣传推广,促使顾客更频繁地使用或每一次使用更多的量,以增加现有顾客的购买量。

③ 企业通过市场细分化,努力打入新的市场区划,如地理、人口、用途的细分。

④ 企业赢得竞争者的顾客。

(2) 产品改良策略

产品改良策略即企业可以通过产品特征的改良来提高销售量。

① 品质改良,即增加产品的功能性效果,如耐用性、可靠性、速度及口味等。

② 特性改良,即增加产品的新的特性,如规格、重量、材料质量、添加物以及附属品等。

③ 式样改良,即增加产品美感上的需求。

(3) 营销组合调整策略

营销组合调整策略即企业通过调整营销组合中的某一个因素或者多个因素,以刺激销售,例如:

① 通过降低售价来加强竞争力;

② 改变广告方式以引起消费者的兴趣;

③ 采用多种促销方式(如大型展销、附赠礼品等);

④ 扩展销售渠道,改进服务方式或者货款结算方式等。

4. 衰退期的营销战略

衰退期是指商品逐渐老化,转入商品更新换代的时期。当商品进入衰退期时,企业不能简单地一弃了之,也不应该恋恋不舍,一味地维持原有的生产规模和销售规模。企业必须研究商品在市场的真实地位,然后决定是继续经营下去,还是放弃经营。

(1) 维持策略

维持策略即企业在目标市场、价格、销售渠道、促销等方面维持现状。由于这一阶段很多的企业会退出现行市场,因此,对一些有条件的企业来说并不一定会减少销售量和利润。使用这一策略的企业可配以商品延长寿命的策略,企业延长产品寿命周期的途径是多方面的,最主要的有以下四种:

① 通过价值分析,降低产品成本,以利于进一步降低产品价格;

② 通过科学研究,增加产品功能,开辟新的用途;

③ 加强市场调查研究,开拓新的市场,创造新的内容;

④ 改进产品设计,以提高产品的性能、质量、包装、外观等,从而使产品的寿命周期不断实现再循环。

(2) 缩减策略

缩减策略即企业仍然留在原来的目标上继续经营,但是根据市场变动的情况和行业退出障碍水平在规模上做出适当的收缩。如企业可以把所有的营销力量集中到一个或者少数几个细分市场上,以加强这几个细分市场的营销力量,也可以大幅度地降低市场营销的费用,以增加当前的利润。

(3) 撤退利润

撤退利润即企业决定放弃经营某种商品以撤出目标市场。在撤出目标市场时,企业应该主动考虑以下三个问题:

① 企业将进入哪一个新区划,经营哪一种新产品,可以利用以前的哪些资源;

② 品牌及生产设备等残余资源如何转让或者出卖;

③ 企业应保留多少零件存货和服务以便在今后为过去的顾客服务。

第六章　价格策划篇

美国西南航空公司的定价策略[①]

美国西南航空公司(以下简称西南航空公司)是低成本航空运营模式的鼻祖,已连续保持盈利——这在航空历史上也是前无古人的记录。自从1973年它首次实现盈利以来就再没有赔过一分钱。西南航空公司由罗林·金和赫伯·凯勒创建于1971年,总部设在达拉斯。创立之初,公司购买了3款新型的波音737客机,于1971年6月开始在美国德克萨斯州3个最大的城市(达拉斯、休斯敦和圣安东尼奥)间经营航空业务。其每条航空的票价仅为20美元,而竞争者需要27~28美元。当时西南航空公司只有少量顾客、几只包袋和一小群焦急不安的员工,现在其服务范围已横跨美国22个州的45个大城市。现任公司总裁和董事长的赫伯·凯勒是一位传奇式的创办人,他用爱心(LUV)建立了这家公司。LUV说明了公司总部设在达拉斯的友爱机场,LUV也是他们在纽约上市股票的标志,又是西南航空公司的精神。LUV象征着"爱",这亦是西南航空公司自1973年以来的广告主题。公司一开始就是一家运费低、航班多、航程短、点对点不中转以及等级座舱单一、不联运、能够提供温馨愉快旅行的航空公司,它的扩张方式是"在每一个新机场做与原来相同的老事情"。西南航空公司的经营之道是:为乘客提供可靠、安全的飞行服务,为员工提供工作保障,同时实现收益最大化。

一、定价目标直指汽车

这是世界上唯一一家只提供短航程、高频率、低价格、点对点直航的航空公司。"我们的对手是公路交通。我们要与行驶在公路上的福特车、克莱斯勒车、丰田车、尼桑车展开价格战。我们要把高速公路上的客流搬到天上来"。西南航空公司的执行官赫伯·凯勒这样解释道。西南航空公司只将精力集中短途航班上,它提供的航班不仅票价低廉,而且班次频率高。

和许多竞争对手不同,西南航空公司并不收取任何改签费,也没有周末必须停留一晚的规定。公司目前大约80%的客源都是直达旅客。直达航班减少了经停点和联程点,从而减少了航班延误和整个旅行时间。西南航空公司还在所运营的每一个机场都设置了自助式值机柜台,即按照屏幕提示操作即可。

---

① 本案例参考了百度百科之美国西南航空公司。

二、尽一切手段降低成本

首先,选用型号单一、装修朴实的飞机。西南航空公司只购买燃油经济型的波音737飞机(部分飞机购买的是在安全的使用年限内尚未"退伍"的二手飞机),不搞豪华铺张的内装修,机舱内没有电视和耳机。单一机型能最大限度地提高飞机利用率。因为每个飞行员都可以机动地驾驶所有的飞机,此外,还可以简化管理,并降低培训、维修和保养的成本。西南航空公司在人员培训、维修保养、零部件购买与库存上均只执行一个标准,大大节省了培训费和维护费;西南航空公司还在美国创立了独一无二的航线模式——点对点直航。同时,西南航空公司将飞机大修、保养等非主业业务外包,保持地勤人员少而精,一般只有4个地勤人员提供飞机检修、加油、物资补给和清洁等工作。人手不够时驾驶员也会从事地勤工作。

其次,选择价格低廉、成效卓著的机场。西南航空公司尽可能选用起降费、停机费较低廉的非枢纽机场(二线机场),这样不仅直接降低了中转费用,而且也能确保飞机快速离港。为了减少飞机在机场的停留时间,增加在空中飞行的时间(也就是挣钱的时间),西南航空公司采用了一系列保证飞机高离港率的规定:不提供托运行李服务;不指定座位,先到先坐,促使旅客尽快登机;建立自动验票系统;加快验票速度;不提供集中订票服务等。这些特色使得西南航空公司70%的飞机滞留机场的时间只有15分钟,而其他航空公司的客机需要一两个小时。

最后,提供化繁为简、顾客满意的服务。选择低价格服务的顾客一般比较节俭,于是西南航空公司在保证旅客最主要满意度的基础上,尽可能将服务项目化繁为简,降低服务成本。如飞机上不提供正餐服务,只提供花生与饮料,只是在长途飞行时才在菜单中加入小甜点和饼干。一般航空公司的空姐都询问:"您需要来点儿什么,果汁、茶、咖啡还是矿泉水?"而西南航空公司的空姐则问:"您渴吗?"只有当乘客回答"渴"时才会提供普通的水。西南航空公司的登机卡是塑料的,并由专人在舱门口负责收回,因而可以反复使用。西南航空公司的飞机不对号入座,乘客不用上飞机找座位,也没有头等舱、公务舱和经济舱的区别,鼓励乘客先到先坐,上去就找空位置坐下,很快就可登机完毕起飞。这样既省了乘客的时间,也省了飞机滞留机场的费用。高速转场是提高飞机使用效率的重要因素,人们经常可以看到西南航空公司的飞行员满头大汗地帮助装卸行李,管理人员在第一线参加营运的每一个环节。

西南航空公司的客机平均每天每架起飞7.2次,每架飞机平均每天在空中飞行的时间大约为12小时,是美国航空业中在空中时间最长的飞机。西南航空公司的创始人赫伯特·凯勒的名言:"飞机要在天上才能赚钱。"

西南航空公司每座位英里的运营成本比联合航空公司低32%,比美国航空公司低39%。美国航空业每英里的航运成本平均为15美分,而西南航空公司的航运成本不到10美分。在洛杉矶到旧金山航线上其他航空公司的票价为186美元,西南航空公司的票价却仅为59美元。

西南航空公司千方百计降低成本,飞机上不提供费事费人的用餐服务。"抠门"的结果是西南航空公司的机票价格可以同长途汽车的价格相竞争。

西南航空公司的领导团体提出明确的目标——"赚钱,给每位员工提供稳定的工作,并让更多的人有机会乘飞机旅行"。明确的市场意识,把"打破官僚主义"作为自己的口号,摆脱大公司容易产生的官僚主义,管理效率提高,而且能根据市场变动及时进行调整。强调

"员工第一"的价值观,建立激励员工的企业文化。西南航空公司的企业文化是把公司变为一个大家庭,充满对每个人的爱、关怀和活跃的气氛。

案例点评

定价看似简单,其实大有学问。定价反映了一个企业的战略定位和企业本身在行业中的地位。领导者、挑战者、跟随者以及专业聚焦者都有不同的定价策略。初期,西南航空公司在美国的航空业只能算是一家小型企业,和联合航空公司、美国航空公司等大型航空公司比起来规模小得多。在竞争激烈的航空业想要占有一席之地就必须有自己的绝招,西南航空公司的绝招就是做专业聚焦者,专攻短途、低价市场。这种定位就是不与大型航空公司展开正面竞争,而是专攻大型航空公司不愿意做的其他市场,虽然这样做的利润空间可能不高,但是只要在这个细分领域做到最大,一样可以成就一个优秀的企业。一个低成本运营的企业必须要在各个方面降低自己的成本来凸显自己的优势,于是西南航空公司不惜一切代价降低经营费用,逐渐确立了自己在短途航线中的领先地位,而这种低成本的策略确实得到了很多中低端旅客的认可。国内学习西南航空公司学得最好的是春秋航空股份有限公司,只不过美国的经营环境和中国的经营环境有很大差异,很多的费用和成本不是航空公司自己想降就能降得下来的。

西南航空公司的经营思路很像沃尔玛,都是以低成本运营的方式把自己的成本压缩到最低,省下的费用回馈给消费者。只不过西南航空公司做得更专些,只做自己更擅长的,通过短途、直航、不提供正餐、二线机场等方式把价格降到低得惊人,这样做的直接好处是只做那些自己能够掌控的业务,把自己竞争力弱的业务抛掉,轻装上阵,这样才能充分发挥自己的竞争优势。通过不提供托运行李服务、不指定座位、自动验票系统、不提供集中订票等设计让成本降到更低,让运营效率变得更高。最值得称道的是,西南航空公司的战略执行和"员工第一,顾客第二"的理念和海底捞火锅不谋而合,从这点上看,优秀的企业都有着共通的优秀理念,这种理念可以作为优秀的基因帮助品牌脱颖而出。

案例讨论题

1. 美国西南航空公司的定价是如何反映它的战略定位的?
2. 低定价必然带来低利润,美国西南航空公司是如何解决这一问题的?
3. 美国西南航空公司把竞争对手定位为长途汽车,长途汽车的经营者应该如何应对这种竞争?

理论注释 定价

什么是定价? 定价是标在商品上的市场零售价格。

一、企业的定价程序

一般企业的定价程序可以分为六个步骤,即确定企业的定价目标、测定市场需求、估算商品成本、分析竞争状况、选择定价方法、确定最后价格。

1. 确定企业的定价目标

确定企业的定价目标主要有八种选择,即投资收益率目标、市场占有率目标、稳定价格目标、防止竞争目标、利润最大化目标、渠道关系目标、度过困难目标、塑造形象目标(也叫社会形象目标)。

2. 测定市场需求

企业商品的价格会影响需求,需求的变化影响企业的产品销售以至于企业营销目标的实现。因此,测定市场需求状况是企业制定价格的重要工作。在对需求的测定中,首要的是了解市场需求对价格变动的反应,即需求的价格弹性。需求的价格弹性可用公式表示如下:

$$需求的价格弹性(E) = \frac{需求量变动率}{价格变动率}$$

计算结果有三种情况:

① 当 $E>1$ 时,即价格变动率小于需求量变动率时,此产品富于需求弹性,或称弹性大;

② 当 $E=1$ 时,即价格变动率同需求量变动率一致时,此产品具有一般需求弹性;

③ 当 $E<1$ 时,即价格变动率大于需求量变动率时,此产品缺乏需求弹性或者非弹性需求。

影响需求弹性大小主要有三个因素:商品替代品的数目和相近程度;商品在消费者收入中的重要性;商品有多少用途。

3. 估算商品成本

企业在制定商品价格时要进行成本估算。企业商品价格的最高限度取决于市场需求及有关限制因素,而最低价格不能低于商品的经营成本费用,这是企业商品价格的下限。

企业的成本包括两种:一种是固定成本;另一种是变动成本,或称可变成本、直接成本。固定成本与变动成本之和即为某产品的总成本。

在成本估算中,离不开对"产量-成本-利润"关系的分析,而其中一个重要的概念是分析边际成本。所谓边际成本,是指企业生产最后一单位产品所花费的成本或每增加(减少)一个单位生产量所引起的总成本变动的数值。因为边际成本会影响企业的边际收益,所以企业必须对其表示极大的关注。

4. 分析竞争状况

对竞争状况的分析包括以下三个方面的内容:(1)分析企业的竞争地位;(2)协调企业的定价方向;(3)估计竞争企业的反应。

5. 选择定价方法

定价方法是企业为实现其定价目标所采取的具体方法,可以归纳为成本导向、需求导向和竞争导向三类。

第一,成本导向定价法。以营销产品的成本为主要依据制定价格的方法统称为成本导向定价法,这是最简单、应用相当广泛的一种定价方法。

第二,需求导向定价法,即根据市场需求状况和消费者对产品的感觉差异来确定价格的定价方法。

第三,竞争导向定价法是企业通过研究竞争对手的生产条件、服务状况、价格水平等因素,依据自身的竞争实力,参考成本和供求状况来确定商品价格。这是以市场上竞争者的类似产品的价格作为本企业产品定价参照系的一种定价方法。

6. 选定最后价格

在最后确定价格时,企业必须考虑是否遵循以下四项原则:

(1) 商品价格的制定与企业预期的定价目标的一致性,有利于企业总的战略目标的实现;

(2) 商品价格的制定符合国家政策法令的有关规定;

(3) 商品价格的制定符合消费者的整体利益及长远利益;

(4) 商品价格的制定与企业市场营销组合中的非价格因素是否协调一致、相互配合,为达到企业的营销目标服务。

二、影响企业定价的因素

1. 市场需求及变化

经济学原理告诉我们,如果其他的因素保持不变,消费者对某一商品需求量的变化与这一商品价格变化的方向相反,如果商品的价格下跌,需求量就上升,而商品的价格上涨时,需求量就相应下降,这就是所谓的需求规律。这是企业决定自己的市场行为特别是制定价格时必须考虑的一个重要因素。

2. 市场竞争状况

在不同的竞争条件下企业自身的定价自由度有所不同,在现代经济中可分为完全竞争、纯粹垄断(或称完全垄断)、不完全竞争(也叫垄断性竞争)、寡头竞争四种情况。

3. 政府的干预程度

除了竞争状况之外,各国政府干预企业的价格制定也直接影响企业的价格决策。在现代经济生活中,世界各国政府对价格的干预和控制是普遍存在的,只是干预与控制的程度不同而已。

4. 商品的特点

商品的特点包括:商品的种类;标准化程度;商品的易腐、易毁和季节性;时尚性;需求弹性;生命周期阶段等。

5. 企业状况

企业状况主要指企业的生产经营能力和企业的经营管理水平对制定价格的影响,包括以下内容:企业的规模与实力;企业的销售渠道;企业的信息沟通;企业营销人员的素质和能力等。

三、定价的主要方法

1. 成本导向定价法

(1) 成本加成定价法,其计算公式为:

$$单位产品销售价格 = 单位产品总成本 \div (1 - 税率 - 利润率)$$

(2) 目标利润定价法,其计算公式为:

$$单位产品销售价格 = (总成本 + 目标利润总额) \div 总产量$$

(3) 变动成本定价法,其计算公式为:

$$单位产品销售价格 = (总的可变成本 + 边际贡献) \div 总产量$$

(4) 盈亏平衡定价法,其计算公式为:

$$单位产品销售价格 = (固定成本 + 可变成本) \div 总产量$$

2. 需求导向定价法

即一般企业先拟定一个消费者可以接受的价格,然后根据所了解的中间商成本加成情况,逆推计算出商品的出厂价。

3. 竞争导向定价法

(1) 随行就市定价法

随行就市定价法是指企业按照本行业在国际市场上的市场价格水平来定价的定价方法。

(2) 密封投标定价法

密封投标定价法是指企业通过引导用户(顾客)竞争,密封递价,参加比价,根据竞争者的递价选择最有利的价格的定价方法。该定价法主要应用于建筑包工和政府采购等。

四、定价基本策略

1. 新产品定价

(1) 有专利保护的新产品定价

① 撇脂定价法。

② 渗透定价法。

(2) 仿制品的定价

仿制品的定价有九种可供选择的战略:

(1) 优质高价;

(2) 优质中价;

(3) 优质低价;

(4) 中质高价;

(5) 中质中价;

(6) 中质低价;

(7) 低质高价;

(8) 低质中价;

(9) 低质低价。

2. 心理定价

(1) 尾数定价或整数定价。

如企业将某种商品定价为9.90元,一般适用于价值较低的商品,价值较高的商品则一般定价为整数,以迎合消费者"便宜无好货"的心理。

(2) 声望性定价。

(3) 习惯性定价。

3. 折扣定价

(1) 现金折扣。

(2) 数量折扣。

(3) 职能折扣。

(4) 季节折扣。

(5) 推广津贴。

4. 歧视定价(差别定价)

(1) 对不同顾客群制定不同的价格。

(2) 不同的花色品种、式样制定不同的价格。

(3) 不同的部位制定不同的价格。

(4) 不同的时间制定不同的价格。

小米手机的定价策略分析[①]

一、背景资料

2011年8月16日,200余家媒体以及400名粉丝齐聚北京798D-PARK艺术区,共同见证发烧友级重量手机小米手机的发布。小米公司董事长雷军先极其详细地介绍了小米手机的各种参数,展示了其优点。在勾起人们兴趣之后,临近结束之时,他用一张极其庞大醒目的页面公布了它的价格:1999元。

作为首款全球1.5GB双核处理器,搭配1GB内存,以及板载4GB存储空间,最高支持32GB存储卡的扩展,超强的配置,却仅售1999元,让人群为之一震。那么,配置如此高端的小米手机为何仅售1999元,让我们一起来分析小米手机定价决策的过程。

二、小米手机定价决策过程分析

1. 小米手机数据收集(市场调查)阶段

定价策略常常因为没有考虑所有的关键因素而失败。由于市场人员忽视成本,其定价决策仅仅是市场份额最大化,而不是利润最大;由于财务人员忽视消费者价值和购买动机,其定价忽略了分摊固定成本。没有收集到足够的有关竞争者的信息而做出的定价决策,短期看起来不错,一旦竞争者采取出乎意料的行动就不行了。好的定价决策需要成本、消费者和竞争者三方面的信息——这是定价成功与否的决定信息。因此,小米手机定价分析是从下面开始的。

(1) 成本核算

小米手机成本的几个部分,首先是元器件成本。目前,小米手机配置高通MSM8260双核1.5GHz手机处理器,芯片集成64MB独立显存的Adreno 220图形芯片,并且配置1GB内存,自带4GB ROM,支持最大可扩展至32GB MicroSD卡。

这些硬件材料加在一起价格也不低于1200元,加上关税、17%增值税、3G专利费。此外,还有小米手机的良品率,即手机拿起来能用。良品率达到99%,相当于是极致,但还是意味着1%的材料浪费。加上售后服务和返修率,这也是成本的一个重要变量。

另外,小米手机采用网上售卖的方式,直接面对最终消费者,从物流到库存上节约了巨大的成本,使得小米手机敢卖1999元。

---

① http://wenku.baidu.com/view/28753749852458fb770b56ad.html。

(2) 确认消费者

目前，小米手机主要针对的消费群体主要来自互联网中追求时尚、潮流、性价比等的智能手机消费者，包括大学生、白领等中低收入人群。

另外，因为仅限于网上出售，目标消费群体可谓很明确，根据这一消费人群的共性，低价格高性价比更能受到青睐。

(3) 确认竞争对手

基本上所有的中高端智能手机都可以看作小米手机的竞争对手，如iPhone、三星、诺基亚、HTC、黑莓等。

目前，一些类似小米手机的机型售价在3000元甚至更高，主要是计入了很大一部分销售成本。相比较来看，小米手机在性价比上要优于其他的中高端智能手机。

2. 小米手机定价策略阶段

新产品定价的难点在于企业无法确定消费者对于新产品的理解价值。如果价格定高了，难以被消费者接受，影响新产品顺利进入市场；如果价格定低了，则会影响企业的效益。

小米手机根据收集到的市场信息，采用了渗透定价策略。

(1) 渗透定价策略

渗透定价策略即企业在新产品上市之初将价格定得较低，以吸引大量的购买者，扩大市场占有率。

由低价产生的两个好处是：首先，低价可以使产品尽快为市场所接受，企业可以借助大批量销售来降低成本，获得长期稳定的市场地位；其次，微利阻止了竞争者的进入，增强了企业自身的市场竞争力。

1999元就能够买到相当不错的智能手机，这对消费者来讲是一种很大的诱惑，小米手机第一次网上销售被一抢而空更能说明高性价比对消费者的诱惑，这为小米手机提高市场占有率有很大的优势。

此外，根据消费人群的消费习惯，小米手机在一定程度上运用了心理定价策略。

(2) 心理定价策略

① 尾数定价

尾数定价即企业在定价时保留价格尾数，采用零头标价，将价格定在整数水平以下，使价格保留在较低一级档次上。

② 招徕定价

招徕定价即企业利用消费者的求廉心理，以接近成本甚至低于成本的价格进行商品销售的策略。

小米手机在产品的定价过程中熟练地运用了多种新产品定价策略，最终敲定小米手机的售价为1999元。通过细致的市场调研并合理地运用多种新产品定价策略，小米手机最终定价为1999元，实践证明这个价格发挥了其应有的作用。

案例点评

定价反映了战略定位。小米手机定价的目标是市场占有率最大化，所有的营销都要为了这个目标服务。2011年，当其他的智能手机动辄都在3000元以上的价位时，小米手机推出了1999元的智能手机,由此能够看出小米公司董事长雷军先在智能手机领域的野心。他要做智能手机的价格破冰者。由于消费者对于智能手机的市场价格高度敏感,低价能刺激需求迅速增长,生产与分销的单位成本会随着数量的增加而下降,其可能的最好结果是迅速占领中低端智能手机市场的大量份额。小米手机的定价策略比较成功,这种定价策略有三方面的好处:第一,吸引大量的目标消费者成为小米手机的用户。一个新品牌要想让消费者迅速记住你、购买你,最好的办法就是低价,拥有有竞争力的价格,成为用户认为性价比高的产品。小米手机无疑做到了这点。第二,让竞争对手不得不降价跟随小米手机的定价。在主流智能手机定价在3000元以上的市场状况下,小米手机推出1999元的机型会让竞争对手左右为难,跟,跌面;不跟,用户会减少。因为价格差距很大,主流品牌多少会降低部分产品的价格和小米手机争夺用户和市场。这就正中小米手机的下怀。第三,低价能吓退潜在竞争者。在智能手机产品同质化很高而利润很低的情况下,这种定价会迫使一些规模不大又想进入这一领域的潜在竞争者知难而退。

但是,小米手机的定价策略也存在一定的风险。首先,过低的利润率将导致小米手机在之后的市场运作中没有太多的回旋余地。小米手机无法支撑太多层次的渠道销售,更无法承担手机一旦出现问题所产生的大规模维修。其次,小米手机过于富有竞争力的价格将导致智能手机市场的动荡,并鲜明地将自己摆在大多数手机厂商的对立面。最后,360和百度这些强势互联网品牌纷纷进入智能手机市场后会让小米手机从价格破冰者成为被动降价者。这些企业的实力往往很强,他们进入智能手机市场是看好移动互联网的未来发展前景,很有可能为了抢占用户和市场而主动打价格战,而那时已经没有多少降价空间的小米手机会很被动。

案例讨论题

1. 小米手机的定价反映了它怎样的战略定位?
2. 新产品上市应该如何定价比较合理?
3. 如果你是雷军先,你将如何为小米手机定价?
4. 在众多互联网企业纷纷涉足智能手机市场后,小米手机应该如何应对?

理论注释 新产品定价策略

一、确定定价目标

在营销组合中,价格是唯一能产生收入的因素,是实现企业总体战略目标的手段和保证。因而,新产品定价是一个谨慎而科学的管理过程,首先,企业应确定新产品的定价目标。而新产品战略目标首先必须解决企业需要这一特定新产品达到什么样的价格目标,也就是新产品的产品、技术、目标群等一系列定位。如果企业已经选择了新产品的目标市场,进行了市场定位,确定了营销组合,价格将是相当明确的。假设一款新型高档豪华小轿车,外观高雅,造价昂贵,采用国际领先技术,定位于"金领"阶层,那么,它必然价格不菲,一般工薪阶层望尘莫及。

1. 市场营销战略目标

(1) 追求的市场地位

一般企业对市场地位的追求分为四种情况：创造新的市场机会；扩大现有市场占有率；保持市场占有率；争取中间商。市场占有率是企业竞争状况和经营能力的综合反映，市场占有率越高，产品的销量越大，企业的市场地位越高，产品和品牌在消费者心目中的地位越稳固，也越能提高企业的营利水平。而前三种情况反映的正是企业对市场占有率的孜孜不倦的追求。另外，建立和保持与中间商良好的合作关系对绝大多数企业来说是影响新产品营销目标实现与否的重要因素之一，而企业处理双方关系时必然涉及经济利益，而其中价格最为敏感。所以，在具体定价时企业要考虑中间商的合理利益，双方共同制定价格或给予合理的折扣。

(2) 利润目标

在微观经济学中，企业利润最大化有两种标准：总量标准（即总收益与总成本之差最大）和边际量标准（即边际收益等于边际成本时利润最大）。企业要实现利润最大化与价格紧密相关，只有制定科学合理的价格才能实现企业当期或长期的利润最大。也有一些企业为了追求投资回报率会制定预期利润率作为投资回报率的保障。但在现实的营销活动中，企业追求的最大利润或预期利润率又受到种种限制，难以如愿以偿。所以，有些企业只将它们作为参照标准，根据客观环境的变化再不断修改，以企业感到满意的盈利标准作为具体的定价目标。还有些企业为了达到较高的市场占有率、应战竞争对手等会采取保本定价甚至亏本定价的策略，这也是短期内企业可以接受的。

总之，新产品的定价受到企业各种营销战略目标的制约，同时也成为新产品定价的依据。

2. 企业总体战略目标

(1) 企业发展目标

企业在不同的市场环境和社会环境下必须制定不同的战略，有的企业在新市场中需要迅速扩张，有的企业实行稳步发展，有的企业维持现状，有的企业受控发展，有的企业受控收缩。不同的战略和环境需要对产品实行不同的定价来适应。如果企业需要迅速扩张，那么新产品一般应制定较低的价格来实现快速的市场渗透。又如，有的企业因为资源有限只能受控发展，不可能有大量的人力、物力投入新产品的市场开拓，因而可采用较高的价格实现较高的利润。

(2) 社会目标

利润、市场占有率等只是企业的经营目标，企业的各种活动必须遵守国家的法令法规，还有一些社会公共目标，以社会利益为基础，实现社会责任，如社会可持续发展、环境保护、企业和员工安全等。这即是以社会营销观念为定价目标。

企业还有一些其他的目标（如季节性调整、多元化经营等）也会对新产品的定价产生影响。以上这些目标都是制定价格策略和方法的依据。新产品定价目标是多元的、多层次的、相互联系、相互影响、相互制约的目标体系必须综合加以评定，以满足企业总体目标的全面性要求。

二、影响定价的因素

影响新产品定价的主要因素除了产品的定价目标以外，还包括以下因素。

1. 产品成本

产品成本是构成产品价格的主要部分,也是决定产品价格的最低界限。目前,大部分工业品成本在出厂价中的比例平均达到了70%。在经济学中成本一般有两种分类:固定成本与可变成本;边际成本、总成本与平均成本。研究固定成本与可变成本主要为了确定成本变动与产量变动之间的关系,对成本进行动态分析。研究边际成本、总成本与平均成本可以使企业根据边际成本小于边际收益的原则,以寻求利润最大化时的均衡产量,也使社会资源得到充分利用。

2. 市场需求

企业可能收取的每一种价格都导致一种不同水平的需求以及由此对不同的营销目标产生的不同效果,因此需求一般有两个变量,即一种商品的价格水平以及此价格水平上人们愿意接受并有能力购买的商品数量,价格和需求量一般成反比关系,就是价格越高,需求数量越少,反之亦然。但有时需求曲线的斜率也成正数,如一种香水提高了价格反而销量更大,因为消费者认为更昂贵的价格意味着更体现品位的香水,然而价格定得太高,需求量还是会下降。在不同的市场上存在着不同的商品的价格变动,市场的反应又有所不同,这就涉及经济学中又一概念:价格弹性。一般来说,富有弹性的商品,提价会使销售收入增加,降价会使销售收入减少;缺乏弹性的商品,则成相反方向变化,提价会使销售收入减少,而降价会使销售收入增加。一般影响价格弹性的因素有:竞争的激烈程度;替代品的多少;产品必需程度;消费者购买力的高低等。

3. 竞争产品状况

直接竞争产品的价格和所提供的产品若与新产品相似,那么新产品的定价必须低于竞争者的定价,否则企业无法真正占领市场;如果新产品是优越的,企业才可以索要更高的价格,这是企业定价的起点,并且企业在定价时也必须考虑竞争者会做出的反应。

产品的定价(特别是新产品定价)是一个复杂的管理过程,而价格是营销组合中最敏感、最活跃的因素,决不能随心所欲,受到社会资源、技术进步、经济发展、政治法律等因素制约,必须综合考虑各种内部因素和外部因素,才能制定出符合经济规律和企业发展的新产品价格。

三、具体的定价方法

1. 新产品的一般定价法

(1) 撇脂定价法

用从鲜奶中撇取奶酪来比喻高价产品从消费者中赚取高额利润,撇脂定价法一般适用于不易模仿、受专利保护的全新产品、改进型产品或重新定位型产品,消费者需求迫切,需求弹性较小,没有竞争者或竞争者较弱的情形。这种定价法的优点主要表现在:主动性大,随着时间逐步推移,价格可分阶段逐步下降,以利于从其他的细分市场吸引新的顾客群;适应性强,可与生产能力相适应,可限制因需求量迅速扩张而造成供不应求的局面;能从市场中迅速吸取利润,较快收回成本;有利于在消费者心目中树立企业、品牌和产品的形象。但其缺点也很明显,价格高,不利于企业扩大市场,也容易招致竞争者,导致恶性竞争。杜邦公司是这种定价法的主要实施者,该公司对尼龙、莱卡等发明物最初制定了一个根据新产品与有效代用品的比较利益而决定的较高价格,但仍使目标顾客认为产品值得使用而产生较大的销量,当销量逐步下降以后该公司再降低价格来吸引价格敏感的顾客,这样使杜邦公司获了大量的最大额收入。格兰仕公司同样在20世纪90年代初以"高起点,高定位"的战略投入微波炉的生产,确立了格兰仕在微波炉行业的龙头老大地位,推动了我国微波炉的家庭化步伐,在与国际品牌的竞争中赢得优势,确立了国际知名度。

(2) 渗透定价法

和撇脂定价法相反,渗透定价法的目的是企业为了争取最大的市场占有率和目标消费者。它有许多的优点:新产品能迅速为市场所接受,快速打开销路,使成本随着生产的发展而降低;并且由于利润率低使竞争者望而却步,降低竞争的激烈程度。当新产品没有显著特色,竞争激烈,需求弹性较大时宜采用这种方法。但是使用这种方法的前提是新产品必须有一个巨大的潜在市场,企业也有较大的生产规模和营销经验。如金佰利国际集团旗下的"舒而美"系列妇女用品针对这一市场品牌众多的特点,在高质量的前提下,制定较低的价格,此价格甚至比大众消费品牌"安而乐"的价格更低来占领市场,因此在很短的时间内迅速赢得了消费者。但这种定价法会造成由于价格定得过低而使品牌形象难以树立,甚至低得让消费者怀疑其是否存在质量问题。

2. 其他的定价方法

上述新产品定价法是一般的定价策略,企业在制定具体的价格时还需要综合利用很多的技巧和方法。

(1) 心理定价法

有些定价技巧迎合了消费者某些特定心理,如整数定价法和尾数定价法。很多商品的尾数都是0.98元、0.99元,而不是1.00元,就是这种价格位数低一位使消费者产生一种"便宜"的错觉,从而反应更积极,促进了销售,这在服装的定价中尤为明显。而有些产品的定价却追求整数,因为目标消费者认为"便宜无好货,好货不便宜",价高一位更能刺激消费者购买。有一些企业为了使同类产品的定价更高些而采取声望定价法,主要有两种目的:第一,能提高产品的形象;第二,能满足某些消费者对地位和自我价值的欲望。还有些同类商品较多的品种在市场上已经形成了一种习惯价格,而新产品又没有突出的特性,提高价格或降低价格都会使消费者产生抵触情绪从而降低了新产品的市场开拓速度。

(2) 折扣定价法

折扣价格是新产品进行销售促进时的一种最常用手法。折扣有不同的形式,如现金折扣是对消费者及时付清账款的一种价格折扣。数量折扣是根据购买数量和购买金额的不同,单价相应降低,购买量越大单价越低,又分为累计数量折扣和非累计数量折扣,这种折扣形式适用于一般消费者,企业不能将数量定得太高,以至于消费者望而却步。还有针对中间商的交易折扣,生产企业根据不同的中间商在营销中的不同任务和不同作用而给予不同的折扣和优惠,以建立和维持良好的合作关系。如"唯洁雅"纸品在投入中国市场的过程中一直采用"买二赠一"的促销方式,也就是说平均价格降低了1/3,树立了品牌,又快速开拓了市场,取得了非常好的营销效果,在渗透过程结束后企业才取消了这种折扣。

(3) 差别定价法

企业还会根据不同的顾客基础、产品式样和性能基础、地理位置、时间基础采取不同的定价。如针对地理位置的定价有原地交货定价法、统一运费定价法、区域定价法、基点定价法和承担运费定价法等。

总之,定价策略是多变的,企业应根据不同的市场环境、供需状况、企业战略、产品成本等因素综合考虑,并依照形势灵活地上下浮动,总之,市场是最好的指南针。

宜家"低价"策略失当①

宜家家居(以下简称宜家)是瑞典家具卖场。宜家的低价格策略是其重要的经营理念之一。宜家的经营理念是"提供种类繁多、美观实用、老百姓买得起的家居用品",这就决定了宜家在追求产品美观实用的基础上要保持低价格,实际上宜家也是这么做的:宜家一直强调低价格策略。那么,宜家是如何在保持"种类繁多,美观实用"的基础上实现低价格策略的呢?正如宜家中国地区(零售业务)总裁吉丽安所说:"宜家的优势在于,我们控制了供应链的所有环节,能使每个环节都有效地降低成本,使其贯穿于从产品设计到(造型、选材等),OEM(Original Equipment Manufacture,俗称贴牌)厂商的选择、管理,物流设计,卖场管理的整个流程。"

然而,2012年6月,宜家被曝出对旗下代工厂存在"霸王条款"一事,在网络上引起热议。宜家宣称的低价策略到底是不是像它描绘得那样美好。"一方面打着低价的'幌子'拓展市场,一方面通过各种手段压榨代工厂,这就是宜家。"已经和宜家解除代工合同的黑龙江省耐力木业集团(以下简称耐力木业)董事局主席曹跃伟直言道。

曹跃伟说,在中国宜家有300多家代工厂,但这些代工厂的利润微薄。以宜家销售的"IVAY"椅子为例,宜家的报价是7.63美元,折合人民币49.2元,而代工厂除去原材料、水电费和工人工资后,一把椅子的利润不到8美分,折合成人民币只有5毛钱左右。即便如此,宜家的采购员们仍会不厌其烦地告诉工厂负责人,他们还能找到以更为低廉的价格接单的代工厂。

宜家素以"成本杀手"闻名。在过去的几年内,宜家曾成功地将全部产品的价格降低了超过20%。但即便如此,宜家商品的售价还是普遍偏高,这也导致了其在中国的发展趋于迟缓。

曹跃伟说:"以窗帘为例,我们为宜家代工的产量占到宜家全球的60%左右,他们的采购价在每平方米50多元,而售价却在每平方米260多元。"

宜家一直标榜自身"低价位,贴近大众",这一策略也让其在欧美市场上一直保持遥遥领先的地位。但在中国市场宜家给广大消费者的感觉却是"高价低质"。在2009年宜家开展了一次品牌资本(Brand Capital)调查——检测和跟踪宜家理念的实施情况,并衡量各国顾客的信心,这项调查每三年进行一次。调查结果让宜家很沮丧:宜家这个一贯针对大众消费者的中低档品牌,在中国消费者的心目中却被定位为高端,与小资、中产等联系在一起。厚成木业董事长宋士厚说,宜家所谓的物美价廉只是噱头,宜家的买卖实际上堪称暴利,其大部分商品销售价超过收购价两倍以上。

---

① http://www./news/.cn/news/nvxingnewsss/2013-1/6/12251130193.html,有改动。
郑重:《代工厂称宜家物美价廉是噱头 宜家低价实则暴利》,2012年7月9日《华夏时报》,有改动。
史燕君:《宜家来华14年仍水土不服》,2012年7月18日《国际金融报》,有改动。

极具个性的中国市场在无形中狠狠地给了宜家"一棒"。进入中国多年,中国似乎仍然是宜家的头号采购基地,并非销售中心,其在中国的业绩增长和开店速度被质疑与世界第一大家居零售巨头的形象不太相称。

从门店的发展来看,在经历了十几年的发展后,宜家在中国市场上的门店数量仅11家。从销售量上来看,宜家2012年截至目前在中国的销售额增长了20%以上。然而,国家统计局2011年发布的前三季度国民经济数据显示,我国家具类零售额增长31.4%。由此看来,宜家在中国的销售额增长似乎不尽如人意。

"在中国市场,价格高问题与宜家的全球定价策略有关。"正略钧策管理咨询公司的合伙人、副总裁李哲说,与发达国家相比,中国消费者的收入要低很多,所以,即使宜家声称在中国市场上多次降价,但其价格仍难以令人接受。

李哲表示,质量方面的问题则和欧美与中国市场消费者的消费习惯、理念有关。"在欧美,宜家的产品主要是为18岁以上的年轻人设计,他们更多关注的是家居的简单、易用、方便挪动,而目前家具在我国尚属耐用消费品,很多消费者购买家具都是为了长时间使用。"

李哲认为,宜家应该保持目前中国市场的发展速度,等待本土市场的成熟,"中国是一个发展潜力巨大的市场,但还不成熟,作为一家全球资源配置的企业应该谨慎等待。"

宜家为了追求极致"低价",可以说无所不用其极,但是,"低价策略"除了让代工厂备受折磨,最终选择逃离之外,也导致了宜家商品频频曝出质量问题。

近年来,"召回"对宜家而言算是一个使用频率不低的词汇,召回产品的范围涉及玻璃杯、咖啡壶/茶壶、有玻璃镜门的衣柜、儿童高脚椅等多种产品。有媒体统计,过去的三年多时间里,宜家宣布召回的问题商品至少有15种。

2012年8月1日《儿童家具通用技术条件》正式实施,宜家上海徐汇店的儿童家具区域内看到,有三四款价值1109元的"斯多瓦"组合式衣柜,有多个抽屉,但并没有安装防拉脱装置,稍一使劲,抽屉就会被拉脱从而砸向地面。这明显不符合《儿童家具通用技术条件》中关于产品中抽屉、键盘托等推拉件应有放拉脱装置,防止儿童因意外拉脱造成伤害的规定。

除开这些显而易见的质量问题外,宜家还有更多存在质量隐患的在售商品。这些商品如果不是真正的内行,普通消费者是绝对不可能知道的。

在宜家,有一款售价39元的拉克(LACK)方桌——宜家非常具有代表性的一款商品。这款商品是由一种叫蜂窝板的材质做成的,而蜂窝板其实就是纸壳板。果汁如果渗进去就会变形。对于蜂窝板,百度百科的解释是:用牛皮纸、塑料薄片或管型人造板等制成蜂窝状芯板,经树脂胶处理后,表面覆以胶合板或纤维板等制成的板材。宜家的员工爆料,这种"纸壳板"在宜家木质家具中的使用比例已经超过一成。

宜家的低价策略其实并不是真正的低价,而是以压榨供货商的利润为前提的所谓低价策略,其实许多产品依然非常暴利。但是老百姓也不是傻子,你不便宜我不会买的,这也是造成众多山寨宜家产品畅销的原因。很多的消费者可以通过淘宝等网络渠道买到几乎和宜家一样的产品,而价钱更低。

在大多数中国消费者的心中,宜家还真不是大众品牌。一提到宜家,一般人首先会想到北欧设计、简约、环保、小资等词汇。宜家其实一直面临一个问题：它在欧美市场低价实惠的品牌形象定位到中国就变味了，成了中高端品牌的代名词。宜家的品牌定位有点像当年的吉利汽车，吉利提出"造老百姓买得起得好车"，而宜家提出"提供老百姓买得起的家居用品"。但是欧洲老百姓买得起的产品和中国老百姓买得起的产品不是一个概念。

之所以宜家进入中国十多年推进速度缓慢是和其在中国的经营理念分不开的。这多少和沃尔玛在中国的命运有几分相似：都是跨国巨头；都是低价策略；都是在中国市场开拓；都面临着经营业绩不佳的现状。这种局面的造成需要宜家和沃尔玛认真反思，究竟问题出在哪里？其实，一个最重要的经营理念问题没有解决，那就是怎样看待中国这样的新兴市场？是只把中国市场当作低成本的采购基地和原材料供应基地，还是想把中国市场作为重要市场深耕细作，真正给中国的消费者带来优质低价的产品。经营理念的定位决定着经营效果的好坏。

如果只是前者，那么必然会出现上述案例中提到的现象，一切低价策略、让渡给消费者利益的口号都成为了谎言。因为品牌即口碑，是优质低价，还是高价低质，消费者一试便知。失去了良好的口碑，品牌的扩张自然就失去了动力。如果是后者，那么宜家就应该拿出十足的诚意，真正把价格降下来，把质量提上去，不要只想着压榨代工厂的利润，要给这些供应商合理的利润空间，这样产品质量才有保障，供应链才能顺畅。在中国搞低价策略要符合中国消费者的消费能力，要考虑中国大多数老百姓的收入水平，定价要符合中国的国情。其实，宜家要想在中国发展好并不难，中国目前非常缺乏大型的家居品牌和能够提供有一定设计感、保证品质的家居用品。宜家如果想在中国国内品牌还没有成长起来之前先占据消费者心中的位置，那就需要提供有设计感、保证品质、价格适中的家居产品，这样才能加速其在中国的扩张，而不是像现在这样轻易地挥霍与透支自己原有的品牌资产与良好口碑。如果宜家任由这种错误战略继续的话，失去的将不仅仅是中国消费者的信任，更可怕的是在国产家居大型品牌绝地反击后，宜家将可能面对越来越萎缩的中国市场。

案例讨论题

1. 宜家低价策略的本质是什么？
2. 为什么宜家在欧美的定位是低价、老百姓买得起的低端品牌，而到了中国就变成中高端、小资品牌了？
3. 宜家如何才能改变目前这种不利局面？为什么宜家不能真正把价格降下来？
4. 宜家"高价低质"的低价策略给我们什么样的启示？

理论注释 心理定价策略

一、什么是心理定价策略

每一种产品都能满足消费者某一方面的需求，其价值与消费者的心理感受有着很大的关系。这就为心理定价策略的运用提供了基础，使得企业在定价时可以利用消费者心理因素，有意识地将产品价格定得高些或低些，以满足消费者生理的和心理的、物质的和精神的多方面需求，通过消费者对产品的偏爱或忠诚，企业可以扩大市场销售，获得最大效益。

二、心理定价策略的形式

1. 尾数定价策略

尾数定价也称零头定价或缺额定价,即给产品定一个以零头数结尾的非整数价格。大多数消费者在购买产品时,尤其是在购买一般的日用消费品时,乐于接受尾数价格,如 0.99 元、9.98 元等。消费者会认为这种价格经过精确计算,购买不会吃亏,从而产生信任感。同时,价格虽离整数仅相差几分钱或几角钱,但给人一种低一位数的感觉,符合消费者求廉的心理愿望。这种定价策略通常适用于基本生活用品。

2. 整数定价策略

整数定价与尾数定价正好相反,企业有意将产品的价格定为整数,以显示产品具有一定的质量。整数定价多用于价格较贵的耐用品或礼品,以及消费者不太了解的产品,对于价格较贵的高档产品,顾客对质量较为重视,往往把价格高低作为衡量产品质量的标准之一,容易产生"一分价钱一分货"的感觉,从而有利于销售。

3. 声望定价策略

声望定价即企业针对消费者"便宜无好货,价高质必优"的心理,对在消费者心目中享有一定声望、具有较高信誉的产品制定高价。不少的高级名牌产品和稀缺产品,如豪华轿车、高档手表、名牌时装、名人字画、珠宝古董等,在消费者心目中享有极高的声望价值。购买这些产品的人往往不在乎产品的价格,而最关心的是产品能否显示其身份和地位,价格越高,其心理满足的程度也就越大。

4. 习惯定价策略

有些产品在长期的市场交换过程中已经形成了为消费者所适应的价格,成为习惯价格。企业对这类产品进行定价时要充分考虑消费者的习惯倾向,采用"习惯成自然"的定价策略。对消费者已经习惯了的价格,企业不宜轻易变动:降低价格会使消费者怀疑产品的质量是否有问题;提高价格会使消费者产生不满情绪,导致购买的转移。在不得不需要提价时,企业应采取改换包装或品牌等措施,以减少抵触心理,并引导消费者逐步形成新的习惯价格。

5. 招徕定价策略

这是适应消费者"求廉"的心理,将产品的价格定得低于一般市价,个别的甚至低于成本,以吸引顾客、扩大销售的一种定价策略。采用这种策略,虽然几种低价产品不赚钱,甚至亏本,但从总的经济效益看,由于低价产品带动了其他产品的销售,企业还是有利可图的。

第七章　整合营销策划篇

老罗英语培训的极端营销[①]

一、老罗：只有偏执狂才能生存

"老罗这个死胖子，一边走路一边往下掉个性的渣。"这是网络上对老罗的一种褒扬。

老罗，全名罗永浩，来自东北，朝鲜族，信奉"彪悍的人生不需要解释"，从新东方出道，以"老罗语录"震惊江湖。幽默诙谐的教学方式、犀利独到的见解让一大批学员为老罗"倾倒"。

2008年，老罗创办"老罗和他的朋友们教育科技有限公司"，简称老罗英语培训，以每年一次的频率巡回演讲，场场爆满，甚至连叹口气都有人笑。他的朋友《三联生活周刊》主笔王小峰在博客"带三个表"里笑称老罗是"中国喜剧演员中唯一一个在抖包袱前自己先笑出声然后观众还能笑出来的演员"。因为"老罗语录"的缘故，他常常被误会成是"说相声的"，与郭德纲和周立波二人相提并论。

在2012年的夏季演讲中，先期发售的1000元门票卖出6张，老罗在台上郑重地说要送给这6个人他做的手机。

要了解一个创业机构，一定要了解它的创始人，创始人的风格和理想渗透到这个创业机构中，并成为它运营的某种准则。在风靡网络的"老罗语录"中，他不仅仅是在讲段子，更是在输出一种价值观，如什么叫坚强，什么叫彪悍的人生，如何看待户口制度和暂住证等。现在，他的老罗英语机构也延续了这一特点，被他称为"能够输出价值观的商业机构"。

二、砸钱拼品质

老罗将英语培训行业的营销手法分为三种："神奇"派、"N天搞定"派和"不不不"派（不用背单词）。事实上，这些营销手法类似于以往的电视传销和减肥广告：神奇的记忆法、几十天甚至几天之内搞定GRE雅思考试、不用背单词、几天就见效、一期学不会下期免费再学等。

进入这个行业，老罗认为自己"基本处于一个恶劣的竞争环境下，有的时候你会感到很焦虑，因为竞争对手是不择手段的，而你是有所不为的，这是一个很恼人的事情，但也有的时候，因为他们做得太不堪了，你也会感到有些轻松，因为你还没有把自己壮大起来，他们已经

[①] 陈阳：《英语培训：差异化营销实践》（节选），载《新营销》2010年第9期。

把自己弄得非常恶劣了,以至于你还没开始做,已经感到非常有信心了,这也是我在中国民营英语培训行业观察到的现象"。

在这样的情况下,仿佛把脚踏入一片泥泞,按老罗的个性,又要保持"出淤泥而不染",又要"站着把钱挣了",这是一种奢望,近似于自杀。更何况要在这个行业立足就要提高教学品质,这就需要一批"很牛的老师"。

"怎样让业界最优秀的人跟你一起共事?一个办法就是钱。如果没有很雄厚的财力,那你就得需要邪教教主一样的实力,给对方洗脑画大饼。每天花5~10分钟给你洗脑,定期不断升级大饼的质量,虽然你并没有吃到,但是一直在画,让你相信有个美丽新世界在等你。我们采取的就是最笨的方式,那就是拿钱去砸。"老罗说。

当时,老罗英语培训提供的是行业里最高的薪酬,托福、GRE 一堂课的薪酬是1800~1900元。老罗说:"作为老师出身没有做过生意的人,找到最优秀老师的方式,就是拿出最好的薪酬。做好服务和最基本的品质,前期可能比较慢,但根基是非常牢固的,基本上是坚不可摧的。"

三、洞悉消费者心理

一般来说,经理人创业的头3年,生活质量下降者是百分之百;在两年之内创业失败,关门破产倒掉者占九成;真正能熬过3年的非常少。那么,对于非经理人的老罗来说,在前3年熬下来更是一项很大的挑战。

"确实很焦虑。刚开始的时候,现金哗哗地出去,就像洪水一样出去,但是进来的都是涓涓细流,所以这个压力是非常大的,我那个时候天天失眠。"老罗在北京海淀剧院那次演讲中说。

除了跟大家聚在一起开了很多"掉头发的会",老罗还开始拿起以前从来不会看的商业书籍研读,比如杰克·韦尔奇的《赢》。

在运营的过程中,老罗发现了一件让他困惑的事情:如一模一样的课程培训,一个是"标准收费方案",一个是"更好的服务收费方案",后者经常挨骂。

"经常有人问客服小姑娘:后者比前者强在哪里?解释之后对方就说:唉?老罗不是挺好的么,怎么不能把更好的都给消费者呢。为此客服小姑娘也很受气。"

在朋友冯唐的指导下,老罗仔细地阅读了《消费心理学》和《消费者行为学》,然后将前者改名为"标准收费方案",后者改名叫"优惠收费方案"。这样更改的效果是"招生报名没有增加,但是几乎没再出现前台受气的事情了"。

老罗举了"朝三暮四"的寓言做例子:"行为经济学解释,传统经济学假设在市场交易时每个人都是理性的个体,当我们去买一件东西时,除非我们是专家,否则我们对于一个东西的价值是不了解的,这时我们判断的依据就是进行粗陋的横向比较。"

老罗英语培训刚刚进入市场的时候,当时普遍的惯例是两次课免费试听,如果满意第三次课就交学费,如果不满意第三次课就退款。

老罗觉得,"要尽可能做得更贴心些,做的是前四次课免费试听"。但是试听一段时间之后,没有带来更好的效果。老罗说:"在开了几次失眠的会之后,一怒之下改成前八次课免费试听(一共32次课)。作了这个更厚道的承诺之后,学校反馈极其让人沮丧。因为学生认为我们是骗子。在这个行业,尴尬的就是你做得越好越老实,反而是更像骗子。"

作为一个新机构,为了打开局面,老罗和同事们仔细地分析了消费者心理。"他怕交1000多元退不回去。于是我们推出了'很血腥、很凶残'的方案,就是一块钱听八次课,这时消费者有没有风险了?有,一块钱的风险。"

"当学生没有确定去哪家学习的时候,这时你吸引他过来听课是不容易的,因为大家还是比较倾向于信任大机构的,这一点都不奇怪,但是如果你突然推出一块钱听八次课,就会把他们吸引过来。"当时,老罗英语培训的一个班从30多人暴增到300多人,随之暴增的是成本。但是,知名度和信任度随之增加了,"虽然后来走掉了大概80%多的人,但剩下来的人基本已经收回了成本"。从此之后,老罗英语培训的报名人数直线上升。

四、个性化的宣传

在聘用优秀教师方面,老罗痛下重金,在一块钱听八次课方面,不惜成本。那么接下来他面对的尴尬就是:怎样在资金、资源都不足的情况下解决问题?

"要把一件事做成,要么靠钱,要么靠关系人脉。刚刚创业的时候,我发现一个问题就是作为新机构,我们与潜在客户接触的几乎唯一的媒介就是宣传页和海报。对于大机构来讲全世界都知道,贴出去的海报要么加分,要么不会减多少分。但是作为新兴机构,投递的单页和贴出去的海报几乎是唯一的媒介,如果做砸了,效果是很差的。我们经常收到各种印刷的宣传品,如果在设计上、印刷质量上打动你,你会对这个企业产生感性的好印象。"

老罗迫切地希望把宣传品做得很漂亮、很个性,于是找了一些美工,先是找了行业内差不多标准的两三千元报酬的美工,但是他不满意,后来找了五六千元报酬的美工,一直到最后他要求要找年薪10万元的美工,他自称这是"被人认为是我在我分不清轻重的一生中的又一个决定",很快,年薪10万元的美工来了,很快,又走了。

于是,老罗开始从网上找很多的海报设计给大家看,"但是大家表示真正好的广告公司你是请不起的。而且在英语培训行业,大家都不是很重视这个。"但是老罗发现了其中的机会,"这也意味着,大家都不重视的情况下,你稍稍重视一点儿,可能很快就出类拔萃了。"

在提出预算20万~30万元被拒绝之后,老罗打算自己动手丰衣足食,开始自学平面设计。如今,他设计的海报张贴在学校里常常被整张揭走,贴在学生的宿舍里。老罗很开心:"这意味着还有几个'倒霉蛋'要天天对着这张海报。"

老罗设计的一些推广企业形象和产品的海报,如"免费住宿班,空前火热,打架报名中"以及"一块钱,听八次课"等,都被各个行业的人剽窃。"一字不差,图片照扒。"老罗笑着说,"这从一定程度上改善了这个行业消费者的待遇。"

老罗还善于借助时事热点设计海报,电影《盗梦空间》热映的时候,老罗设计了一个关于陀螺的广告,海报上是七八个倒下的陀螺,还有一个将倒未倒,广告语是:"不用再试了,你不是在做梦。"这是老罗英语培训住宿班的广告,这个广告创意同样被抄袭了。

渐渐地,因为抄袭者铺天盖地,老罗认识到这让自家广告"失去了独家的可识别性"。因此,他开始和学校老师亲自上阵当模特拍广告。结果是,这个海报仍然被抄袭了。

"几乎所有做的海报都被抄袭了。"老罗又苦恼又带着点小得意地说。

曾经,老罗自制了一条在迷笛音乐节播放的视频广告,被他称为"可能是史上最酷的英语培训学校广告"。在海淀剧院演讲,他播放这条广告,引起场上潮水般的喝彩,有人喊:"再来一遍",他真的又播了一遍。这个自信的家伙甚至提前在PPT上打了几个字:"再看一遍？"

最近两年，老罗的手头宽裕了点，开始招聘设计师。"年薪30万，每年两个月带薪长假，五险一金，到中关村坐班，提供免费停车位。上班时间朝12晚6。"这是他开出的诱人价码。

五、提升消费者体验

刚开始的时候，老罗经常被人问这样一个问题："你们的课程与新东方、新航道、环球雅思有什么区别？"

因为当时老罗英语培训的大多数老师来自新东方，因此，老罗觉得这个问题"真的很难回答，除了牌子不一样，其他都是一样的。如果说一样，人家点点头就去新东方了；如果说不一样，那就是说谎。不是每个公司都能生产颠覆性、革命性的产品，但是可以生产颠覆性、革命性的体验"。

英语培训行业的一个普遍现象是为高分学员发奖金和证书。"我们不觉得这样做营销有什么不妥，但是很土。"老罗说。

因此他采用了不同的方式，考满分的直接退学费。"每退1000元回去，他就会对几十个人讲。一个两个人不明显，到十个八个人，大家就会感性地觉得你的机构和别人的不一样，尽管你们上课讲的东西几乎是一样的。"

除了满分退学费，老罗对于社会上的"保分班""保过班""一期学不会、下期免费再学"等营销手段，专门针对VIP客户推出了他称之为"史无前例的"一对一保分培训班：如果无法达到保证的分数，100%全额退款。

因为收费比较贵，推出之后生意一直极其惨淡。"从来没有机构这么做过。一共没来几个客户，还有一个是退了钱的。但是现在我们仍保留了这项服务。行业里没人这么做过，也会有个很好的作用。"

老罗对于这个行业的传统做法，如"美国口语之父""雅思教父""词汇王子""口语小魔女"之类的称呼嗤之以鼻，"无论如何，不要拿消费者当傻子"。

为了提高消费者体验，老罗还请来一些社会名流和文化界的人给学员做演讲，在半个月左右的时间里为学生准备了8~10场演讲。如果是过年等重要的节日，老罗组织学员聚会，邀请一些朋友如张玮玮和郭龙组合给学生唱歌，一起过年。"演讲加表演，有学生表示学费已然值回票价，上的课都是白赚的。"老罗说。"只有偏执狂才能生存"，老罗很喜欢这句话。也许正是这种"偏执"使老罗英语培训走到了今天，正是这种要把每个细节都抠到极致的偏执，才能为消费者带来更好的体验。

案例点评

老罗英语培训的案例对中小创业企业是非常有典型意义和借鉴意义的。一个在行业中刚刚起步的小公司，还谈不上知名度和品牌，在短短3年内，为什么能成为竞争异常惨烈的英语培训行业中的新锐品牌？公司活了下来，品牌立住了，营业额逐年上升，这中间的奥秘值得中小创业企业深思。

不是每个企业都能向消费者输出价值观，更确切地说，只有极个别企业能这样做，很多的企业能活下来并挣到他们希望挣到的钱就已经很不错了。虽然老罗之前的新东方教师身份以及"老罗语录"帮助他建立了一些个人的知名度和品牌美誉度,但是要把个人品牌的影响力转化为企业品牌资产就不那么容易了。在生存环境如此恶劣的英语培训市场,要想杀出一条血路,让品牌脱颖而出必须得有独特的杀手锏。老罗英语培训营销的三个杀手锏是:行业最高薪;免费到吐血;洗脑式演讲。

第一,行业最高薪。这种诱惑力对于很多人来说都难以拒绝。对于一个初创的小企业,高薪酬确实是吸引人才的不二法则。钱的利益比股票、期权等遥遥无期的承诺来的直接得多。如今能把人才招聘过来死心塌地地和你一起吃苦创业的企业毕竟太少,而如乔布斯一样的神人能使得员工如崇拜宗教一样崇拜企业领袖的人,在现实中更是凤毛麟角。

第二,免费到吐血。这也是老罗英语培训在残酷的竞争中总结出来的斗争经验。面对市场上各种免费策略,如果不拿出点让人眼前一亮或者为之一振的手段,还真是很难吸引住越来越理性的消费者。当然这样做的代价也是巨大的,需要付出很大的教学成本和管理成本。但事实证明这么做是值得的。

第三,洗脑式演讲。每年老罗都会做一次公开演讲。而这种集相声表演、自嘲、解剖、传道于一炉的演讲不仅对于老罗的忠实粉丝有很大的感召力,同时由于他精彩的演讲在网络上病毒性的传播,让知道了解老罗的用户与非用户呈几何数字的增长。这种传播力量是惊人的。单从老罗这3年的演讲在优酷的播放次数超过千万次来看,他的演讲给老罗英语培训带来了巨大的商业价值。老罗的这种洗脑式的演讲带来的最大收获就是让千万潜在用户从内心认可、接受老罗这个人,认可、接受老罗这个人就等于认可接受了这个机构,有了这种内心的亲近感他们就会有行动上的遵从,老罗英语培训这个品牌就立住了。

案例讨论题

1. 初创企业在不能给出行业最高薪的情况下如何提升员工的凝聚力?
2. 老罗英语培训对消费者心理的不断洞悉与实践对于企业营销有哪些启示?
3. 中小企业家很难做到洗脑式演讲,他们如何向大众有效地传递企业的价值观与品牌理念?

理论注释 4R营销理论

4R营销理论是由美国整合营销传播理论的鼻祖唐·舒尔茨在4C营销理论的基础上提出的新营销理论。4R分别指代Relevance(关联)、Reaction(反应)、Relationship(关系)和Reward(回报)。该营销理论认为,随着市场的发展,企业需要从更高层次上以更有效的方式在企业与顾客之间建立起有别于传统的新型的主动性关系。

一、4R营销理论的操作要点

1. 紧密联系顾客

企业必须通过某些有效的方式在业务、需求等方面与顾客建立关联,形成一种互助、互求、互需的关系,把顾客与企业联系在一起,减少顾客的流失,以此来提高顾客的忠诚度,赢得长期而稳定的市场。

2. 提高对市场的反应速度

多数企业倾向于说给顾客听,却往往忽略了倾听的重要性。在相互渗透、相互影响的市场中,对企业来说最现实的问题不在于如何制订、实施计划和控制,而在于如何及时地倾听顾客的希望、渴望和需求,并及时做出反应来满足顾客的需求。这样才利于市场的发展。

3. 重视与顾客的互动关系

4R营销理论认为,如今抢占市场的关键已转变为与顾客建立长期而稳固的关系,把交易转变成一种责任,建立起和顾客的互动关系。而沟通是建立这种互动关系的重要手段。

4. 回报是营销的源泉

由于营销目标必须注重产出,注重企业在营销活动中的回报,所以企业要满足客户需求,为客户提供价值,不能做无用的事情。一方面,回报是维持市场关系的必要条件;另一方面,追求回报是营销发展的动力,营销的最终价值在于其是否给企业带来短期或长期的收入能力。

二、4R营销理论的特点

1. 4R营销理论以竞争为导向,在新的层次上提出了营销新思路

根据市场日趋激烈的竞争形势,4R营销理论着眼于企业与顾客建立互动与双赢的关系,不仅积极地满足顾客的需求,而且主动地创造需求,通过关联、关系、反应等形式建立与它独特的关系,把企业与顾客联系在一起,形成了独特竞争优势。

2. 4R营销理论真正体现并落实了关系营销的思想

4R营销理论提出了如何建立关系、长期拥有客户、保证长期利益的具体操作方式,这是关系营销史上的一个很大的进步。

3. 4R营销理论是实现互动与双赢的保证

4R营销理论的反应机制为建立企业与顾客关联、互动与双赢的关系提供了基础和保证,同时也延伸和升华了营销便利性。

4. 4R营销理论的回报使企业兼顾到成本和双赢两方面的内容

为了追求利润,企业必然实施低成本战略,充分考虑顾客愿意支付的成本,实现成本的最小化,并在此基础上获得更多的顾客份额,形成规模效益。这样一来,企业为顾客提供的产品和追求回报就会最终融合,相互促进,从而达到双赢的目的。

三、总结

当然,4R营销理论同任何理论一样也有其不足和缺陷,如与顾客建立关联、关系,需要实力基础或某些特殊条件,并不是任何企业可以轻易做到的。但不管怎样,4R营销理论提供了很好的思路,是经营者和营销人员应该了解和掌握的。

荣威750开启中国品位轿车之路[①]

一、项目概述

目前,国内的主流轿车类型主要分为德系、日系、美系、国产自主系等,荣威750在国内

---

① http://www.eeo.com.cn/pinpaiactivitie/jcyxj/jchg/2008/06/16/103286.htm,有改动。

首先引进具有英伦DNA的轿车产品,也在国内汽车风格的品类上有了极大的突破,填补了市场上量产车空白点。

在自主品牌发展上,上海汽车集团股份有限公司(以下简称上汽)始终创造着典范。"世界为我所用"、高起点、国际化发展自主品牌的思路是对中国自主品牌发展模式的创新;入主韩国Ssangyong(双龙)、收购Rover(罗孚)知识产权是对中国汽车企业国际化运作的创新;设立海外(欧洲)研发中心,吸纳全球最前沿的研发力量与人才,协同国内科技团队进行自主研发是对中国汽车产业自主研发模式的创新;在新能源技术的研发与运用探索上,上汽同样走在中国汽车产业的前列,有些领域甚至可与国际汽车巨头媲美。

荣威750的市场目标是:打造中国汽车市场的第四极(德、日、美、英);中国中高档汽车产品中的经典自主车型;年度销量达到1.5万台;年度4S专营销店开业达80家;建立品牌知名度和产品美誉度。

二、消费群体锁定

(1) 目标市场:社会进取族群。
(2) 产品定位:性能卓越、贵气优雅的中高档汽车。

三、市场定位

荣威的定位:荣威品牌的核心是创新传塑经典,不仅仅是传承英伦的汽车文化,同时,希望通过整合国际团队的创新,坚持传统汽车的核心价值,以创新科技品质满足及超越消费者的需求。荣威品牌是专为那些富有气质与内涵,追求品味并具有创新精神的社会进取族群而打造的性能卓越、贵气优雅的中高档汽车品牌。

荣威的命名:"荣",有荣誉、殊荣之意;"威",含威望、威仪及尊贵地位之意。荣威合一,体现了创新殊荣、威仪四海的价值观。其外文命名"Roewe"源自于德语字根"Loewe",是狮子的意思,并综合了多种寓意;以"R"为首,意在传达创新与尊贵的含义。

荣威的Logo:荣威品牌的商标图案是经典盾形徽标,独特性强,辨识性佳,造型稳固而坚定,暗寓产品可信赖的尊崇品质。色彩以红、黑、金三个色调构成,是中国最经典、最具内涵的三个色系。图案主体由两只昂首站立的东方雄狮构成,其昂然站立的姿态传递出一种崛起与爆发的力量感。

四、产品策略——"存优求新 服务并行"

1. 存优求新

(1) 具有英伦DNA的轿车产品

英伦风格的轿车以其奢华、高贵、典雅、不凡气质以及品位的形象与德系、日系、美系等产品有着明显的区别。荣威750产品打造了一部真正意义上可亲近的、具有英伦DNA的轿车产品。

(2) 源于经典,高于经典的要求

2004年上汽开始与英国凤凰风险投资公司接触,洽谈购买Rover品牌下的75、25系列车型以及发动机等知识产权的项目,经过一年多的多次协商,双方签订了最终的协议,以6500万英镑获得了以上的知识产权,标志着中国生产具有英伦DNA轿车的历史就此展开。

Rover,一个具有百年历史的英国汽车品牌,也曾经被誉为"中产阶级的劳斯莱斯";Rover75,宝马曾全力打造的一款中高级产品;在引进 Rover75 车型之后,上汽整合全球资源,全力打造更加符合中国消费者需求的中高级轿车。在英国,150 名专业工程师全力进行二次开发和改进;在中国,400 名工程技术人员不断进行调试、国产化试验。于是,新经典就此诞生——荣威750,具有英伦 DNA 的轿车产品。

(3)高、大、全的产品概念,建立竞争优势

中国的中高档车市场竞争非常的白热化,作为全新的自主品牌,荣威必须走差异化的路线。荣威 750 以大气典雅的外观、舒适宽大的空间、科技先进的配置、强劲迅猛的动力以及周全齐备的安全性能让产品在品位感和价值感上更加突出。

2. 服务并行

(1)服务品牌——"SAIC MOTOR Experience 尊荣体验"

新车还没上市,服务品牌就率先发布。上汽此举被业内视为追寻差异化营销模式的典范案例,这也是国内的汽车厂家首次将服务放在了第一位。2006 年 11 月 18 日的北京车展上,上汽荣威推出了自己的服务品牌"尊荣体验"。

(2)"6C For 1C"的服务理念

尊荣体验的背后是上汽荣威"6C For 1C"的服务理念,即通过"降低用车成本、提供书信服务、广泛沟通、便捷化服务、质量为先、诚信为本"这六方面的承诺满足客户和车辆的需求。"6C"分别指 Cost(用车成本)、Comfort(舒心)、Communication(沟通)、Convenience(便捷)、Commitment of Quality(质量保证)、Credibility and Honesty(诚信);而"1C"指的是车/车主(Car/Customer)。

(3)"尊荣体验"服务品牌服务体系构架

"尊荣体验"服务品牌涉及销售、售后、金融、保险、二手车销售、车主俱乐部等汽车服务的各个领域,与荣威 750 车型研发同时启动,表示了上汽对服务的尊崇。随着服务品牌的出台,上汽也由此成为全球首个于产品上市之前就初步完成对服务体系构架建设的汽车厂家。

五、价格策略——树立标杆

荣威 750 在 2007 年 1 月正式向外公布了产品的销售价格:23.18 万~27.68 万元。此定价属于中上阶层,有些车型的价格甚至比合资品牌的同类型车型更高,作为一个自主品牌的轿车,采用此定价策略具有风险性,但也有其必然性。

1. 自主品牌不等于低价

很多的自主品牌在开始推出产品时都采取了低价策略,这间接导致了自主品牌在国人心目中的形象低下,在后期推出中高档产品时很难得到市场的认可。而荣威 750 的定价是中高档,比帕萨特、凯美瑞、君越及蒙迪欧等车型的定价更高。

2. 性价比不等于低价,打造市场标杆

很多人认为,高性价比就是低价,这是个错误的观念。要达到高的性能,一定是在高的品质的基础上,那么成本也相应会有所提升。荣威 750 相对于同级别的竞争对手,在同等价格下,配置更加齐全,外观、动力均表现出良好的性价比。

六、销售渠道策略——体验营销

荣威 750 上市伊始就确定了走体验差异化营销的道路,而在差异化营销中,英伦文化以

及品位等元素是其体验的要素。

1. 展厅的差异化体验

走入荣威的销售展厅,浓郁的英伦文化氛围、典雅的环境布置、精致的品牌体验区以及独具风格的荣威品位,都给消费者以耳目一新的感受。

2. 品牌体验区

品牌体验区集中展示品牌故事、英伦文化读物以及特制开发的荣威精品(瓷器、车模、礼品等),既宣传了品牌的精髓,也提升了展厅的氛围和格调。

3. 荣威品位

荣威品位展示一种英伦有品位的悠闲生活方式,以咖啡文化作为一种体验,给消费者温馨和舒适的感受。

4. 高尔夫活动体验

展厅内开展高尔夫讲座,将高雅的运动引入营销体验,并设立迷你高尔夫游戏,在寓教于乐中与产品销售结合。

5. 车主读物,像绅士一样生活,像绅士一样驰骋

赠送车主高品位读物,展示品牌和产品的内涵,也让车主得到尊贵的体验。

七、整合营销传播(上市战役)——打造全新汽车品牌体验

为了荣威750成功上市并持续被关注,通过上市战略的三步曲,让产品本身的概念、优势以及代表的生活态度得到广泛和成功的传播。三步曲环环相扣,将产品的优势有计划的推出。

荣威上市三步曲战略如下。

1. "形"正言顺 抢占高点

在产品正式下线的四个月前(2007年3月),即2006年11月,上市战役已经展开。这阶段的重点是把荣威750的"外形"最大程度的曝光,让新品牌、新产品面对陌生的消费者时有足够的"预热"时间。

荣威750的外形是产品卖点中一大优势所在:华贵经典的英式雪茄型车身令整部车充满了浓郁的英伦气质。这是对第一波英伦气质外形的强调,同时也是对后续英伦战略主题的铺垫。"言顺"是指相关的品牌性格。第一阶段是定位的阶段,很需要有"明确""鲜明"的取向。

荣威750在上市期间首推楼宇外墙广告,是国内汽车企业中第一个采用此宣传手法的。同时,上汽在北京机场行人道外墙投放了长达500米的"英伦小镇风情"户外广告。

2. 创新体验 感染力强

"预热"了约一个半月,当样车数量到了指标时,第二阶段战役马上启动。这阶段的重点是有针对性地、全方位地接触目标群(包括媒体、经销商和消费者),打造差异化的体验,强化感染力度,这包含了以下三大战役。

(1) 文化体验战役(英伦品位)

媒体试乘试驾:第一次的媒体接触最关键,让媒体编辑主动抒发自己对荣威750的体验,而且这体验超越了产品。

经销商体验赏车会:经销商作为前线的作战者,让他们亲身体验有关的英伦品位是非

常重要的,他们更需要成为"传道者"。

消费者:差异化文化体验,层层渗透。英伦文化风格的差异化体验不单在展厅可以得到感受,在2006年11月的北京车展以及各地举行的路演也魅力十足。

(2) 服务体验战役

尊荣体验服务的四大亮点如下。

第一,修补漆终身保修承诺。作为全国首家对售后修补漆做出终身质保承诺的汽车厂家,上汽联合国际著名的四大油漆品牌提供修补漆终身保修承诺。

第二,晨曦预约接车服务。上汽在全国首家推出的晨曦预约接车服务是特别针对白领上班族的人性化服务项目。售后服务中心将提供早上6:30—8:30的接车服务,客户可通过提前预约,于当天早上将车辆送检。

第三,维修进度及质量承诺。上汽还是全国首家对客户做出维修进度时间承诺的汽车厂家。当客户车辆的维修时间超过一小时以上,服务顾问将对在售后服务中心等待维修的客户进行每小时车辆维修状态告知的服务。对于半年内出现的与近期维修内容相同的返修车辆,一律开通绿色通道并免维修工时费。

第四,进店车辆12项常规、8项深化行驶、安全性免费检查。上汽通过对每辆进店车辆实行12项常规、8项深化行驶、安全性免费检查,及时发现车辆存在的各种隐患,向客户提出贴心的建议,从而大大提高持续的驾乘安全系数及驾乘舒适感受。以养代修的理念已经成为国外中高级品牌服务的基本点,而上汽采取这样的新概念在国内尚属首家。

(3) 产品体验战役

试驾会,专业导师讲解,彻底体验产品。

每区的经销商都在4S店附近量身定造一条试驾路线,当中需要充分让潜在客户体验到荣威750的三大卖点:动力操控、高标准的安全性和驾驶的舒适性。

此外,上汽在大众传播上更配合针对"产品实力"的一系列产品广告。

上汽在高档写字楼、大型高档百货中心地下停车库进行广告位宣传,采取精准投放的原则,在目标消费群集中出现的场所进行广告宣传,有效提升了品牌的知名度和产品的关注度。在高档小区电梯内进行产品宣传,加大产品在目标消费群中的曝光度。在上市初期,荣威750在北京、青岛、杭州、深圳、成都、上海等六大机场进行了垄断式户外媒体投放,并安排了展车的摆放,将整个机场变成了荣威的英伦品位展馆,取得了轰动的效果。

3. 口碑建立,相信选择

2007年5月,产品已经下线两个月,陆续有几千个车主已拿了车。首批车主的口碑,往往是新品牌的"致命伤",这阶段有以下两大战役。

(1) 产品支持点深化战役

荣威750是一部有着多重优势的产品,其动力操控、宽大空间以及安全都是产品突出的卖点。而这些优势也都是消费者对同级产品所关注的,因此需要尽可能地对其进行细致化、重点化的宣传,使消费者对产品关注、对实力相信,进而达到产生购买行为,因此产品卖点的宣传战役是十分关键的。

(2) 车主证言战役

在对产品概念、气质和功能有了清楚阐述的同时,车主的观点和看法作为第三方观点是非常具有带动性的。所以,"车主证言广告"便应运而生。通过多位真实车主的自我表白带出产品的卖点,理性与感性并重的让消费者自己做决定。

八、项目成就

2006年短短的5个月,荣威750的销售量已达到9632台,占年度销量目标约65%;短短的5个月4S店已增至年度目标的90%;获得国内媒体近30项专业大奖;获20家媒体全国总评榜最受期待新车评委会特别奖;获2007年上海国际车展最佳发动机奖;获得车主的口碑认可,并为产品宣传义务助力。

其他第三方的认同:在由第九届北京国际车展组委会、《第一财经日报》、《汽车》杂志等媒体联合推出的"北京车展大奖"上,上汽荣威750获得"最受关注车型"和"最受关注自主品牌车型"两项大奖;《楚天都市报》报道:作为一个快速成长的自主高端品牌,荣威值得瞩目;获得CBN2006年度新锐车奖;获得《中国经营报》自主新秀奖;获得《北京晚报》最值得期待车型;获得《深圳特区报》最受期待中高级轿车奖;《新京报》最受期待的自主品牌轿车奖;《信息时报》2006年度最具创新大奖。

案例点评

品牌的定位决定了品牌的走向。荣威750从一开始就定位为中高级英伦范儿的轿车,并紧紧围绕着这一定位进行全方位整合传播才塑造出中高端汽车品牌形象。荣威品牌的定位和品质是品牌传播成功的保证,通过巧妙的定位和宣传,荣威750给消费者的感觉就是英国高档汽车品牌,这样的定位是非常出色和到位的,对比同样出自英国罗孚厂家的南汽集团的名爵汽车,荣威750的表现更加出色。

荣威750的出色表现是因为它打好了以下四张牌。

第一,血统牌——英伦DNA出身高贵。荣威750传播给大众的信息是:这是地道的英国血统的汽车。然后从名字到Logo直到品牌内涵上无不渗透着英伦范儿,让消费者的的确确感受到了这一品牌浓浓的英国味道,其目的就是让消费者认定这是源自英国的原汁原味的汽车品牌。

第二,服务牌——细心、贴心、用心。荣威750深知用户对于汽车服务品质的看中,尤其对荣威这样的新品牌更需要体现出服务方面的差异化。所以,荣威750在服务方面狠下功夫,用"6C For 1C"的服务理念为用户提供尊荣体验、试驾等服务项目,期待通过这些差异化的服务带给用户不一样的感受。

第三,体验牌——多重用户不同体验。为了更好地提供服务,荣威750设计了多重用户体验项目:有专门针对媒体的试驾体验;有针对用户的试驾体验;有针对经销商的试驾会。这些不同体验的目的都是一致的,就是让媒体、最终用户和经销商都亲身感受荣威750的性能和魅力。由于媒体拥有传播话语权,这对消费者了解荣威750试驾后的真实感受起到了非常重要的作用。

第四,口碑牌——车主证言转化为良好口碑。车主良好的用户体验通过口口相传的口碑传播将对塑造荣威品牌的良好形象起到关键作用。俗话说:"金杯银杯不如用户的口碑",品牌获得再多的奖项,不如用户对品牌的一句好评,朋友之间对于品牌的一句肯定可能对潜在顾客购买荣威750起到至关重要的作用,而这种影响是任何品牌广告无法做到的。

案例讨论题

1. 整合营销传播和品牌营销有什么关系?
2. 荣威 750 的品牌形象在整合营销传播中是如何被塑造出来的?
3. 思路决定出路,荣威 750 的品牌定位是如何设计的?
4. 南汽集团收购了英国罗孚汽车公司,在中国推出了名爵汽车,而且在汽车的品质方面并不比荣威 750 差,为什么在品牌传播方面没有荣威 750 做得出色呢?

理论注释 品牌营销

一、品牌营销概述

最高级的营销不是建立庞大的营销网络,而是利用品牌符号,把无形的营销网络铺建到社会公众的心里,把产品输送到消费者的心里,使消费者在选择消费时认可这个产品,投资商选择合作时认可这个企业,这就是品牌营销。

品牌营销(Brand Marketing)是通过市场营销使客户形成对企业品牌和产品的认知过程。市场营销既是一种组织职能,也是为了企业自身及利益相关者的利益而创造、传播、传递客户价值,管理客户关系的一系列过程。品牌营销不是独立的,品牌可以通过传统营销和网络营销一起来实现,二者相辅相成,相互促进。

世界著名的广告大师大卫·奥格威就品牌曾作过这样的解释:品牌是一种错综复杂的象征,它是品牌属性、名称、包装、价格、历史声誉、广告方式的无形总和。品牌同时也因消费者对其使用的印象以及自身的经验而有所界定。

1. 品牌的传统营销

在市场营销中,营销组合框架已经由 4P、4C 发展到 4R,这反映了营销理论在新的条件下不断深入整合的变革趋势。4P 是营销中最关键的组合因素,要求企业如何满足客户需要;4C 让企业忘掉产品,研究客户的需要和欲望;4R 让企业与客户建立紧密的联系,提高客户忠诚度。在品牌营销时代,消费者对品牌的满意度是企业发展的重要环节,当消费者满意时,就会对品牌保持长时间的忠诚度,这种忠诚度一旦形成,就很难接受其他品牌的产品。

品牌企业要想不断获得和保持竞争优势,必须构建高品位的营销理念。例如,整合营销传播的工具(广告、公关、促销),可以提升品牌价值;通过市场细分,可以提升品牌的营销层次。品牌的形成并非一朝一夕完成,品牌的打造只有经过日积月累才能走向成功。

2. 品牌的网络营销

网络营销是指企业以电子技术为基础,以计算机网络为媒介和手段,进行各种营销活动的总称。网络营销的职能有网站推广、网络品牌、信息发布、在线调研、顾客关系、顾客服务、销售渠道、销售促进等。

对于传统企业来说,网络营销一般从建立网站开始,企业的品牌形象在建立网站之前就已经确立了。英特尔总裁葛洛夫曾说:"5 年后将不再有网络公司,因为所有的公司都将是网络公司"。互联网将改变企业的经营方式,如今《财富》全球 500 强企业都建立了自己的网站主页,而且将近 90% 以上的企业采用网上招聘等方式,这说明网络已经不仅仅用于介绍企业概况、收发电子邮件,而是进入了深层次的应用,品牌营销是互联网对企业经营方式的重大变革。如网上商店既可以为企业扩展销售渠道提供便利的条件,又可以在电子商务平台上增加客户的信任度,将企业网站与网上商店相结合,以此来塑造品牌。

对于网络企业来说,企业的品牌形象是从网站开始的,网站在一定程度上代表着企业的品牌。如阿里巴巴是全球企业间(B2B)电子商务的著名品牌,是拥有800余万商人的电子商务网站,任何人或任何企业都可以在这里找买家、建公司、看商情、参展会。作为目前全球最大的网上交易市场和商务交流社区,阿里巴巴汇集了220个国家和地区的43万专业买家,每天发布超过3000条的买家求购信息,享用即时通信软件 Trade Manger;拥有专业外贸操作后台管理工具 Supplier CRM,是个永不落幕的网上广交会。

需要指出,在电子商务和网络营销还没有在全球得到充分发展的今天,互联网作为新兴的虚拟市场,它的覆盖面只是世界市场的一部分,许多消费者还不能接受或使用网络沟通方式;许多发展中国家,特别是最不发达国家,现实的终端仍然是采用传统的营销渠道。因此,品牌培养与品牌营销应在传统、网络的基础上谋求发展,传统营销与网络营销也要在实践中逐步整合。

二、什么是品牌

品牌是符号,是浓缩着企业各种重要信息的符号。

把企业的信誉、文化、产品、质量、科技、潜力等重要信息凝练成一个品牌符号,着力塑造其广泛的社会知名度和美誉度,烙印到公众的心里,使产品随品牌符号走进到消费者的心里,这个过程就是打造品牌。

品牌附加值不是按照其投资额推算的。强势品牌低投入、高收入,所带来的高额利润多倍超出市场平均水平。

品牌是形象,是信誉,是资产。品牌是衡量企业及其产品社会公信度的尺度。品牌竞争力是企业的核心竞争力。经济全球一体化和市场竞争取决于品牌竞争。

三、如何树立品牌

第一步:分析行业环境,寻找区隔概念。企业需从市场上的竞争者开始,弄清它们在消费者心中的大概位置,以及它们的优势和弱点。企业要寻找一个概念,使自己与竞争者区别开来。

第二步:卓越的品质支持。企业必须以质量为根本树立形象。这里所指的质量是一个综合性品质的概念,包括工程质量、文化质量和物业管理质量等。

第三步:整合、持续的传播与应用。企业要靠传播才能将品牌植入消费者的心里,并在应用中建立自己。企业要在每一方面的传播活动中都尽力体现出品牌的概念。

四、品牌营销的四策略

品牌营销的策略包括品牌个性(Brand Personality,BP)、品牌传播(Brand Communication,BC)、品牌销售(Brand Sales,BS)和品牌管理(Brand Management,BM)。

品牌个性包括品牌命名、包装设计、产品价格、品牌概念、品牌代言人、形象风格、品牌适用对象等。

品牌传播包括广告风格、传播对象、媒体策略、广告活动、公关活动、口碑形象、终端展示等。

在传播上,品牌管理与整合营销传播所不同的是,品牌管理的媒体可以是单一媒体,也可以是几种媒体的组合,完全根据市场需要决定。

品牌销售包括通路策略、人员推销、店员促销、广告促销、事件行销、优惠酬宾等。

品牌管理包括队伍建设、营销制度、品牌维护、终端建设、士气激励、渠道管理、经销商管理等。

五、品牌营销的五个要素

如果说概念营销对于产品价值的提升总是徘徊在若有若无之中的话,那么品牌营销便是实实在在的表现了。美国《商业周刊》刊登了全球最有价值的100个品牌的排行榜,可口可乐以689.5亿美元的品牌价值荣登榜首,这充分说明了实施品牌战略能带来怎样的直接经济效益。现在的问题是人们的生活进入了一个信息化空间,对于企业来说,产品的同质化和广告宣传的诸多限制,使得数不胜数、大同小异的所谓"品牌"信息频繁轰炸患者。怎样才能让消费者在这泥沙俱下、纷繁杂乱的信息海洋中发现并看好自己的品牌,确实是摆在每一个企业面前的重要课题。

从一般意义上讲,产品竞争要经历产量竞争、质量竞争、价格竞争、服务竞争到品牌竞争,前四个方面的竞争其实就是品牌营销的前期过程,当然也是品牌竞争的基础。从这一角度出发,要做好品牌营销,以下五个方面不可等闲视之。

1. **质量第一**

任何产品的恒久、旺盛的生命力无不来自稳定、可靠的质量。如药品作为治病救命的特殊产品,消费者对其质量(疗效)的期望值是相当高的,因此导致对品牌的忠诚度和遗弃率也相当高。患者一经认可一种药品,其购买和使用的行为将有可能是长期的,例如众所周知的正红花油、保济丸等具有悠久历史的传统品牌。相反,哪怕只有一次失效的经历,患者都有可能从此将其"打入另册,永不叙用"。

2. **诚信至上**

人无信不立,同理,品牌失去诚信,终将行之不远。为什么同仁堂、胡庆余堂、九芝堂等的品牌形象能历久不衰?为什么曾经红极一时的三株、巨人、太阳神等都只各领风骚三五年?除了产品的市场属性和生命周期等因素外,更重要的原因就是前者靠脚踏实地、以诚信为本,后者靠华而不实的广告吹嘘和虚拟的概念炒作。时间是检验诚信与否的标尺。长期以来,我们经常能听到同仁堂、九芝堂等产品悬壶济世、妙手回春的美谈,而对靠炒作出名的药品(保健品),除了其自吹自擂的"疗效"外,最后都免不了落个被消费者弃之如敝屣的结局,有的甚至因为夸大疗效而吃了官司,最后败走麦城。

3. **定位准确**

著名的营销大师菲利普·科特勒曾经说过:市场定位是整个市场营销的灵魂。的确,成功的品牌都有一个特征,就是以始终如一的形式将品牌的功能与消费者的心理需要连接起来,并能将品牌定位的信息准确地传达给消费者。这就是这些品牌一以贯之的定位和准确、贴切、适当的诉求表达的效应。

市场定位并不是对产品本身采取什么行动,而是针对现有产品的创造性思维活动,是对潜在消费者的心理采取行动。因此,提炼对目标人群最有吸引力的优势竞争点并通过一定的手段传达给消费者,然后转化为消费者的心理认识,这是品牌营销的一个关键环节。

4. **个性鲜明**

一个真正的品牌药品绝不会包治百病、人人皆宜、疗效绝对。就像吉普车适于越野、轿车适于坦途、赛车适于运动比赛一样,对于药品的功效诉求和目标靶向,一定要在充分体现独特个性的基础上力求单一和准确。单一可以赢得目标群体较为稳定的忠诚度和专一偏爱;准确能提升诚信指数,成为品牌营销的着力支点。

我们经常看到的"味道好""疗效佳""高品质"等广告诉求语言根本谈不上是有个性的语言,自然就不可能准确地描述品牌的个性。而"白天吃白片,不瞌睡;晚上吃黑片,睡得香""口腔溃疡,一贴OK""克咳,全家好心情"等个性十足、鲜明独特的诉求就较容易得到消费者的认同,品牌形象也伴随着这些朗朗上口的广告语而迅速建立。

5. **巧妙传播**

有整合营销传播先驱之称的唐·E.舒尔茨说:在同质化的市场竞争中,唯有传播能够创造出差异化的品牌竞争优势。在20世纪的80年代,简单的广告传播便足以树起一个品牌;到90年代,铺天盖地的广告投入也可以撑起一个品牌;时至今日,品牌的创立就远没有那么简单了,除了需前述四个方面作为坚实的基础外,独特的产品设计、优秀的广告创意、合理的表现形式、恰当的传播媒体、最佳的投入时机、完美的促销组合等诸多方面都是密不可分的。同时,医药产品的市场传播还必须考虑持续性和全面性。为什么像飞龙、三株那样的企业尽管极尽传播之能事但最终却竹篮打水一场空?主要原因就是产品或者创意是虚弱的,无法支持其传播的持续性。为什么不少中小企业的一些产品确实不错却难以打动更多的消费者?主要原因就是营销策划缺乏周密的整合思路,自然也就无法全面收到市场传播的效果。

第八章 营销创新策划篇

《泰囧》口碑营销创造票房奇迹[①]

2012年年末,由演员徐峥首次自编、自导、自演的喜剧电影《人再囧途之泰囧》(以下简称《泰囧》),火遍中国影坛,一部3000万投资的小成本电影收获12亿元票房,这样的成绩超出了所有人的预期和想象。而且,由《泰囧》的热映已经引发出了一种文化现象和文化热潮,"囧神"一词开始流行,营销界都在讨论《泰囧》电影营销何以做到这样惊天的创举?《泰囧》这朵"奇葩"是怎样绽放的呢?

《泰囧》自2012年12月12日上映起便以火爆势头一路高歌猛进。据不完全统计,目前该片至少刷新了中国影史上10项纪录:公映首日3900万元票房,创下周三开画影片最高票房纪录;当月15日全国3.3万场排片、9300万元票房、278万观影人次,创下国产片单日排片纪录、单日票房纪录、单日观影人数纪录;首周票房破3亿元,第二周票房3.7亿元,第三周票房2.68亿元,连续刷新国产片首周、次周、第三周票房纪录;截至2013年1月1日,《泰囧》上映21天,累计票房破10亿元,观影人数破3100万,超越《阿凡达》2900万观影人数,创下国产片累计票房、观影人数最高纪录,并打破《泰坦尼克号3D》9.39亿元票房的纪录,摘得2012年度票房桂冠。

梳理《泰囧》的成功因素,以下几个因素是必不可少的。好剧本、囧神加盟、提前上映、给力传播是其中最重要的几个因素,因为有了这些因素才促成了《泰囧》的超好口碑,通过超好口碑达成了《泰囧》的票房传奇。

因素一:好剧本是成功关键。

《泰囧》的编剧有徐峥、束焕和丁丁。束焕与徐峥合作过《命运呼叫转移》《爱情呼叫转移》等电影,丁丁则是潘长江春晚小品的编剧,抖包袱的功力自然了得。据束焕介绍,最开始3个编剧一起讲故事,然后画情节性曲线,画故事图板、人物性格和人物关系图,"聊完我来执笔,每场戏都会和丁丁聊。徐峥也不断参与,写完一部分发给他。最后由他做一个完整的导演台本。剧本的定稿和完成片对比,基本没什么改的"。正是经过不断修改、碰撞后产生出的接地气的剧本给了《泰囧》火爆的基因。

因素二:三位囧神加盟是人气保证。

2010年,徐峥和王宝强在《人在囧途》中的超囧春运回家路笑翻全国人民。2012年的

[①] 于音:《〈泰囧〉的营销策略:物料齐全多渠道整合》,2013年1月4日《新闻晚报》,A2叠02版,有改动。
章学锋:《〈泰囧〉奇葩这样绽放》,2013年1月4日14版,有改动。

《泰囧》,最初是打着"人在囧途2"的旗号唤醒观众的记忆,随之正式更名为《人再囧途之泰囧》。徐峥、王宝强和黄渤堪称平民范儿的喜剧明星,特别是黄渤的加入让电影的喜感增色不少。据徐峥介绍,为了不让黄渤的表演过分抢戏,特意没有给黄渤太多的戏份,以免影响其他两位主演的表演。尽管如此,3位囧神还是在欢快的音乐节奏中,在飞车、易装、对打、失足滚落等戏份纷纷登场。3位演员频频搞怪,搞笑无底,《泰囧》让观众在片场爆笑几十次的同时,充分展示了他们的表演功力,也让观众再次记住了一个个精彩的桥段。

因素三:提前公映让影片脱颖而出。

《泰囧》原定上映日期是2012年12月21日,当时打的是"末日"的噱头,"末日来临,与其在家等死,不如去影院看《泰囧》笑死"。一开始《泰囧》打的是末日牌,但是看到同期上映的影片中有成龙的《十二生肖》、周润发的《大上海》等实力强劲的影片,而在《少年派的奇幻漂流》和《1942》之后,12月初并没有实力特别强的影片上映,所以果断提前上映为《泰囧》赢得了先机。提档后,宣传团队作了《泰囧提前行动了》视频短片,光线负责视觉包装的视觉导演又作了相关的视觉设计。

因素四:给力的营销与公关宣传。

影片上映前,出品方光线影业就在网上发布了《泰囧》系列物料,主演徐峥、黄渤等也多次发微博力荐。导演徐峥从预告片的拍摄、制作、投放时间到每款海报的字体、字号、发布顺序等都要一一过问。

值得一说的是,该片还在PPTV、PPS、优酷等各大网络电视和视频网站捆绑广告,在醒目位置进行宣传造势。同时,剧组在不同的城市举行免费试映会,精选试映族群,并在每场电影放映后与观众座谈,制造口碑效应。这样,该片一上映就能快速地借助互联网等渠道发酵。

与一般电影的宣传预告片相比,《泰囧》片方与万达电影院线合作,由徐峥和王宝强亲自出马拍摄了一系列个性定制宣传片。这一创新之举,集电影制作发行方与院线的力量于一体,大胆尝试,双方密切配合,堪称开创电影营销宣传的新模式。

此外,剧组主创人员除在上映前频频亮相新闻发布会、庆功会、影迷见面会等传统的造势活动,还主动出击做客《快乐大本营》《天天向上》等有着超高人气的电视娱乐节目,反复推荐《泰囧》。

广告方面,出品方在360、支付宝以及全国各地电视台的民生新闻上都做广告,包括地铁、公交、机场、药店、医院、大学校园、火车、飞机做推广,在PPTV、PPS、优酷等各大网络电视和视频网站捆绑广告,在醒目位置进行宣传造势。

正是由于以上几方面因素才造就了《泰囧》上映后的观众的强烈追捧,很多网友在各大电影论坛上说自己看了两遍,甚至有看了三遍的。很多网友感慨这样接地气表现屌丝现实生活的作品太难得了。而众人的好口碑就一传十、十传百让更多的观众走进影院一同享受《泰囧》给我们带来的欢乐和轻松。这部走进影院后让人从头笑到尾的作品,正是老百姓最喜欢的、最容易接受的内容和题材,也正是依靠这样的超好口碑,《泰囧》才创造了国产电影史上的最高票房。

案例点评

从普通人的视角看,《泰囧》的票房高得有些离谱。从营销的角度分析,《泰囧》的成功是水到渠成、理所当然。一般人觉得《泰囧》是一部不错的电影:剧情轻松;表演夸张搞笑;典型的商业喜剧电影;适合全家人一起看。现代都市人本来生活得就够累的了,天天围着房子、车子、孩子转,能找个机会让身心都放松一下,坐到电影院中哈哈大笑一两个小时就知足了。但是恰恰是因为《泰囧》太过成功、火爆,让很多业内人士的心理不平衡:你徐峥第一次当导演拍了这么个喜剧片,票房轻轻松松就过了12亿,还不是因为档期赶得巧,如果没有《1942》的沉重与压抑,哪来《泰囧》的高票房?潜台词是因为人们迫切地希望从《1942》压抑的氛围中走出来,寻找点轻松的不费脑子的电影,所以《泰囧》的成功最该感谢《1942》,换句话说,徐峥最该感谢冯小刚。没有《1942》在前面压抑着观众的神经,就没有《泰囧》在后面的报复性释放。

其实这话只说对了四分之一。客观上,《1942》的重和《泰囧》的轻形成了强烈的反差,大部分观众在贺岁档都想看些轻松的影片欢乐与放松一下。而《泰囧》的题材正好满足了观众的心理预期。另外,不是是个喜剧片就能让观众乖乖掏钱买票的,你的故事得确实有意思。试想,如果把《十二生肖》或《大上海》换到《泰囧》的上映档期,谁敢保证这两部片子一定能做到《泰囧》的票房?即使成龙和周润发这样的超级巨星也不敢说能达到《泰囧》的成绩。原因很简单:再大的巨星如果没有好剧本撑着,影片就不会有好口碑,而高票房是口口相传的结果。我们看到《泰囧》在剧本创作上狠下功夫,徐峥找来两位金牌编剧共同创作剧本,剧中的这几个人物都是量身为徐峥、王宝强、黄渤定做的。徐峥自己也说这次做的是喜剧片中的公路类型片。从结果来看是很成功的,很多人之所以到影院看了不止一遍就是觉得剧情设计得很巧妙、吸引人。另外,由于有着《人在囧途》第一部的良好表现积攒下的口碑,这部可以看作续集的电影还没有上映时人气就很旺。本来徐峥和王宝强就很受观众的欢迎,现在又加上了一个新的喜剧之王——黄渤(有很多人进影院是冲着黄渤去的),三大囧神的联合出演也确实让观众非常期待。最后,不得不提的就是这部电影的宣传真是太给力了。各种媒体形式的广告、三位主演的微博推荐、官方微博的推广、试映会、各种通告,多款海报投放等手段,特别是专门制作的几款用于宣传的视频的传播效果非常好,以至于很多观众在影片中没有找到相关内容还会不断地通过微博和主演以及官方微博互动,这些都起到了非常好的效果。所有这一切只为获得观众的良好口碑。

《泰囧》的成功再次证明大场面、大制作、大明星都是浮云。唯有大剧本(品质)是硬道理,加上到位的表演(质量)、适合的档期(时机)、良好的口碑(病毒传播),这些才是品牌营销的真谛。

案例讨论题

1. 为什么不能说如果没有《1942》的沉闷就没有《泰囧》的火爆,二者有多大的关系?
2. 有人说《泰囧》12亿的票房并不能反映本片的真实质量,你认为哪些因素使《泰囧》能到达如此高的票房?
3.《泰囧》在传播方面有哪些成功经验值得其他的企业学习?
4. 从《泰囧》的成功分析一个产品要想获得良好的口碑营销效果必须具备哪些条件?

理论注释 口碑营销

口碑营销是指企业努力使消费者通过亲朋好友之间的交流将自己的产品信息、品牌传播开来。这种营销方式成功率高,可信度强。从企业营销的实践层面分析,口碑营销是企业运用各种有效的手段,引发企业的顾客对其产品、服务以及企业整体形象的谈论和交流,并激励顾客向其周边的人群进行介绍和推荐的市场营销方式和过程。

传统广告与口碑营销的区别如图 8-1 所示。

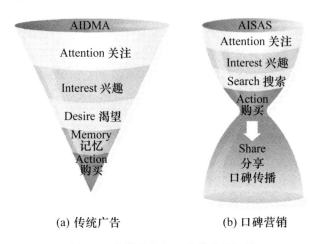

(a) 传统广告　　　　(b) 口碑营销

图 8-1　传统广告与口碑营销的区别

一、实施组合口碑营销的三个步骤

1. 口碑营销的第一步——鼓动

赶潮流者,产品消费的主流人群,即使他们是最先体验产品的可靠性、优越性的受众,也会第一时间向周围的朋友圈传播产品本身的质地、原料和功效,或者把产品企业、商家 5S 系统、服务感受告诉身边的人,以此引发别人跟着去关注某个新产品、一首流行曲或是新业务。

宝洁公司的 Tremor 广告宣传近来引起各方的关注和讨论,我们觉得在口碑营销上 Tremor 广告做足了"势",靠大家的鼓动和煽情提升产品的认知度,宝洁公司投入了一定的时间和精力,但实现了口碑营销的低成本策略。

我们深信,鼓动消费精英群体,口碑组合化、扩大化,就能拉动消费,使产品极具影响力。的确,像宝洁、安利、五粮液等这些品牌企业在口碑营销上一直在努力,一方面调动一切资源来鼓动消费者的购买欲;另一方面,大打口碑营销组合拳,千方百计地扩大受众群,开展"一对一""贴身式"组合口碑营销战术,以降低运营成本,扩大消费。

2. 口碑营销的第二步——价值

传递信息的人没有诚意,口碑营销就是无效的,失去了口碑传播的意义。任何一家希望通过口碑传播来实现品牌提升的企业必须设法精心地修饰产品,提高健全、高效的服务价值理念以便达到口碑营销的最佳效果。

当消费者刚开始接触一个新产品时,他首先会问自己:"这个产品值得我广而告之吗?"有价值才是他们在市场上稳住脚跟的通行证,因而他们所"口碑"的必须是自己值得信赖的有价值的东西。

当某个产品信息或使用体验很容易为人所津津乐道,产品能自然而然地进入人们茶余饭后的谈资时,我们认为产品很有价值,因此也易于口碑的形成。

传播的产品是有价值的对于企业来说就需要企业要有合理的导向,让市场尝鲜者有关注的侧重点和对产品的正确理解,这样才能充分表达企业产品的价值。

3. 口碑营销的第三步——回报

当消费者通过媒介、口碑获取产品信息并产生购买时,他们希望得到相应的回报,如果盈利性企事业单位提供的产品或服务让受众的确感到物超所值,进而可以顺利、短期将产品或服务理念推广到市场,从而实现低成本获利的目的。

二、口碑营销的技巧

让每一位顾客都能传颂自己生意上的"美德"是企业经营者梦寐以求的。但口碑的形成,是否都是纯属意外,完全是碰运气、自发发生的呢?麦肯锡咨询公司驻伦敦管理营销专家热内·黛和她的同事们在研究分析50个销售案例后发现,口碑广告制造爆炸性需求绝不是意外和巧合,而是有几个规律可循。企业完全可以通过分析消费者之间的相互作用和相互影响来预见口碑广告的传播,使其网络化、知识化、全球化,这需要我们的营销人员付出极大的智慧。

1. 将广告变得"朗朗上口"

并非所有的商品都适合做口碑营销,口碑营销在不同的商品中所发挥的作用也不尽相同。据权威调查公司分析,从人们乐于传播信息的产品种类来看,服装鞋帽(53.4%)、日用百货(46.7%)、家用电器(39.2%)和食品/饮料(37.1%)成为人们主要谈论的产品话题。进一步分析发现,不同年龄、不同性别的人交流的商品有所不同:年龄越轻的人越经常谈论有关"服装鞋帽"的信息,尤其在18—25岁的受访者中,与他人交流服装鞋帽(61.7%)、手机/呼机(50.7%)、化妆品(41.5%)、电脑(40.9%)以及音像制品(38.8%),在25岁以下年轻人中间的信息交流程度远远高于其他年龄层的人;随着年龄的增大,日用百货、食品以及住房逐渐成为人们交流的主要产品;服装鞋帽(65.3%)、日用百货(54.8%)和化妆品(44.2%)是女性最爱交流的话题产品;而男性则经常谈论家用电器(50.6%)、手机/呼机(45.3%)以及住房(42.0%)的有关信息。

因此,为了更有效地利用口碑,一切营销活动都应该针对这些更愿意传播这类产品的群体,在这些群体中首先传播这些群体最关注的信息。热内·黛建议营销专家注意两条标准:一是产品要有某种独特性,外观、功能、用途、价格等;二是产品要有适合做口碑广告的潜力,将广告变得朗朗上口。

2. 引导顾客进行体验式消费

在戴尔公司总部每间办公室的留言板上都写着一句口号:"顾客体验:把握它"。所谓顾客体验,"它是顾客跟企业产品、人员和流程互动的总和"。也就是让顾客置身于生产制造的全过程或者让顾客切身享受消费的乐趣,从而形成"以自己希望的价格,在自己希望的时间,以自己希望的方式,得到自己想要的东西"的强烈消费欲望,戴尔公司甚至认为"顾客体验是竞争的下一个战场"。

辉瑞制药的"艾可卡"没有太多的广告投入,但却能在很短的时间内风行全球,重要的一点就是借助顾客的体验式消费,使人们对这一产品的正面反应、负面反应、优点、缺点等的议论和争执,几乎成为每个国家街谈巷议的焦点,"艾可卡"这一"蓝色小药丸"就在人们的口碑下成为全世界皆知的产品。

体验式消费所带来的感受是深刻难忘的。正由于此,越来越多的产品选择了体验式消费,运用这种古老而又神奇的营销方式引导企业在营销中走得更稳、走得更远。

3. 学会利用品牌进行推荐

让优秀的品牌推荐一些尚未建立良好美誉度的品牌会收到意想不到的效果。迈克·乔丹和泰格·伍兹在耐克产品广告中频频露面,使耐克成为世界名牌;无独有偶,在第23届奥运会上,喝着健力宝的中国女排轻取"东洋魔女"后,又以秋风扫落叶之势挫败了美国女排,登上世界冠军的宝座,健力宝也随之一举成名。

对于一个新产品来说,知名品牌的推荐无疑会帮助消费者消除心头的疑虑。如纽特威产品开始出现在市场上时,需要让顾客相信该产品不会有余味,而且十分安全。第一点很容易证明,只要让顾客做无风险品尝即可。但要让顾客相信第二点就比较困难。纽特威产品是安全的,这种品质特性只有长期使用才能验证。当可口可乐、百事可乐及其他品牌推出含纽特威低糖的产品,无形中支持了其说法,"纽特威是糖安全替代品"也由此盛传开来。

可以设想,如果某一品牌的汽车发动机被奔驰、丰田、宝马等品牌联合推荐,我们可以断言:全世界的用户都会放心大胆地使用,这一品牌面对的将会是供不应求。

4. 让品牌和故事结伴传播

故事是传播声誉的有效工具,因为它们的传播带着情感。一跨进新世纪,意大利皮鞋"法雷诺"就悄然登陆中国市场,而为国内影视明星、成功男士、政界名流等中高档消费群体所钟情的,不只是"法雷诺"皮鞋款式新颖、做工精细、用材考究,尽显成功自信、尊贵不凡的男人风范,还有着一个充满传奇色彩的神话故事。

公元1189年,神圣罗马帝国皇帝腓特烈一世和英法两国国王率领第三次"十字军"出征,前往耶路撒冷。行至阿尔卑斯山附近时,天气突变,风雪大作,"十字军"脚冻得寸步难行。情急之下,罗马骑士法雷诺让其他人把随身的皮革裹在脚上,继续前进。14—15世纪,意大利北部城市一家有名的皮鞋制造商,为了纪念法雷诺将军的这段趣事,将自己生产的最高档皮鞋命名为"法雷诺"。"法雷诺"的美名由此流传开来。

美丽而隽永的传说总是能使企业的产品让人过目不忘。如电视剧《大宅门》的热播也使同仁堂药店的名声响彻全中国。

5. 关注自己的每个细节

影响消费者口碑的,有时不是产品的主体,而是一些不太引人注目的"零部件"等,如西服的纽扣、家电的按钮、维修服务的一句话等,这些"微不足道"的错误却能够引起消费者的反感。更重要的这些反感,品牌企业却不易听到,难以迅速彻底地改进,往往是销量大幅减少,却不知道根源究竟在哪里。据专业市场研究公司调查得出的结论,只有4%的不满顾客会对企业提出他们的抱怨,但是却有80%的不满顾客会对自己的朋友和亲属谈起某次不愉快的经历。

在纽约梅瑞公司的购物大厅设有一个很大的咨询台。这个咨询台的主要职能是为来公司没购到物的顾客服务的。如果哪位顾客到梅瑞公司没有买到自己想要买的商品,咨询台的服务员就会指引他去另一家有这种商品的商店去购买。梅瑞公司的做法本不足道,但却是看得见、摸得着的"细节",被人们津津乐道,对它的记忆也极为深刻。这样不仅赢得了竞争对手的信任和敬佩,而且使顾客对梅瑞公司产生了亲近感,每当购物时总是往梅瑞公司跑,慕名而来的顾客也不断增多,梅瑞公司因此而生意兴隆。

6. 提供快捷周到的服务

一个来自海尔的感人故事：福州的一位用户给青岛总部打电话，希望海尔能在半月内派人来修好他家的冰箱。不料第二天维修人员就赶到他家，用户不敢相信，一问方知维修人员是连夜乘飞机赶到的。用户感动了，在维修单上写下了这样的话："我要告诉所有的人，我买的是海尔冰箱。"乘飞机修冰箱，从单纯的效益角度来看，来回的差旅费与冰箱的售价相差无几，有点得不偿失；但从企业形象的角度来看，它能为海尔赢得良好的口碑，可以为企业引来潜在顾客。

美国电脑业的领导公司 EMC 认为，一旦顾客相信公司，公司就必须尽力保有这份信任。如果公司能证明自己对顾客负责到底的决心，顾客一定不会离开。因此，当 EMC 的储存系统出现问题时，EMC 会给顾客提供两种选择：一是得到一套全新的 EMC 系统；另一种则是 EMC 付费，由顾客指定购买其他品牌的系统。当时公司有人质疑这种供顾客选择解决方式的赔钱做法，但顾客却因此体会到 EMC 对顾客负责到底的承诺。由于 EMC 为顾客负责到底的态度，虽然产品的价格比其他公司的价格高，但 EMC 许多的客户仍然坚持选择它的产品。除此之外，我们还可以借助排行榜、社会公益活动、限量销售等形式，为品牌或产品创造良好口碑。

值得提醒的是，赢得知名度，只需要投入大量的资金，进行密集性广告轰炸，短期内就能形成；而赢得口碑，非要对各项基础工作做得非常细致、到位并持之以恒，只有产品和服务水平超过顾客的期望，才能得到他们的推荐和宣传，而那些领先于竞争对手或别出心裁的服务和举措，更会让消费者一边体验快乐的享受，一边绘声绘色地传播。

一传十，十传百，百传千千万，口碑营销正显示出它悠远永恒的魅力之光。

案例 8.2

海底捞的服务创新营销[①]

海底捞成立于 1994 年，是一家以经营川味火锅为主、融汇各地火锅特色为一体的大型跨省直营餐饮品牌火锅店，全称是四川省海底捞餐饮有限股份公司。在北京、上海、郑州、西安、简阳等城市开有连锁门店。

在低附加值的餐饮服务业，虽然家家都在喊"顾客至上"，但实际效果并不理想。而海底捞专注于每个服务细节，让每个顾客从进门到出门都体会到"五星级"的服务：停车有代客泊车；等位时有无限量免费水果、虾片、黄豆、豆浆、柠檬水提供，有免费擦鞋、美甲以及宽带上网，还有各种棋牌供大家娱乐；为了让顾客吃到更丰富的菜品可点半份菜，怕火锅汤溅到身上为顾客提供围裙，为长发的顾客递上束发皮筋，为戴眼镜的顾客送上擦眼镜布，为手机套上塑料袋，当饮料快喝光时服务员主动来续杯；洗手间也有专人为顾客按洗手液、递上擦手纸巾；要求多送一份水果或者多送一样菜品，服务员也会爽快答应。服务员不仅熟悉老顾客的名字，甚至记得一些人的生日以及结婚纪念日。

---

① http://www.boraid.com/article/html/177/177871.asp，有改动。

服务员"五星级"的体贴服务使得每一位顾客在内心深处感到海底捞提供的服务超过了他们以往的品牌体验,以致变成回头客和忠诚顾客,甚至帮助海底捞到处宣传。最终变成口口相传形成了良好的口碑,其实这就是品牌传播的本质与真谛:能够让客户主动为企业宣传,像病毒性营销一样,这样的企业才是真正的营销高手。为什么海底捞的员工那么努力工作,并愿意在工作之中付出情感?原因就在于管理者首先对员工付出了情感,给予他们多方面的照顾和信任。从海底捞的店长考核标准可以管窥其经营理念,根本找不到很多企业最为重视的营业额和利润,只有顾客满意度和员工满意度两个指标。

一、服务好员工,让他们没有后顾之忧

要让顾客感受到某种情感并被强烈打动,企业家及其团队不可能无中生有,必须要真真切切地具备真诚服务的热情。海底捞的管理层认为:要想顾客满意必须先让员工满意,让员工首先感到幸福和自由,再通过员工让顾客感到幸福。客人的需求五花八门,仅仅用流程和制度培训出来的服务员最多只能算及格。海底捞的每位员工是真心实意地为顾客服务,而这份真诚则是源于海底捞的董事长张勇将员工当作家人般对待。张勇认为:"人心都是肉长的,你对人家好,人家也就对你好;只要想办法让员工把公司当成家,员工就会把心放在顾客上。"

因此提升服务水准的关键不是培训,而是创造让员工愿意留下来的工作环境。在整个餐饮行业,海底捞的工资只能算中上,但隐性福利比较多。员工住的都是正式小区或公寓,而不是地下室,空调、洗浴、电视、电脑一应俱全,可以免费上网,步行20分钟内到工作地点。工作服是100元一套的好衣服,鞋子也是名牌李宁。不仅如此,海底捞还专门雇保洁员给员工打扫宿舍卫生,员工的工作服、被罩等也全部外包给干洗店。公司在四川简阳建了海底捞寄宿学校,为员工解决头疼的子女教育问题;还将资深员工的一部分奖金,每月由公司直接寄给家乡的父母。

二、给员工放权,让他们创新

要让员工主动服务,还必须信任他们、给他们放权。海底捞的普通服务员都有免单权,只要员工认为有必要,都可以给客人免费送一些菜,甚至免掉一餐的费用,当然这种信任,一旦发现被滥用,就不会再有第二次机会。要让员工感到幸福,不仅要提供好的物质待遇,还要有公平公正的工作环境。海底捞几乎所有的高管都是服务员出身,没有管理才能的员工任劳任怨也可以得到认可,如果做到功勋员工,工资收入只比店长差一点。海底捞还鼓励员工创新,很多富有创意的服务项目都是由员工创造出来的,因为他们离顾客最近。海底捞让员工能够发挥自己的特长,从而在工作中获得乐趣,使工作变得更有价值。

三、员工比顾客重要

海底捞良好的品牌体验营销的背后是企业的人性化管理,堪称劳动密集型企业尊重和信任员工的典范,善待并尊重员工,让他们有归属感,以一种"老板心态"而非"打工者心态"来工作。企业成员之间的信任和尊重,营造了愉快舒心的企业文化,促使员工变"要我干"为"我要干",变被动工作为主动工作,充满热情、努力让顾客满意的员工成为难以模仿的海底捞的核心优势,成就了网络笑谈中的"地球人已经无法阻止海底捞"式的优质服务。

海底捞的董事长张勇说:"餐饮业是低附加值、劳动密集型的行业,怎么点火、怎么开门并不需要反复教育,最重要的是如何让员工喜欢这份工作,愿意干下去,只要愿意干,就不会干不好。""标准化固然重要,但是笑容是没有办法标准化的。"能把看似别人干不好的干好,把别人干的好的干得更好,这就是能力。在海底捞工作的员工比其他的餐饮企业,甚至比很多其他行业的著名企业的品牌忠诚度都要高,他们快乐工作、快乐生活、快乐成长。他们这些大多来自农村没有多少文化和学历的人深知只要努力工作就能获得大多数城市人过的生活,这就是他们工作的动力,而这动力的来源就在于海底捞的激励机制。所以,在海底捞员工第一,客户第二。

案例点评

海底捞的案例早已进入了各大商学院的MBA案例中,已经成为众多餐饮企业学习的典范,各种关于海底捞的图书也大行其道。海底捞俨然已经成为一种模式。海底捞真有那么神吗?为什么中国众多的餐饮企业只有海底捞能做到如此程度,其他的企业为什么不行?其实,海底捞就是做好了一件事:品牌体验。首先是员工的品牌体验。张勇把每个员工都真正地当成一个人来尊重、关心,让他们从内心迸发出工作热情,按照马斯洛的需求层次理论——生理的需求、安全的需求、情感和归属的需求、尊重的需求、自我实现的需求这五种不同层次的需求,海底捞满足了员工在五个层次上的所有需求,员工什么都不缺了,当然会拼命、快乐地工作。员工的体验好了,客户的体验才会好,海底捞的生意自然好。这是多么简单的道理,但是很多的企业就是想不明白。其次才是客户的品牌体验。我们已经看到了员工身上迸发出的热情与快乐强烈地感染了消费者。在海底捞用餐的客户都能非常愉悦地享受着优质美食与五星服务的乐趣。他们在等待进餐时能享受到各种免费的服务、在进餐中能享受到服务员的服务表演、在进餐后能带着愉快的心情离开餐厅,在看似海底捞付出的免费服务中顾客实际上全部进行了买单消费,而且是心甘情愿的。良好的品牌体验通过海底捞领导层传播给员工,员工传播给客户,客户传播给亲友,这样就形成了良性循环,海底捞的成功是顺理成章、水到渠成的。

品牌的塑造来自一点一滴的积累,用户体验是最重要的,谁小看了用户,不能提供良好的品牌体验,谁的品牌声誉与口碑就难以建立,微博时代,口碑胜过一切。海底捞充分证明了这一点。它只是做好了这一点,就奠定了在餐饮业的最佳品牌形象。单这一点,就值得其他行业的无数企业学习。

案例讨论题

1. 为什么海底捞把员工看得比顾客重要?
2. 海底捞的种种服务创新为什么很多的企业没有做到?
3. 海底捞的成功是否可以复制?其他行业的企业能从中可以学到什么?
4. 请分析"地球人已经无法阻止海底捞"的微博营销策略。

理论注释 1 营销创新

一、什么是营销创新

所谓营销创新,就是企业根据营销环境的变化情况,并结合自身的资源条件和经营实力,寻求营销要素在某一方面或某一系列的突破或变革的过程。在这个过程中,并非要求一定要有创造发明,只要能够适应环境,赢得消费者的心理且不触犯法律、法规和通行惯例,同时能被企业所接受,那么这种营销创新就是成功的。还需要说明的是,能否最终实现营销目标不是衡量营销创新成功与否的唯一标准。

二、营销创新的必要性

营销创新是我国企业与国际竞争环境接轨的必然结果,亦是企业在竞争中生存与发展的必要手段。国内市场与国际市场的对接直接导致我国的企业竞争环境的改变和竞争对手的增强。而面对这一切,我国的企业表现出诸多的劣势,尤其是营销观念落后这一致命弱点使企业在面对强大的竞争对手和高超的营销手段时不知所措。还有一些企业体制的问题同样表现出企业竞争力的弱势。而要解决这些问题则须从营销管理方面入手进行变革和创新。因为营销创新是提高企业市场竞争力最根本、最有效的途径。另外,通过营销创新,企业能科学合理地整合各种资源,并能提高产品的市场占有率。

三、营销创新的四大支点

美国管理大师约瑟夫·熊彼特曾提出企业创新的五个有形要素,而营销创新属于无形要素范畴。事实上无论是有形要素还是无形要素的创新都需要一种思想上或力量上的支撑。从我国目前的营销实践来看,虽然受国际大环境的影响,尤其是国际知名大企业营销创新的威胁,却仍然使用着传统的营销手段在艰难地挣扎。它们也试图突破传统的营销手段,却不知从何入手,很明显是缺少思想上或是力量上的支撑。从我国的营销现状出发,企业为营销提供四种保证方可筑起营销创新的大厦。

1. 支点一:树立正确的创新观念

观念作为人们对客观事物的看法,它虽无形、看不见,却直接影响人们的行为。所谓创新观念,就是企业在不断变化的营销环境中,为了适应新的环境而形成的一种创新意识。

它是营销创新的灵魂,指挥支配着创新形成的全过程,没有创新观念的指导,营销创新就会被忽视,仍然一味追求着传统的、已不适应新环境的模式。企业只有把创新这一指导思想提上日程,才能使企业在变化中成长,在竞争中生存。营销创新亦能更充分地发挥作用。海尔集团的斜坡理论是众所周知的,其推力是 OEC 管理,拉力就是创新,由此可见海尔集团已经树立起了创新观念,不断地在指引着海尔集团各方面的创新工作。营销方面的创新也是接连不断,"亲情营销"这一新思路的执行,不仅使海尔集团提升了品牌形象,而且增强了品牌亲和力。试想,没有创新意识的企业,又何谈营销创新呢?由此可见,树立营销创新观念是营销创新的首要条件。

那么,如何树立起正确的营销创新观念呢?首先,要有明确的市场意识或市场营销观念。

离开市场营销观念的指导,任何创新活动都将失去它存在的意义。目前,我国许多的企业还没有树立起明确、清晰的市场营销观念,尤其是中小企业。而在目前这种世界各大品牌纷纷上马中国市场的竞争现状下,企业须以创新求生存,以正确的市场营销观念为指导。

其次,要有竞争意识。这是营销创新的内在推动。在全球一体化的环境下,我国企业所面对的是与国际成熟大企业的竞争,所以有必要以危机感和使命感来警告、鞭策。

2. 支点二:培养营销思维

思维是认识活动的高级阶段,是对事物一般属性和内在联系间接的、概括的反映。牛顿是从苹果落地开始研究万有引力的,而苹果落地这一普通的自然现象在我们的生活中是常见的,还常常是被人们感慨人生的对象,为什么会有这样两种截然不同的结果呢?其实根源就是思维。牛顿所有的是科学的思维,而那些感慨人生的人有的却是文学思维。正是这种科学思维使牛顿发现了万有引力,且不断地发现科学领域的诸多奥秘。那么,企业要做好营销活动就必须具备营销思维。事实上,营销创新的切入点就在生活中,或者说就在消费者身边,正是营销人员所关注的对象。如果缺乏营销思维,就无法把握住这些切入点,营销创新也就成了无本之源。

营销思维的培养要在营销人员的头脑中建立起一种营销意识也即工作状态。首先,营销人员要精通理论知识,运用这些理论知识去观察生活中的诸多事物,培养起在生活中运用营销思维的能力,自然能培养出营销意识。其次,做生活中的细心人,注意观察周围的事物,深度挖掘营销创新切入点。

3. 支点三:要有坚韧不拔的精神

面对复杂多变的营销环境,尤其是中国这样一个有着广博精深的文化环境,营销创新的风险无时不在,要检验,可能会付出很大的经济代价,因此,创新极容易受挫或是被束之高阁,或是不敢执行。这样就打击了营销人员创新的积极性和开拓精神。所以,营销人员必须要有坚韧不拔的精神做支撑,确保创新的大厦不倒。关注体育的人都知道乒坛常青树瓦尔德内尔,他每次出现都变换新的打法,面孔虽是老的,但是打法却永远在创新,当然这种创新不一定成功,但是这种精神却是可贵的,也是营销创新所必要的精神。在为企业做培训时,营销人员有一种勇于创新、敢于开拓的坚韧不拔的精神,并创造条件加以训练。而事实上这种坚韧不拔的精神也源自营销人员自身的性格和生活的磨炼,作为营销人应该具备这种意志。

4. 支点四:要有严格的制度保障

规章制度可以使企业的各部门人员有章可循,形成一个组织严密的团队。如果没有制度保障,那么企业就完全丧失了凝聚力,也不可能形成良好的企业文化。要一种思想或文化在企业员工的思想中渗透,运用规章制度贯彻是非常必要的。那么,要想将营销创新思想变为企业营销人员或其他员工的行动准则或深层次的文化核心就必须有严格的制度来规范,保证其规范的运行。将营销的观念、精神和思维转化成员工进行营销活动的理念和方法,制度的保障作用是非常必要的。

当营销创新制度化后,创新观念、创新思维和创新精神有了根本保障,从而充分地调动了营销人员创新的积极性和主动性,促使企业在复杂多变的环境中有的放矢地进行营销活动,适应变化。其实,这正如管理学中的X理论、Y理论及Z理论所讲的那样,对人这个复杂的有机体必须用严格的制度管理,其效果也是不容置疑的。但是,要将一种思想制度化,甚至将这种思想提到企业文化的平台上就很困难了。所以,使营销创新制度化还要使用企业文化的魅力,这样才能使效果更好。

在营销创新的制度保障中,激励制度是最有效的。只有制定适当的激励制度,营销人员的积极性和主动性才能被调动起来。而企业制定的激励制度须将营销创新成果与薪酬制度和晋升制度相联系,效果才会更佳。

四、营销创新应注意的问题

1. 要注意在营销创新中必须创造价值

这是营销创新是否有价值的最重要的评估标准,当然,这里的价值不仅包括经济价值,还包括顾客价值。不创造经济价值对企业没有任何意义,而不创造顾客价值的营销创新就无法获得经济价值。因此,创造顾客价值是营销创新的关键。顾客价值不仅表现在产品功能上,还表现在顾客为购买而付的精力、体力、时间及货币都属于顾客价值范畴,甚至包括情感。所以,在营销创新中,企业必须创造顾客价值,否则,难以提高自身的核心竞争力。

2. 要注意营销创新的切实可行性

创新是在分析宏观环境和微观环境的基础上创造出来的,而非企业凭主观想象创造出来,要切实可行、易操作,尤其是要注意文化的影响。营销创新是就某时某地的情况而进行的营销要素的排列的最佳组合,要注意文化的可控性和不可控制性,还可能存在着入乡随俗和入乡不随俗的问题。最后,还要注意营销创新活动对社会的影响是否有负面影响。

3. 要注意营销创新组合

企业的营销创新往往是一个营销环节的成功,这是令人欣慰的,但要注意营销组合。一方面或一个环节的创新要有其他的营销组合要素的配合,否则这种营销的成功就要大打折扣。如2000年农夫山泉营销创新的案例就是缺少营销组合的最佳案例。那时,农夫山泉从2000年4月的"小小科学家活动"到宣布纯净水无益身体健康,再到8月"农夫山泉,中国奥运代表专用水"的诉求呼应"纯净水是否有益人身健康"的话题暗示的营销创新企划,可谓是"天衣无缝",但却因为渠道的问题没有配合好整个策划的执行,既损坏了品牌形象又损失了利润。由此可见,营销创新的实质是创新的组合,企业的创新工作应与营销组合相互配合。

4. 要注意运用合力

在营销创新时要求企业运用团队的力量。日本的企业就特别强调团队精神,因为团队的合力总要大于个体的力量。在营销创新方面,团队的力量就显得更为重要,因为团队的创新较个人的创新多些完整性和可行性,而且在执行的过程中,团队对于整体的沟通与理解要强于个体,效果也自然出人预料。

另外,这种合力还需要有知识的整合。营销本身就与许多的学科休戚相关,如经济学、哲学、数学、行为学和心理学等。没有这些学科的基础,营销创新就不能够尽善尽美。因此,营销创新不仅要求有人员的组合,还要求有知识的整合。

理论注释 2 **体验营销**

体验营销是通过看(See)、听(Hear)、用(Use)、参与(Participate)的手段,充分刺激和调动消费者的感官(Sense)、情感(Feel)、思考(Think)、行动(Act)、关联(Relate)等感性因素和理性因素,重新定义、设计的一种思考方式的营销方法。这种思考方式突破传统上"理性消费者"的假设,认为消费者在消费时是理性与感性兼具的,消费者在消费前、消费中和消费后的体验才是购买行为与品牌经营的关键。如当咖啡被当成"货物"贩卖时,一磅卖300元;当咖啡被包装为商品时,一杯就可以卖25元;当其加入了服务,在咖啡店中贩卖时,一杯最少要35~100元;但如能让顾客体验咖啡的香醇与生活方式,一杯就可以卖到150元甚至好几百元。在伯尔尼·H.施密特博士所提出的理论中,营销工作就是通过各种媒介,包括沟通(广告为其之一)、识别、产品、共同建立品牌、环境、网站和消费者,刺激消费者的感官和情感,引发消费者的思考、联想,并使其行动和体验,并通过消费体验,不断地传递品牌或产品的好处。

一、体验营销的产生

体验营销是由1998年美国战略地平线LLP公司的两位创始人约瑟夫·派恩二世和詹姆斯·H.吉尔摩提出的。他们对"体验营销"的定义是:"从消费者的感官、情感、思考、行动、关联五个方面重新定义,设计营销理念。"他们认为,消费者在消费时是理性和感性兼具的,消费者在消费前、消费中和消费后的体验是研究消费者行为与企业品牌经营的关键。为什么体验营销在我国的传播会如此之快呢?这与我国体验消费的趋势有关,而并非偶然,原因归纳有以下四点。

1. 物质文明进步和消费者生活水平的提高

伴随着物质文明的进步,人们的生活水平和消费需求也在不断升级。在农业社会,人们追求的是温饱的基本满足;在工业社会,生活水准由物质产品的数量来衡量;在后工业社会,人们更加关心生活的质量,关心自己在心理上和精神上获得的满足程度。而体验可以说正是代表这种满足程度的经济提供物。可见,人们的消费需求从实用层次转向体验层次是社会发展的结果。

2. 产品和服务的同质化趋向

激烈的市场竞争使技术传播速度加快,行业内提供的商品和服务越来越趋同。正是因为商品和服务的趋同抹杀了商品和服务给人们带来的个性化、独特性的感受和体验,体验才显得如此珍贵。

3. 科学技术的飞速发展

现代人们接触的许多体验,如互联游戏、网上聊天、虚拟社区等都是现代科学技术的飞速发展而满足人们体验需求的。网络空间与生俱来就是一个提供体验的好地方,相信在未来的几年里,信息技术内的电脑、电器和电信及生物技术的不断融合,提供给人们体验的空间将更加广阔。基于科学技术的迅速发展,人们没有理由不期盼和要求更多的体验。

4. 先进企业对人们消费观念的引导和示范

许多的体验性消费是由少数先进企业首先引导和示范的。如在索尼公司推出随身听之前,消费者并没有想到收听音乐会如此方便;在苹果公司制造出个人电脑之前,消费者不曾期望自己能够用上如此神奇的机器。先进企业是如此深挖人们心中没有表达出来的潜在需求,以至于消费者对于他们生产出来的新产品非常偏好。

二、体验营销的主要策略

1. 感官式营销策略

感官式营销是通过视觉、听觉、触觉与嗅觉建立感官上的体验。它的主要目的是创造知觉体验的体验。感官式营销可以区分企业和产品的识别,引发消费者的购买动机和增加产品的附加值等。以宝洁公司的汰渍洗衣粉为例,其广告突出"山野清新"的感觉:新型山泉汰渍带给消费者野外的清爽幽香。生产者为创造这种清新的感觉作了大量的工作,后来取得了很好的效果。

2. 情感式营销策略

情感式营销是在营销的过程中，要触动消费者的内心情感，创造情感体验，其范围可以是一个温和、柔情的正面心情，如欢乐、自豪，甚至是强烈的激动情绪。情感式营销需要企业真正了解什么刺激可以引起某种情绪，以及能使消费者自然地受到感染，并融入这种情景中来。在"水晶之恋"果冻广告中，我们可以看到一位清纯、可爱、脸上写满幸福的女孩，依靠在男朋友的肩膀上，品尝着他送给她的"水晶之恋"果冻，就连旁观者也会感觉到这种"甜蜜爱情"的体验。

3. 思考式营销策略

思考式营销是启发人们的智力，创造性地让消费者获得认识和解决问题的体验。它运用惊奇、计谋和诱惑，引发消费者产生统一的或各异的想法。在高科技产品的宣传中，思考式营销被广泛使用。1998年苹果电脑的iMac计算机上市仅6个星期就销售了27.8万台，被《商业周刊》评为1998年最佳产品。iMac的成功很大程度上得益于一个思考式营销方案。该方案将"与众不同的思考"的标语，结合许多不同领域的"创意天才"，包括爱因斯坦、甘地和拳王阿里等人的黑白照片。在各种大型的广告路牌、墙体广告和公交车身上，随处可见该方案的平面广告。当这个广告刺激消费者去思考苹果电脑的与众不同时，也同时促使他们思考自己的与众不同，以及通过使用苹果电脑而使他们成为创意天才的感觉。

4. 行动式营销策略

行动式营销是通过偶像、角色（如影视歌星或著名的运动明星）来激发消费者，使他们的生活形态予以改变，从而实现产品的销售。在这一方面耐克可谓经典。该公司成功的主要原因之一是有出色《JUST DO IT》广告，经常描述运动中的著名篮球运动员迈克尔·乔丹，从而升华身体运动的体验。

5. 关联式营销策略

关联式营销包含感官、情感、思考和行动或营销的综合。关联式营销战略特别适用于化妆品、日常用品、私人交通工具等领域。美国市场上的"哈雷牌"摩托车，车主们经常把它的标志文在自己的胳膊上，乃至全身。他们每个周末去全国参加各种竞赛，可见哈雷品牌的影响力不凡。

三、制约企业开展体验营销的因素

体验营销在我国已有一定的发展，或者说在某些领域、某些行业取得了一定的成功。然而，中国的经济发展很不平衡，可能农业经济、工业经济、服务经济和体验经济在中国同时并存。国内的一些非常优秀的企业可以直接转入体验营销，而大多数企业还需要对传统的特色营销和利益营销进行补课。

1. 营销观念的滞后

我国的大多数企业在实施体验营销的过程中仍然存在很多问题，其中最根本的原因是因为企业营销观念的滞后。中国消费者消费观念的改变、购买力的提高已使他们不再只满足于物质本身，而更多地倾向于心理和精神的需求，显然以突出产品特色和功效为主的传统营销观念已明显滞后于广大消费者的需求，不再适应中国经济的发展。

2. 体验营销在中国存在认识误区

对于大多数中国企业来说，体验营销只是一个概念上的术语。在具体的实施中，多数企业仍感到无所适从，仍把它作为传统营销中的一种战术性手段来运用，主要表现在：一方面，企业为了在短期内提高产品销量或品牌知名度,把体验营销作为暂时的一种策略手段,却忽视了其作为企业未来发展的一项战略来进行;另一方面,大多数企业由于局限于组织的传统心智模式,仅仅把体验营销的实施停留在营销过程的某一环节,而没有从系统动态的视角去审视这一新生事物。

3. 顾客参与度仍然相对较低

麦当劳一直骄傲地认为,自己为消费者提供的并不是产品,而是一种参与的机会和经历。我国的企业虽然也已开始注重让消费者参与到体验的制造过程及消费过程中来,但顾客的参与度仍处于一个相对较低的层次上。真正能让消费者参与到产品的设计、制造和销售过程的企业少之又少。

4. 产品品质差强人意

产品品质是传统营销的核心,体验营销下产品大多只是作为体验的载体而存在,尽管在体验营销的高级阶段,体验甚至脱离产品而独立存在,然而,处体验营销初级阶段的我国部分企业却轻视甚至忽视产品品质,采取拔苗助长的手法想加速发展,其结果可想而知。

四、企业实施体验营销的对策分析

1. 树立"顾客导向"的全面体验营销观念

顾客是企业最重要的资源,所有其他要素存在的意义就在于支持和保留企业的顾客。一方面,如何维持企业现有规模,增加客户的保留度;另一方面,拓展企业的发展空间,发现和挖掘潜在客户,提高顾客满意度便成了当前新经济下一个亟待解决的问题。诞生于体验经济,以"顾客导向"为中心的全面体验营销便是一剂新开的良药,这也是我国市场经济发展的必然要求。

2. 制定体验营销战略,实现体验营销立体化

企业战略,即企业的发展方向。体验营销理念的树立,要求企业制定相应的营销战略。对企业而言,体验营销战略是确保企业战略目标的顺利达成,所有的营销环节包括市场调研、市场细分、市场定位、产品研发、广告宣传以及供应链管理等的组合。而体验营销立体化是指体验营销时间上的持续化和空间上的系统化。在企业的不同发展阶段,要适时对企业的营销策略做出修订,推陈出新,保证其时间跨度上的连续性和空间分隔上的完整性,从而使体验营销取得良好的效果。

3. 充分利用现代计算机网络手段,实现体验营销的网络化

现代网络通信技术一日千里和生产技术的电子化、自动化、机械化,为体验营销的推行提供了良好的平台。借助现代计算机网络技术,可以大大提高消费者体验的参与度。从戴尔公司的直线营销为终端消费者提供个性化、人性化的网上定制服务到杰克·韦尔奇的"无边界管理",这些无不体现了"沟通零距离"的企业、顾客互动的体验营销新景观。企业应充分利用现代网络技术所提供的高便捷手段,建立顾客与消费者之间的网络系统。

4. 体验营销的策略组合

如企业挖掘品牌核心价值,获取高溢价能力;制定体验价格;整合多种感官刺激,创造终端体验;充分利用纪念品,开展体验促销等。

体验营销在我国的导入和发展只是"小荷才露尖尖角"。诚然,发端于西方的体验营销自身还存在着一些不尽如人意之处,但在我国社会主义市场经济改革实践中已初露锋芒。同时,庆幸的是,我们看到体验营销已经引起越来越多的企业的关注和重视。因此,我们有理由相信,伴随新经济时代的到来、体验经济的发展,体验营销必将成为21世纪营销发展的必然趋势,成为企业参与竞争的有力武器。

参 考 文 献

[1] 张科平.营销策划[M].北京:清华大学出版社,2007.
[2] 陈宝玉,王琼.营销策划实训教程[M].武汉:华中科技大学出版社,2007.
[3] 纪宝成.市场营销学教程[M].北京:中国人民大学出版社,2002.
[4] 〔美〕菲利普·科特勒,凯文·莱恩·凯勒.营销管理[M].梅清豪,译.第十二版.上海：上海人民出版社,2006.
[5] 〔美〕唐·舒尔茨,海蒂·舒尔茨.整合营销传播:创造企业价值的五大关键步骤[M].何西军,黄鹂,译.北京：中国财政经济出版社,2005.
[6] 〔美〕斯科特·贝德伯里,斯蒂芬·芬尼契尔.品牌新世界[M].苑爱玲,译.北京：中信出版社,2004.
[7] 乔春洋.品牌定位[M].广州：中山大学出版社,2005.
[8] 黄升民,段晶晶.广告策划[M].北京：中国传媒大学出版社,2006.
[9] 〔美〕特劳特,瑞维金.新定位[M].李正栓,贾经芳,译.北京：中国财政经济出版社,2002.
[10] 郑方华.营销策划技能案例训练手册[M].北京：机械工业出版社,2006.
[11] 舒咏平.品牌传播策略[M].北京：北京大学出版社,2007.
[12] 秦秋莉.新产品营销策划[M].北京：中国纺织出版社,2006.
[13] 赵秋梅.网络市场营销与策划[M].北京：机械工业出版社,2008.
[14] 夏武.市场营销策划[M].北京：中国经济出版社,2007.
[15] 叶万春,叶敏.营销策划[M].北京：清华大学出版社,2005.
[16] 余颖.营销策划[M].北京：北京师范大学出版社,2007.
[17] 邓镝.营销策划案例分析[M].北京：机械工业出版社,2007.
[18] 陈培爱.广告策划与策划书撰写[M].厦门：厦门大学出版社,2001.
[19] 〔美〕唐·舒尔茨,海蒂·舒尔茨.唐·舒尔茨论品牌[M].高增安,赵红,译.北京：人民邮电出版社,2005.
[20] 〔美〕阿尔·里斯(Ries,A.),劳拉·里斯(Ries,L.).品牌之源[M].火华强,译.上海：上海人民出版社,2004.
[21] 崔泓波."中搜"迷失搜索王国[J].销售与市场,2005,(9).
[22] 曾朝晖.统一润滑油高端突围[J].成功营销,2004.
[23] 卢强.联想与戴尔的渠道之争[J].销售与市场,2004.
[24] 张德华.格力渠道联营体的玲珑棋局[J].销售与市场,2007.
[25] 李铁君.可口可乐与联想的联合促销[J].销售与管理,2006.
[26] 刘才芳.联想渠道管理进入新时代　集成分销再造渠道[N].电脑商情报,2006.